KB074644

뉴 머니

지역화폐의 현재와 미래

뉴 머니, 지역화폐의 현재와 미래

2021년 6월 1일 초판 1쇄 인쇄
2021년 6월 10일 초판 1쇄 발행

기 획 이한주
대표저자 유영성
엮은이 경기연구원
펴낸이 김영애
편 집 김배경
디자인 창과현
마케팅 윤수미
펴낸곳 SniFactory(에스앤아이팩토리)

등록일 2013년 6월 3일
등 록 제 2013-00163호
주 소 서울시 강남구 삼성로 96길 6 엘지트윈텔 1차 1402호
전 화 02. 517. 9385
팩 스 02. 517. 9386
이메일 dahal@dahal.co.kr
홈페이지 http://www.snifactory.com

ISBN 979-11-91656-02-2 03320

가격 15,000원

뉴 머니

지역화폐의 현재와 미래

기획 **이한주** | 대표저자 **유영성** | 엮은이 **경기연구원**

다할미디어

발간사

세계적으로 지역화폐 발전의 이정표를 제시할 수 있기를!

지역화폐(지역사랑상품권)는 그동안 '상품권'이라는 매우 협소한 개념으로 일부 지자체에서 운영되어 왔다. 그러던 것이 2017년에 상품권을 '지역화폐'라는 개념으로 재정립하게 됨으로써, 명실공히 상품권은 '물품구매용 교환 딱지'에서 지역에서의 '화폐'로 위상이 바뀌게 되었다.

시기적으로도 짧은 탓도 있지만 한국에서 이런 상품권형 지역화폐는 인식도, 학술적 탐구도, 정책적 뒷받침을 위한 정책연구도 미진한 상태이다. 본 연구는 이러한 상황을 타개해 나가는 차원에서 포괄적이면서 실제적인 연구주제를 다루고 있다. 지역화폐의 쟁점 이슈, 지역화폐의 한국경제 내 위상과 지역경제 문제 해결책으로서의 의의, 실제 지역경제 소상공인 매출효과의 실증, 그리고 적정 운용모형 제시라는 연구주제는 이전 연구에서 볼 수 없었던 것들이다. 그런 만큼 본 연구는 한국 지역화폐 연구에서 진일보한 것이다. 이에서 더 나아가 본 연구가 세계적으로 지역화폐 발전의 새로운 이정표를 제시할 수 있기를 고대한다.

지역화폐 정책을 추진하는 경기도 입장에서 볼 때도 이 책자는 정책을 평가하고, 개선해 가기 위해 참고할만한 내용을 충실히 담고 있다. 실무 차원에서 지역화폐 정책 추진에 많은 활용이 있기를 바란다.

이 책자를 만드는데 책임을 맡아 막중한 수고를 아끼지 않은 유영성 기본소득연구단장을 비롯하여, 원내 공동저자로 김병조 초빙선임연구위원, 윤성진 초빙연구위원, 마주영 연구원, 김재신 연구원, 그리고 원외 공동저자로 충남대 김정주 교수, 명지대 김호균 교수, 인천대 양준호 교수, 한국신용카드학회 이기송 이사, 남춘호 선임연구원에게 깊은 감사의 말씀을 드린다.

2021년 3월

경기연구원장 이 한주

프롤로그

한국 자본주의와 지역화폐의 역할

본 책자는 한국 자본주의의 성격과 지역화폐의 역할을 일관된 맥락으로 설명하고자 하였다. 특히 한국경제는 자본주의가 더욱 심화·확대되면서 다양한 격차들을 양산하고 있다. 이러한 격차사회에서 지역은 서민대중의 일상을 영위하는 시공간에 해당한다. 이때 '지역을 어떻게 변화시켜 낼 것인가'하는 질문은 시대적 과제를 담고 있다 할 것이다.

이러한 문제의식에 입각하여 본 책자의 내용을 구성하였다. Part 1의 1장에서는 지역화폐의 등장 및 정책에 대하여 개괄하였다. 2장에서는 지역화폐의 전국 및 경기도 현황을 설명하였다. 3장에서는 다섯까지 주요 쟁점을 정리하였다. 즉, 편의점 문제, 지역화폐 발행유형 문제, 지역화폐의 현금성 논란, 인센티브 논란, 지역화폐의 두 가지 성격(공동체/지역경제 활성화형)의 우선 순위 문제에 대해 논의하고, 그 대안적 해소방안을 다루었다.

Part 2는 지역화폐 일반론을 제시하였다. 4장에서는 한국자본주의를 계획경제와 시장경제를 비교하여 검토하였다. 특히 정부 주도의 자본편향 지원의 일방적 경제개발 정책을 비판하면서, 이러한 과정의 필연적인 귀결은 불평등, 불균등 발전, 개발독재기 압축적 축적과 빈곤이며, 양극화와 격차사회라고 진단하였다. 지역균형발전과 불평등 완화의 핵심수단으로서 지역화폐는 필수불가결한 정책임을 규명하였다.

5장에서는 경제 양극화와 지역경제에 대해 다루었다. 한국경제의 발전과정은 지역이 배제된 국가주도형 성장과 자본주도형 성장을 통해 대자본과 수도권 중심의 단극형적 성장모델로 특징지을 수 있는 기형적이고 불균형적인 경제임을 밝혔다. 이러한 한계를 극복하기 위한 새로운 성장모델은 지역의 잠재성을 주목하여 인구 및 경제력의 분산과 이를 통한 공간적 구조 조정을 반영한 것이어야 한다. 여기에는 국가와 자본주도의 성장 패러다임을 대체하는 자립적·내재적 발전을 위한 지역자치형 성장이 요구된다. 이때 지역화폐는 지역의 공동체성을 강화함으로써 지역 스스로 발전을 위한 자발성과 창의성, 혁신성을 발휘하도록 하는 강력한 수단이 된다는 점을 밝히고 있다.

6장에서는 금융적 관점에서 지역화폐를 소개한다. 금전적 지원은 금융회사가 코로나19의 대응책으로 소상공인 지원을 위한 각종의 금융서비스에 대한 지원이다. 이러한 지원은 통화정책적 관점에서의 통화지원, 지역활성화를 위한 지역금융지원, 전자거래를 위한 전자금융정책 지원 등으로 분류할 수 있다. 금융정책으로서의 지역화폐 정책은 지역자금의 유출 최소화, 소비와 유통의 촉진, 디지털화폐로의 전환에 대비하여야 한다. 6장에서는 이런 맥락에서 미래의 지역화폐가 지불결제의 편의성과 확장성을 제공함으로써 금융 서비스 경쟁력을 강화할 수 있다는 점을 규명하고 있다.

7장에서는 지역화폐의 국내외 운용 사례를 검토한다. 공동체 활성화형으로 LETS, Time Dollar, Ithaca Hours, ATOM, Hanbat LETS, NOWON을 설명하였다. 지역경제 활성화형으로는 Bristol Pound(시민사회 주도형, 영국), Chiemgauer(독일), Toronto Dollar(캐나다), 시루 지역화폐(민관협치형, 시흥시), 부천페이(전자지역화폐, 부천시), 서로e음(한국판 브리스톨 협치체제, 인천시 서구)등도 다루었다.

Part 3의 8장에서는 경기지역화폐의 소상공인 매출효과를 실증분석하였다. 이중차분법을 적용한 분석결과, 제도도입 효과는 단기적으로는 유의미한 결과를 보여주지 못하였지만, 중장기적인 관점에서 제도 도입 효과가 있음을 보다 장기적인 패널자료를 이용한 패널분석을 통해 밝혀주고 있다. 구체적으로 2019년 1년 동안 경기지역화폐가 소상공인 매출에 미친 영향에 대한 패널계량분석 결과, 경기도 내 소상공인 점포에서 지역화폐 결제고객이 있는 경우가 결제 고객이 없는 경우에 비해 매출액이 월평균 206만원 상승한 효과가 발생하였다. 이뿐만 아니라 2019년 1년 동안 지역화폐 결제액이 100만원 높으면 매출액이 145만원 높게 나타났다. 이 결과가 하우스만 테스트 통과를 못하여 이 결과를 시계열 변동과 점포간 변동 효과로 구분하여 매출효과를 추정했을 때 모두 다 1% 이내에서 통계적으로 유의한 결과가 나왔고, 시계열 변동효과에서 지역화폐 100만원 결제액의 발생에 따라 점포에서의 매출은 57만원 증가하는 것으로 나타났다. 점포간 효과는 100만원 결제가 일어난 점포가 그렇지 못한 점포에 비해 매출액이 535만원만큼 크다는 결과가 나타났다.

심지어 2019. 1. 1.~2020. 8. 31. 기간동안의 조사자료를 사용하여 패널분석(패널 GLS 분석을 적용)을 한 경우, 비록 코로나19의 영향을 크게 받는 시기를 포함하고 있음에도 불구하고 분기별 월평균 경기지역화폐 결제액이 100만원 증가함에 따라 경기도 소상공인의 분기별 월평균 매출액이 94.5만원 증가하는 것으로 추정되었다(1% 이내에서 통계적으로 유의). 결론적으로 경기지역화폐가 긍정적인 소상공인 매출효과를 일으켜왔다는 것을 알 수 있다.

9장에서는 경기지역화폐 적정 운용모형을 검토하였다. 경기도가 처한 서울과의 지역간 불균등 및 경기도 지역내 불균등을 완화하기 위하여 '지역화폐 정책 발전 경로' 2단계(정책개선, 3~7년)에서 적용가능한 경기지역화폐 운용모형을 제시하였다.

이 운용모형은 지역화폐 정책이 추구하는 주요 지역문제에 대한 접근방안으로 외부지역과의 불균등 완화, 지역내 불균등 완화에 대한 해결의 시사점을 제공해 줄 것으로 보인다. 구체적으로 6가지 운용유형, 즉 중역형, 중층형, 추가선택형, 자매결연형, 상생형, 편방향형으로 구분된다. 중역형은 공통된 지역사안으로 2~5개의 지자체를 하나의 모듈로 구성한다. 추가선택형은 주거지와 활동지가 다른 소비자의 선택권을 보장해준다. 자매결연형은 지자체간 상호 필요에 따라 보완적인 관계를 맺는 방안이다. 상생형은 상급 지자체와 취약 지자체간의 경제적 보완과 상호연대를 추구한다. 편방향형은 상생형보다 훨씬 더 나아간 취약지자체에 대한 지원과 연대라고 할 수 있다.

물론 실제 정책 구상단계에서는 더 많은 결합 쌍雙들을 통해 다양한 조합들을 구축할 수 있을 것이다.

2021년 3월

저자들을 대표하여 유영성 작성

차례

■ **발간사** 세계적으로 지역화폐 발전의 이정표를 제시할 수 있기를! 4

■ **프롤로그** 한국 자본주의와 지역화폐의 역할 6

Part 1 지역화폐 도입부

1 지역화폐의 등장 및 정책 16

지역화폐의 등장 16

경기도 지역화폐 정책사업 18

2 지역화폐 현황 26

전국의 지역화폐 개요 26

경기도 지역화폐 현황 32

경기지역화폐의 유형별 결제현황 34

3 경기지역화폐의 이슈 및 쟁점 40

논란의 주요 이슈 5가지 40

5대 쟁점 해소 방안 41

Part 2 지역화폐 일반론

4 **한국경제와 지역화폐** 64

한국 자본주의 발전과정 64

불균등 축적과 빈곤 77

양극화와 격차사회 79

한국사회와 지역화폐 81

5 **경제 양극화, 지역경제, 그리고 지역화폐** 83

지역경제 불균형과 경제적 양극화 85

지역균형발전과 지방분권 93

지역경제의 자립적 발전과 지역화폐 99

6 **지역화폐와 금융지원** 106

지역화폐와 금융지원의 범위 106

지역화폐와 금전적 지원: 임직원 급여의 지역화폐 지급 107

지역화폐와 정책적 지원 109

지역화폐의 금융 서비스 경쟁력 제고방안 123

7 지역화폐의 운용사례 129

세계 지역화폐의 유형별 운용현황 129

세계 지역화폐의 유형별 특성 149

Part 3 경기도 지역화폐의 효과와 모형

8 경기지역화폐의 소상공인 매출효과 156

2019 경기지역화폐의 소상공인 매출효과 158

2020 경기지역화폐의 소상공인 매출효과 170

9 경기도 지역화폐의 적정 운용모형 180

지역화폐 운용지역 유형 분류 180

경기도형 지역화폐 적정 운용모형 190

경기도형 지역화폐 운용유형 안案 검토 195

10 **지역화폐 정책방안** 213

지역화폐 정책과 지역문제 213

정책 실행방안 216

- **참고문헌** 224
- **부록**
  - 재난지원금 지급 주요 사항 비교 (중앙정부, 경기도, 기초지자체) 232
  - 코로나19 경기도 행정단위별 지역화폐 연계 지원정책 238
  - 표 차례 239
  - 그림 차례 241
  - 찾아보기 243
  - 저자소개 246

Part 1

지역화폐 도입부

지역화폐의 등장 및 정책

유영성

지역화폐의 등장

경기도는 도내 소상공인의 매출증대 및 지역경제 선순환을 위하여 지역화폐를 31개 시·군에 도입, 운영해 왔다. 이는 지역화폐를 매개로 골목상권과 전통시장에 종사하는 소상공인의 소득중심 성장과 역외소비 감소 및 지역내 소비증가를 도모하고자 함에서였다. 여기에는 지속적인 저성장 및 인건비·임대료 상승 등으로 소상공인의 경영부담이 증가했다는 문제의식이 깔려 있었다.

이 기저에는 대규모 점포의 영업 확장과 소비패턴 변화에 따른 전통시장 및 골목상권의 위축이 있었다. 예를 들어 소매판매액의 비중의 변화(2006년 대비 2017년)를 보더라도 알 수 있다. 온라인의 경우 18%에서 28.5%로 증가하는 반면, 전통시장은 27.2%에서 10.5%로 감소하였던 것이다. 여기에 중장년층의 실직, 준비 안 된 창업과 낮은 진입장벽으로 인한 영세 자영업자간 과당경쟁이 있어왔다는 것은 이미 상식에 속한다. 한국의 자영업자 비중(26.8%)은 OECD 평균(15.4%)의 약 1.7배에 해당하는 상황이다. 특히 경기도의 경우 상공인 사업체 수는 약 65만개이고, 종사자는 약 139만명(전국 1위)이나 된다. 이들에 대한 정책적 안배가 중요한 과제이다.

지역단위의 소상공인·자영업자 정책에 대한 중앙정부(행정안전부)의 정책적 지원과 관심이 증가해왔던 것이 사실이고, 그 대표적인 사업 중 하나가 바로 지역화폐라 할 것이다. 2019년 지역화폐(상품권형 지역화폐로서 지역사랑상품권)는 전국에서 177개 지자체가 정책을 시행하였다. 발행액은 2019년 2.3조원에 이어 2020년 3조원(추경시 3.5조원)이 예정되다가 코로나19로 인한 각종 재난지원금(재난기본소득 포함)이 더하여 지면서 15조원으로 증액되어 발행되었다. 뿐만 아니라 정부는 부정유통 방지 및 체계적인 행·재정 지원을 위해 「지역사랑상품권 이용 활성화법」이 2020년 7월에 도입되었으며, 정책목적에 맞는 세부기준(지침) 마련을 추진하였다.

경기도에서도 이러한 정책기조에 부합하는 모습을 보여왔다. 2019년 4월 1일을 기점으로 31개 시군이 청년기본소득을 지역화폐로 지급함으로써 도 단위의 전격적인 지역화폐 정책을 실행하였다. 이는 총 예산 5,000억원으로 정책발행 3,600억원, 일반발행 1,400억원에 해당하는 사업이다. 경기도와 31개 시군은 이러한 사업 추진의 법적 근거를 마련하고 있다. 경기도는 「경기도 지역화폐의 보급 및 이용활성화에 관한 조례」를 두고 있으며, 경기도 내 시·군별로는 시·군 자체 조례를 두고 있다. 경기도는 이런 흐름 하에 2020년부터 향후 계속해서 지역화폐 발행을 확대해 나갈 것으로 보인다.

그런데 이러한 지역화폐 사업은 추진 중간 단계에서 반드시 그 효과에 대한 점검이 필요하다. 정책효과에 대한 점검이 없는 상태에서 무작정 사업만 확대한다고 정책효과가 발생하는 것은 아니다. 이 책에서는 일차적으로 경기도 소상공인 매출증대와 역내소비 진작을 통한 골목상권, 지역경제 활성화라는 지역화폐의 도입 목적에 따른 적절한 효과의 발생을 검증해 보고자 한다. 다음으로 지역화폐가 한국 경제에서 차지하는 의의가 무엇인지를 고찰해 보고자 한다. 그동안 지역화폐가 가지는 경제적 차원의 위상과 의의에 대한 규명이 드물었다고 할 수 있다. 기실 이러한 담론적 토대가 탄탄한 상태에서 지역화폐 정책의 효과를 실증하는 것이 바람직하다고 할 수 있다. 마지막으로 경기도 내의 지역화폐 운용면에서 현 상태보다 더 발전적인 방향을 모색할 필요가 있다고 판단하여 이를 규명하는 차원에서 적정 운용모형의 사례들을 제시하였다.

경기도 지역화폐 정책사업

2019년 경기도 지역화폐 정책사업

경기도 지역화폐 사업은 정책목표를 경기지역화폐 도입 확대를 통해 지역별 소상공인의 실질적 매출 증대 및 지역경제 선순환을 목표로 삼고 있다. 이의 발행 주체는 시장·군수이며, 이들이 소비의 대도시로의 쏠림현상을 방지하는 차원에서 기존에 상품권을 운영하던 시·군의 여건을 고려하여 발행규모를 설정하도록 되어 있다.

발행형태는 크게 두 가지, 즉 일반발행과 정책발행으로 구분된다. 일반발행의 경우 혜택이 따른다. 먼저 구매자의 경우 지역화폐 구매금액에 대해 6%(상시)~10%(특별)만큼의 인센티브를 지원한다. 이밖에도 현금영수증을 발행하거나 30% 소득공제를 해준다. 가맹점의 경우는 ① 지역내 소비자 방문이 증가함에 따라 실질적 매출이 증대된다. ② 카드형인 경우 신용카드 대비 0.3% 카드결제 수수료가 절감된다. ③ 경기지역화폐 모바일앱 홈페이지에서 가맹점의 상호와 위치 등 정보가 제공되어 가맹점 홍보효과가 생긴다. 단, 일반발행의 경우 구매자에게 충전한도를 두고 있는데 이는

〈표 1-1〉 **경기도 내 31개 시군별 경기지역화폐 발행 형태**

지역화폐 병행 형태	대상 시군	지역수
카드	수원, 부천, 화성, 광명, 광주, 군포, 이천, 오산, 하남, 안성, 여주, 양평, 고양, 남양주, 의정부, 파주, 양주, 구리, 동두천, 연천, 안산, 용인	22
카드+지류	안양, 의왕, 과천, 포천, 가평, 평택	6
카드+모바일	김포	1
카드+지류+모바일	성남	1
지류+모바일	시흥	1

자료: "경기지역화폐, 경제와 복지를 연계한 혁신적 포용성장", GYEONGGI_MONEY, PPT 발표자료.

월 30~60만원에 해당한다.

정책발행의 경우 청년기본소득, 산후조리비, 아동수당 등 복지수당적 성격을 띠는 이전 지출의 지급에 해당한다.

지역화폐는 사용처에 제한을 두고 있다. 발행 시·군 내 연매출 10억원 이하의 점포에서만 사용이 가능하고, 백화점·대형마트·SSM 등 대규모 자본기업 및 유흥·사행업소에서의 사용은 제한된다. 발행방식은 크게 3가지, 즉 카드형, 지류형, 모바일형이 있으며, 발행 시·군이 이들을 선택(복수 선택도) 할 수 있다. 현재 카드(22곳), 지류(1곳), 카드+지류(5곳), 카드+모바일(1곳), 지류+모바일(1곳), 카드+지류+모바일(1곳)로 되어 있다. 카드 발행(22곳)이 압도적으로 많다.

2019년 발행규모는 4,961억원이었으며, 이 중 일반발행은 1,379억원, 정책발행은 3,582억원에 해당한다. 경기도 전체 총사업비는 29,404백만원으로 이 가운데 국비가 13,328억원, 도비[1]가 8,803억원, 그리고 시·군비가 7,273억원이다.

1 도비의 경우 도 자체사업비(홍보 및 활성화 비용)를 포함한다.

2019년 경기도 지역화폐사업의 추진경과는 아래 박스와 같이 정리할 수 있으며, 주요 추진사업 내용 및 결과는 다음과 같다

• 주요 추진경과('19년 이전~'19년) •

- 지역화폐 도입·확대 추진계획 수립 및 T/F 운영('18. 8. 17.)
- 시·군, 유관기관 간담회, 도민설명회를 통한 의견수렴('18. 10.~11.)
  - 유관기관 간담회(3회), 도민설명회(2회), 시·군담당 워크숍(3회) 실시
- 「경기도 지역화폐의 보급 및 이용활성화에 관한 조례」 제정('18. 11. 13.)
- 경기도 지역화폐 플랫폼 운영 공동운영대행사 선정 및 협약체결('19. 1. 29.)
- 국회의원 42명 공동주최 경기지역화폐 활성화방안 국회 토론회('19. 1. 31.)
- 지역화폐제도 법제화로 전국 확대 및 안정적 정착 건의 지속('19. 1.~)
- 더불어민주당-경기도 예산정책협의회 시 지역화폐 관련 현안건의('19. 3. 8.)
- 지역화폐 안정적 정착을 위한 '합동설명회' 개최('19. 3. 29.)
- 도민 인식제고를 위한 집중 홍보 추진('19. 3. ~ 10.)
  - 유튜브, SNS, G버스TV, 버스, 지하철, 홈페이지 등 다양한 매체 활용, 홍보물 제작·배포 등
  - 대한민국 기본소득 박람회 시 지역화폐 홍보관 운영, 전국지자체 설명회 개최 등(4.29.~30.)
- 도내 31개 시·군 지역화폐 본격 발행 및 운영 지원('19. 4.~)
- 경기도시장상권진흥원 내 지역화폐 전담센터 설치('19. 10.)
  - 지역화폐의 관리와 향후 정책반영을 위해 발행·유통·환전 등 전 과정 모니터링과 분석

첫째, 도내 모든 시군에서 지역화폐를 발행하였다. 경기도는 2019년 4월 1일 기점으로 도내 31개 시·군에서 일괄하여 경기지역화폐를 본격적으로 발행하게 된다. 지역화폐의 도입을 결정한 2018년 8월 이후 약 9개월만에 모든 시군이 발행한다는 목표를 달성한 것이다. 물론 2019년 4월 1일 이전에 지역화폐를 발행한 경우가 없었던 것은 아니다. 성남 등을 위시한 6개 시가 지역화폐를 기발행하고 있었다. 하지만 경기지역화폐란 이름으로 일괄 경기도 지역화폐를 발행한 것은 2019년 4월 1일부터다. 특히 이때는 청년기본소득을 지역화폐(정책발행)로 지급하게 되어 경기도가 정책발행 차원에서 지역화폐 사업을 주도하게 된다.

〈그림 1-1〉 2019년 월별 지역화폐 발행 추세

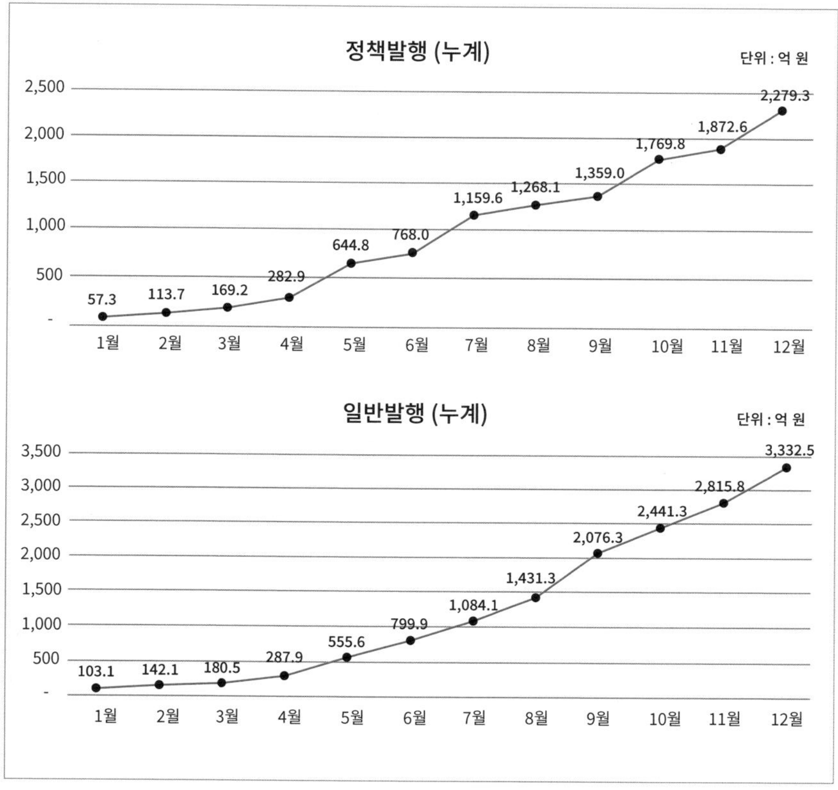

둘째, 지역화폐 발행이 꾸준히 상승하였다(〈그림 1-1〉). 경기도는 2019년 12월말 기준, 지역화폐를 총 5,612억원 발행하여 목표치 4,961억원을 초과하게 된다. 목표치 대비 약 113% 달성에 해당한다. 특히 일반발행의 경우 2019년말 기준 일반발행 목표치 1,379억원의 약 2.4배(241.6%)인 3,332억원을 발행하게 된다. 이는 지역화폐에 대한 도민들의 관심이 매우 높았다는 것을 의미한다.

셋째, 다양한 업종의 소상공인 점포에서 사용되었다(〈그림 1-2〉). 지역화폐 판매금액의 약 83%가 다양한 업종의 영세 자영업자에게 사용되었다.

〈그림 1-2〉 **경기지역화폐 세부업종별 사용현황**

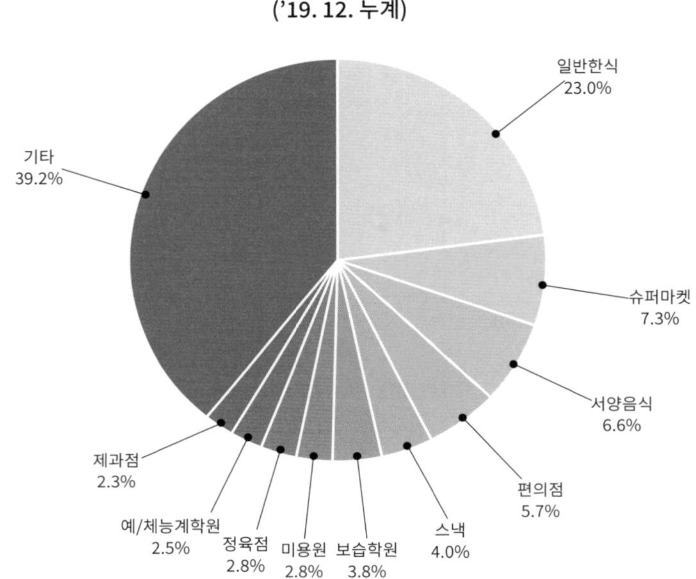

구체적으로 전체업종 228개 중 상위 30개 업종의 세부업종별 결제현황을 보면 ① 일반한식 23.0%, ② 슈퍼마켓 7.3%, ③ 서양음식 6.6% 순으로 사용되었음을 알수 있다. 이는 소상공인의 매출 증진이라는 지역화폐 본래의 목적 달성에 일정 정도 긍정적이었을 것으로 보인다.

넷째, 경기지역화폐 사용자들이 지역화폐에 대해 높은 만족도를 보였다. 여론조사기관[2]이 수행한 만족도 조사결과에 의하면 경기지역화폐 사용자 10명 중 9명이 '앞으로도 사용할 생각'이라고 반응하였다. 특히 일반도민의 68%, 가맹점주의 63%가 지역화폐 사업 추진에 대해 '잘했다'라는 긍정적 평가를 내렸다.

2 여론조사기관 ㈜케이스탯리서치(일반도민 19.11.16~17, 가맹점주 19.11.13~20)

2020년 경기도 지역화폐 정책사업

2020년 지역화폐 정책사업 추진의 기본방향은 크게 3가지로 정해져 있다. 첫째, 홍보 및 활성화 지원 강화(전담센터 운영), 정책수당 발굴, 시군 지원 확대 등을 통해 지역화폐 발행을 확대 추진한다. 둘째, 제도의 안정적 정착으로 영세 소상공인의 소득향상 및 경제 선순환을 도모한다. 셋째, 생활패턴 변화에 따른 결제방식 다양화(모바일 등), 정책 취지를 훼손하지 않는 범위 내 시·군 자율성 확대 및 사용자 편의 개선을 도모한다.

지역화폐 발행목표는 연 8,000억원으로 이 중 일반발행이 5,123억원이고 정책발행이 2,877억원이다. 이는 2019년 목표치 4,961억원에서 3,039억원(약 61%)을 상향시킨 금액이다. 더군다나 2020년 행안부 국비 반영 수요(5,378억원)와 비교했을 때 약 49%나 증가한 값이다.

• 2020년 지역화폐 발행목표 산출내역 •

■ (일반발행) 5,123억원 ['19년 목표 : 1,379억원]
– '19년 월평균 발행액 및 '20년 시군 발행계획을 고려하여 전년대비 대폭 상향 조정
▶ (산식) 월 427억원 × 12월 ≒ 5,123억원
※ 월평균 발행액 : '19.7~9월 422억원, '20년 427억원

■ (정책발행) 2,877억원 ['19년 목표 : 3,582억원]
– 정책수당의 실제 지급규모, 신규과제 도입 등을 고려하여 현실적으로 달성 가능한 목표 설정
▶ (산식) 청년기본소득 1,464억원 + 산후조리비 407억원 + 기타 1,006억원 = 2,877억원

2020년 총사업비를 355억원(본예산 기준, 시군비 포함) 책정하고 있다. 이 금액으로 지역화폐 인센티브 지급 및 발행·운영 지원, 홍보 및 활성화 사업 등을 추진하게 된다.

앞에서 언급한 세 가지 기본방향 하에 다양한 추진방안들이 다음과 같이 제시되고 있다.

1) 지역화폐 확대 발행

추진방안은 크게 네 가지로 구분해 볼 수 있다. 첫째, 맞춤형 홍보로 지역화폐 사용자 확대를 위한 홍보의 다각화를 추진한다. 구체적으로 i) 설 명절 전·후 집중 홍보, ii) 기본소득박람회 지역화폐 전시관 홍보, iii) 경기지역화폐 1주년 기념 특별 홍보, iv) 현장홍보 확대(도민토론회·간담회 등)를 들 수 있다. 둘째, 활성화 지원으로 우대가맹점 및 현장판매 확대 지원과 전문 마케터 운영 등을 한다. 셋째, 정책수당의 확대이다. 이는 기존 정책발행 활용을 독려하고, 신규 정책수당을 적극 발굴하는 것을 말한다. 구체적으로 농민기본소득, 경기여성취업지원금(경력단절여성지원), 고령운전자 운전면허증 반납 등이 이에 해당한다. 넷째, 시군 자율성 및 지원을 확대한다. 구체적으로 운영권한의 확대가 좋은 예이다.

2) 제도의 안정적 정착 추진

먼저 지역화폐 운용자금 안전성 강화를 통해 사용자 신뢰도를 향상시킨다. 구체적으로 선수금의 경우 자금에 대한 근질권 설정 등을 통해 선수금 운영의 안정성을 확보하고, 예치금의 경우 시군별로 자금관리를 철저하게 하고 지급보증보험 지급률(現 8%이상) 상향을 유도한다. 다음으로 부정유통 통제시스템을 운영하며 모니터링을 강화한다.

• 경기도 부정유통 행위 통제체계 •

- 전자금융거래법 상 선불카드로 통제(카드형)
- 개인별 구매·충전 한도(시군별 월 30~60만원, 연 360~720만원) 및 가맹점별 환전한도(월 1~5천만원/지류형)로 통제
- 이상거래 탐지시스템(Fraud Detection System) 운영 등

3) 사용자 편의 개선

먼저 모바일 간편결제를 확대한다. 구체적으로 앱카드, QR코드 방식 등을 종합검토한 후 도입을 추진한다. 다음으로 결제수단의 다양성을 위해 모바일 간편결제 도입을 추진하고, 기본모델을 제공한다. 단, 사용의 용이성, 가맹점 모집 및 관리의 편리성 등을 최우선으로 고려한다. 이 밖에 홈페이지 및 모바일앱 기능의 개선, 플랫폼 개선의 지속 및 부가기능 추가 등도 검토한다.

지역화폐 현황

김병조

전국의 지역화폐 개요

지역화폐는 행정안전부 소관의 '지역사랑상품권'이 정식 명칭이다. 지역화폐 정책은 행안부의 정부 이전지출 정책사업에 해당한다. 지역화폐 정책은 본래 고향사랑상품권(1997~2017)으로 불리다가 현재는 지역사랑상품권(2017~현재)으로 부른다. 지역화폐는 중앙은행으로서 한국은행이 발행하는 중앙화폐·법정화폐와는 구분되며. 지자체에서 지불보증을 전제로 별도로 발행하는 상품권이라고 할 수 있다.

지역화폐 정책은 법률적인 성과를 이루어 2020년 5월에 '지역사랑상품권 이용 활성화에 관한 법률'(약칭: 지역사랑상품권법, [시행 2020. 7. 2.] [법률 제17252호, 2020. 5. 1. 제정])이 제정되었다.[1] 참고로 전통시장에서 주로 사용되는 '온누리 상품권'은 2009년 7월 20일에 도입되어, 중소벤처기업부 산하 소상공인시장진흥공단에서 운영·관리하며, '전통시장 및 상점가 육성

1 법령정보센터 누리집(검색일: 2020년 9월 15일)

을 위한 특별법'(약칭: 전통시장법, [시행 2020. 8. 12.] [법률 제17002호, 2020. 2. 11., 일부개정])의 규정을 받는다.[2]

전국 차원의 지역화폐 현황

2020년 현재 전국 243개(17개 특광역시·도와 226개 기초지자체) 지자체 중 지역화폐를 도입하였거나 도입할 예정인 지자체는 총 229곳이다(행안부, 2020).[3] 이는 전국 지자체의 94.24%에 해당한다. 지역화폐는 2019년 기점으로 2020년 들어서면서 발행액 및 도입 지자체 수가 폭발적으로 증가하였다(〈그림 2-1〉).

지역화폐의 발전과정을 발행 측면에서 검토해 보면 아래와 같다. 〈그림 2-1〉에서 확인되듯이 지역화폐가 고향사랑상품권으로써 온누리상품권의 보완적 역할을 했던 시기였던 2015년(892억원)에서 2018년까지에는 완만한 증가 추이를 보여준다. 그러다가 2019년 경기도의 청년기본소득 및 지역화폐의 역동적 활동에 힘입어 발행액이 2.3조원에서 2020년에 코로나19로 인한 재난지원금의 지급과 더불어 약 10조원으로 급속하게 신장되었다.

또한 지역화폐 정책을 채택한 발행 지자체를 보더라도 2015년 30곳, 2018년 66곳에서 2019년 177곳, 2020년 229곳(발행중 또는 발행 준비중)으로 늘어났다(행안부, 2020).[4] 이에 비춰볼 때 지역화폐는 몇몇 개별 지자체가 특별하게 채택한 특이한 정책으로서 출발하였지만, 이제는 전국적인 차원에서 보편적으로 채택하게 된 지자체 정책이 되었다고 할 수 있다.

---

2 소상공인시장진흥공단 누리집; 국가법령정보센터(검색일: 2020년 9월 15일)

3 행안부, 〈지자체별 지역사랑상품권 도입현황〉, 2020. 3.

4 행안부, 〈지자체별 지역사랑상품권 도입현황〉, 2020. 3.

〈그림 2-1〉 **지역화폐 연도별 발행액 및 발행 지자체 수 추이**

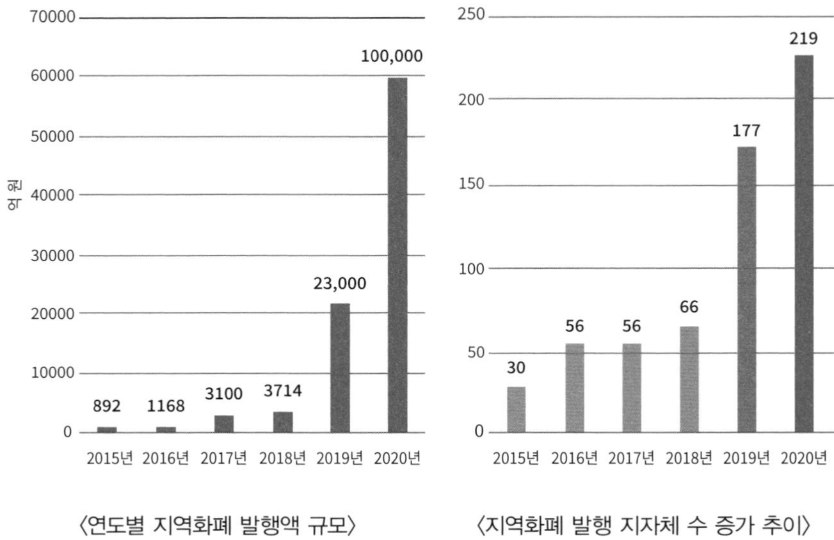

〈연도별 지역화폐 발행액 규모〉 〈지역화폐 발행 지자체 수 증가 추이〉

자료: 행안부, 〈지자체별 지역사랑상품권 도입현황〉, 2020. 3.

지역화폐는 발행 규모 면에서도 비약적인 확대가 일어나고 있다. 지역화폐 발행이 전국적 차원에서 2019년 2.3조원이었는데 2020년 코로나19로 인한 재난지원금의 지급과 더불어 총 약 9조원(6조원+추가 3조원)으로 커지게 된다. 더 나아가 2021년에는 코로나19의 경제·사회적 위기 상황을 반영하여 15~18조원을 발행할 계획인 것으로 알려지고 있다.

지자체 차원의 발행액 및 발행 현황

2019년~2020년 지자체별 지역화폐 발행량의 변화는 다음 〈표 2-1〉과 같다. 전국 차원에서 발행액 기준 2019년 2조 2,573억원에서 2020년에는 10조 6,629억원으로 급증하였다.

〈표 2-1〉 **전국 지자체별 지역사랑상품권 발행 현황(2020.6.31. 기준)**

구분	발행규모(억원)		
	2021년	2020년	2019년
총계	127,635	106,629	22,573
서울	5,270 (2020년 자료 참조)	5,270	–
부산	13,000	10,000	560
대구	10,000	3,000	–
인천	13,000	15,000	6,500
광주	6,000	4,000	827
대전	13,000	5,000	100
울산	3,000	3,000	300
세종	1,500	1,800	–
경기	23,000	21,783	3,901
강원	700	1,000	584
충북	6,000	3,688	426
충남	4,630	5,700	308
전북	8,270	7,745	4,335
전남	5,400	9,000	1,108
경북	6,840	7,000	2,360
경남	6,525	3,443	1,264
제주	1,500	200	–

* 2021년은 예상 발행 규모(잠정 기대치)

자료: 행안부. 2020.

모든 지자체의 발행량이 2019년에 비교하여 2020년에 상대적으로 급증하였다. 지역별로 살펴보면 부산(560억원 → 1조), 인천(6,500억원 → 1조 5,000억원, 경기(3,901억원 → 2조 1,783억원), 전남(1,108억원 → 9,000억원)이 절대수치 면에서 대폭 증가하였다. 강원도는 화폐유형을 변경시키는 문제

〈표 2-2〉 **지자체별 지역사랑상품권 발행 현황(예정 포함)**

(2020. 4. 9. 기준)

구분	계	광역	기초		발행(229)	미발행(14)
			전체	발행		
총계	229	10	226	219		
서울	25	–	25	25	서울특별시 자치구(23+**2**)	**서울특별시**
부산	17	1	16	16	부산광역시(16)	
대구	9	1	8	8	**대구광역시(8)**	
인천	11	1	10	10	인천광역시(10)	
광주	6	1	5	5	광주광역시(5)	
대전	6	1	5	5	**대전광역시**(1+**4**)	
울산	6	1	5	5	울산광역시(5)	
세종	1	1	–	–	세종특별자치시	
경기	31	–	31	31	수원시, 고양시, 용인시, 성남시, 부천시, 안산시, 화성시, 남양주시, 안양시, 평택시, 의정부시, 파주시, 시흥시, 김포시, 광명시, 광주시, 군포시, 이천시, 오산시, 하남시, 양주시, 구리시, 안성시, 포천시, 의왕시, 여주시, 양평시, 동두천시, 과천시, 가평군, 연천군	**경기도**
강원	14	1	18	13	**강원도**, 강릉시, 춘천시, 원주시, 태백시, 삼척시, 영월군, 정선군, 철원군, 화천군, 양구군, 인제군, **홍천군**, 고성군	속초시, 동해시, 횡성군, 평창군, 양양군
충북	11	–	11	11	청주시, 충주시, 제천시, 보은군, 옥천군, 영동군, 증평군, 진천군, 괴산군, 단양군, 음성군	**충청북도**
충남	15	–	15	15	**천안시**, 공주시, 보령시, 아산시, 서산시, 논산시, 계룡시, 당진시, 금산군, 부여군, 서천군, 청양군, 홍성군, 예산군, 태안군	**충청남도**
전북	14	–	14	14	**전주시**, 익산시, 군산시, 정읍시, 남원시, 김제군, 완주군, 진안군, 무주군, 장수군, 임실군, 순창군, 고창군, 부안군	**전라북도**

전남	22	–	22	22	목포시, 여수시, 순천시, 나주시, 광양시, 담양군, 곡성군, 구례군, 고흥군, 영암군, 보성군, 화순군, 장흥군, 강진군, 해남군, 무안군, 함평군, 영광군, 장성군, 완도군, 진도군, 신안군	**전라남도**
경북	22	–	23	22	포항시, **경주시**, 김천시, 안동시, 구미시, 영주시, **상주시**, **문경시**, 영천시, **경산시**, 의성군, 청송군, 영양군, 영덕군, 청도군, 고령군, 성주군, 칠곡군, 예천군, 봉화군, **울진군**, 군위군	**경상북도**, 울릉군
경남	18	1	18	17	**경상남도**, 창원시, 진주시, 통영시, 김해시, 밀양시, 거제시, 양산시, 의령군, 함안군, 창녕군, 고성군, 남해군, 하동군, 산청군, 함양군, 거창군, 합천군	사천시
제주	1	1	–	–	제주도	

주: 굵은글씨는 연내 발행 예정인 지자체(25개, 광역시 3 + 기초 22)

자료: 행안부 내부 자료(2020)

(지류형에서 카드·모바일형으로)로 발행을 잠정 중단(2019. 6.~2019. 12.)한 바 있다.

〈표 2-1〉의 2021년 예상 발행규모는 행안위 예산안 통과 이전의 잠정 기대치로 각 특광역시도 전체 발행액 규모를 간접적으로 참고할 수 있다. 21년에는 코로나19로 인한 비상상황임을 감안하여 발행액 15조 예산안으로 국회 행정안전위를 통과하였다(2020. 11. 12.).

구체적인 지자체별 지역화폐 발행 현황은 〈표 2-2〉와 같다.

대구, 대전, 제주도는 2020년에 발행을 하였으며, 타 지자체는 지역화폐 정책을 광역단위 또는 시군단위에서 시행 중이다. 특이한 점은 강원, 경남, 부산, 대전은 광역단위와 시군단위에서 둘 다 병행 발행한다. 그 외 대구, 광주, 울산, 세종, 제주는 광역단위에서만, 서울, 인천, 경기, 충북, 충남, 전북, 전남, 경북은 기초 단위에서만 발행하고 있다.

지역화폐 발행에 있어 특광역시도 및 기초지자체 중 어떤 정책 단위를 기준으로 해야 하는가는 중요한 문제이다. 본래 중앙정부(행안부)는 도(道) 단위의 경우는 시군 기초지자체를 중심으로, 광역시의 경우는 광역단위로 시행하는 것을 권장하고 있다. 그러나 지자체장(長)의 판단에 따라 운용지역 범위를 각기 결정하고 있다. 그 결과로 〈표 2-2〉에서와 같은 지자체별 발행 양태가 나타나게 된 것이다.

경기도 지역화폐 현황

경기지역화폐 발행 실적

경기지역화폐는 2019년 4월에 31개 시군에서 전격적으로 출발하였다. 물론, 가평군(2007년), 성남시(2006년), 안양시(2018년), 시흥시(2018년)는 2019년 이전부터 지속적으로 자체적으로 지역화폐 정책을 운용해 왔다(경기도, 2020).[5]

경기도는 2020년 2조 8,519억원의 지역화폐를 발행하였다. 이중 정책발행은 3,419억원으로 총 발행액의 11.99%, 일반발행은 2조 5,100원으로 총발행액의 88.02%을 차지하였다. 사용규모는 총 2조 6,425억원으로 정책발행은 1,746억원(11.85%%)이며, 일반발행은 2조 3,283억원(88.11%)에 해당하였다(〈표 2-3〉).

2021년 경기지역화폐의 발행예정액은 일반발행 2조 3,941억원, 정책발행 4,196억원으로 총 2조 8,137억원이다.

5 경기도, 〈시군별 지역화폐 운영 현황〉, 2020.

〈표 2-3〉 2020년 경기지역화폐 발행 실적(2020.12.31. 기준)

(단위: 억원, %)

구분	합계	일반발행	정책발행
목표	21,783	18,906	2,877
발행규모(발행률)	28,519(130.9)	25,100(132.8)	3,419(118.8)
사용규모(사용률)	26,425(92.7)	23,283(92,8)	3,142(91.9)

- 발행목표: '20년 시·군별 발행목표·도 직접사업 등 조사('19.12.) 및 코로나19 대응 확대발행 반영(2추 포함)
- 발행규모 비중: 12. 31. 기준 판매 총액의 발행목표 대비 비율
- 사용규모 비중: 12. 31. 기준 사용 총액의 발행규모 대비 비율
- 재난기본소득·소비쿠폰·긴급재난지원금 등 [발행 9,114/사용 8,961(카드형 지역화폐 기준)] 미포함

자료: 경기도 내부 자료를 참조하여 재작성

경기도 31개 시군별 지역화폐 발행현황

2019년 발행액/사용액의 최고 지자체는 성남(1,756/1,268억원), 화성(1,599/1,444억원), 안산(1,192/1,063억원)의 순이며, 최저 지자체는 연천(40/40억원), 가평(50/47억원), 동두천(51/48억원)의 순이다. 지역화폐 발행액 및 사용액은 경기 남-북간에 매우 명확하게 구분되는 편이다. 경기 남부는 상대적으로 발행량 및 사용량이 크다. 반대로 경기 북부 동두천 외에 특히 군단위 기초지자체(연천, 가평)의 발행액은 현저하게 작다(〈그림 2-3〉).

경기도 31개 지자체의 시군별 지역화폐 발행형태는 매우 다양하다(〈표 2-5〉). 정책발행의 경우 대다수의 지자체는 카드형을 선택하고 있는 반면, 시흥만이 지류+모바일을 선택하고 있다. 일반발행의 경우 다수의 지자체는 카드형에 지류 또는 모바일을 병행 선택하고 있으나, 일부 지자체(성남, 안양, 평택, 시흥, 의왕, 포천 등)는 카드형을 제외하고 있다.

경기지역화폐의 유형별 결제현황

지역화폐의 결제유형은 지류형, 카드형, 모바일형이 있다. 경기도 지역화폐의 발급형태별 발행현황(2019년)을 살펴보면 카드형 4,192억원(74.7%), 지류형 764억원(13.6%), 모바일형 656억원(11.7%)로. 28개 시·군에서 사용 중인 카드형이 압도적으로 큰 비중(74.7%)을 차지한다고 할 수 있다(〈표 2-6〉). 정책발행의 경우 카드형(92.6%)이 거의 절대적으로 큰 비중을 차지하고 있다. 그 다음 순으로 미약한 수준에서 모바일(5.2%), 지류(2.2%)가 나타났다. 일반발행 또한 카드형(62.5%)이 가장 큰 비중을 차지하였으나 비중은 정책발행보다는 작은 편이다. 그 다음으로는 정책발행과는 다르게 지류형(21.4%), 모바일(16.1%) 순으로 나타났다.[6]

요약정리

경기지역화폐는 2019~2020년에 걸쳐 발행액이 급격히 증가하는 추세를 보이고 있다. 특히 2020년 코로나19로 인해 정책발행이 급속하게 증가하고 있다. 이러한 추세는 2021년에도 여전할 것으로 예상된다.

중앙정부의 긴급재난지원금(5월 18일 이후~8월 30일까지), 경기도의 재난기본소득(4월 15일 이후~8월 30일까지), 경기도 시군의 재난지원 성격의 각종 지원금을 지역화폐 형태로 지급하였다. 16주차(4월 13일~19일)~18주차(4월 27일~5월 3일)까지 주로 전달·지급되었다. 이러한 시기를 경과하면서 지역화폐 발행액의 연속성, 변화의 진폭, 추이를 예단하기 어렵게 되었다.

---

6 경기도, 〈2019 경기지역화폐 발행·사용 현황〉.

〈그림 2-2〉 2020년 경기지역화폐 시군별 사용률

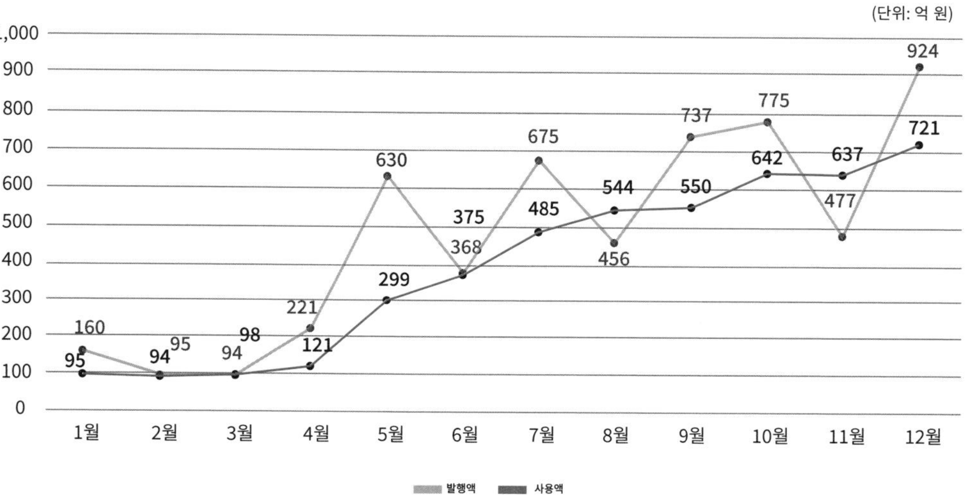

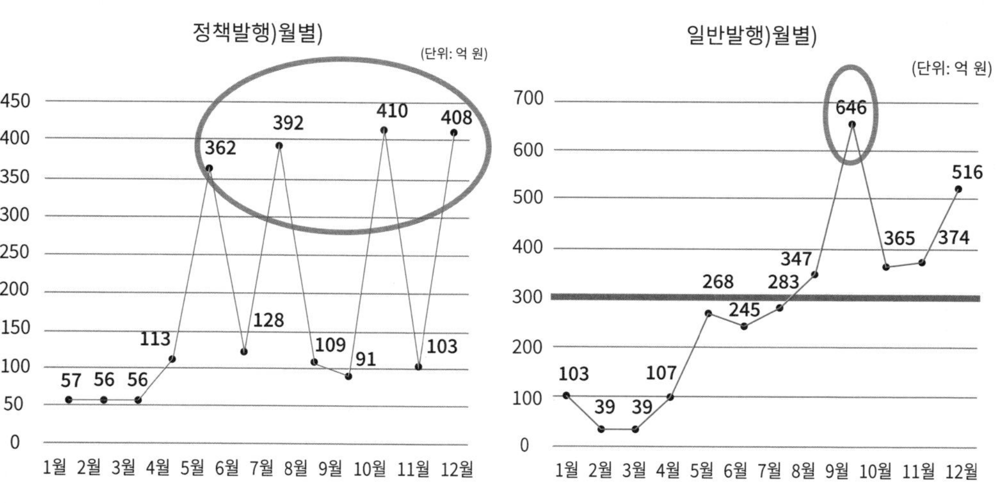

〈그림 2-3〉 2020년 경기지역화폐 시군별 사용률

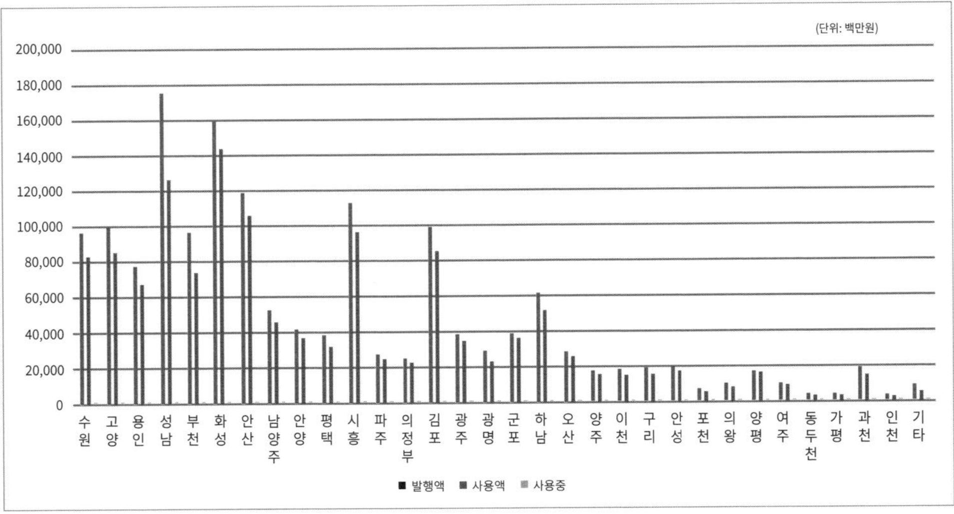

■ 기타는 경기도 복지 포인트, 정액권

자료: 경기도, 〈업무보고〉 내부자료, 2020.

재난기본소득이 시행된 4월 이후 최소한 2020년이 종료되는 시점에서 추이분석이 가능할 것으로 판단된다. 다만, 분명한 것은 지역화폐 발행이 정책발행이든 일반발행이든 확대일로에 있다는 것이다. 단순히 지자체 차원의 정책사업에서 벗어나 전국적인 규모의 국가 단위의 정책사업으로 비상하고 있다고 할 것이다.

한편 전체적인 발행 규모의 확대와는 별도로 지자체 시군별로는 차이가 뚜렷하게 나타난다는 점도 주목할 현상이다. 경기남부가 상대적으로 발행량 및 사용량이 큰 반면, 경기 북부, 특히 군 단위 기초지자체(가평군, 연천군)의 발행액은 현저하게 작은 편이다. 물론 사용률에 있어서는 경기북부에 속하는 양평군(1위)과 연천군(2위)이 선두를 보여주고 있다. 이는 지역화폐(경기지역화폐)가 여전히 지역단위 차원의 정책적 함의가 있음을 시사한다.

〈표 2-4〉 2020년 경기도 시군별 지역화폐 발행형태

시군별	발행 형태		발행시기 (2019년) (기발행 6시군, 양주 3.29~연천 5.31)
	정책수당	일반발행	
수 원	카드	카드	4. 1.
용 인	카드	카드	4. 22.
성 남	카드+지류+모바일	지류+모바일	지류: '06년 / 카드, 모바일: 4. 19.
부 천	카드	카드	4. 1.
화 성	카드	카드	4. 15.
안 산	카드	카드+지류	4. 1.
안 양	카드	지류	지류: '18. 1월 / 카드: 4. 22.
평 택	카드+지류	지류	지류: 1. 2 / 카드: 5. 8.
시 흥	지류+모바일	지류+모바일	'18. 9월
김 포	카드+모바일	카드+모바일	4. 12.
광 주	카드	카드	4. 22.
광 명	카드	카드	4. 1.
군 포	카드	카드	4. 1.
하 남	카드	카드	정책: 4. 22. / 일반: 4. 29.
오 산	카드	카드	4. 15.
이 천	카드	카드	4. 1.
안 성	카드	카드	4. 1.
의 왕	카드	지류	지류: 1. 15. / 카드: 4. 22.
여 주	카드	카드	4. 1.
양 평	카드	카드	4. 19.
과 천	카드	카드+지류	4. 25.
고 양	카드	카드	4. 24.
남양주	카드	카드	4. 20.
의정부	카드	카드	4. 18
파 주	카드	카드	정책: 4. 20. / 일반: 6. 15.
양 주	카드	카드	3. 29.
구 리	카드	카드	5. 10.
포 천	카드	지류	4. 24.
동두천	카드	카드	4. 15.
가 평	카드	지류+카드	지류: '07년 / 카드: 4. 15.
연 천	카드	카드	5. 31

주: (정책발행) 카드 27, 카드 + 지류 + 모바일 1, 카드 + 지류 1, 지류 + 모바일 1, 카드 + 모바일 1
(일반발행) 카드 21, 지류 + 모바일 2, 카드 + 지류 3, 카드 + 모바일 1, 지류 4

자료: 경기도 〈시군별 지역화폐 운영 현황〉, 2019~2020(2020. 1. 1.) 참조하여 재작성

〈표 2-5〉 **지역화폐 발급형태별 발행현황(2019년 기준)**

(단위: 억원)

	지류형	카드형	모바일형
발행액	764(13.6%)	4192(74.7%)	656(11.7%)
정책발행	2.2%	92.6%	5.2%
일반발행	21.4%	62.5%	16.1%%

자료: 경기도 내부 자료

지역화폐는 명칭 그대로 '지역'에서 통용되는 '화폐'이다. 그런 까닭에 지역화폐의 연원과 역사, 통용되는 지역범주내에서 사회적 합의 및 행정적 기준에 따라 운용행태상에 세밀한 차이가 있다. 이러한 차이는 지역적 특성의 차이, 지역주민과 정책기관과의 협의, 관련당사자의 이해관계 등이 복잡하게 얽혀 있다고 할 수 있다. 따라서 이러한 차이는 기초지자체간 비교 대상이 되기도 하고, 이해관계자 간의 분쟁 대상이 되기도 한다.

한국의 지역화폐 정책은 여타의 다른 국가의 지역화폐와는 달리, '중앙정부(행안부)-특광역시도-기초지자체(시군구)'라는 하향식 행정제도를 기반으로 체계화되어 있다. 이 속에서 시행되는 지역화폐는 전국적 통일성과 공통성을 가지고 있기도 하고, 지자체 단위별로 차이점을 가지고 있기도 하다.

경기지역화폐는 31개 기초지자체의 특성에 따라 발행유형, 운용형태, 가맹점 기준, 인센티브, 복지수당 활용 등 다양한 운용사례를 보인다. 한 예로 경기도의 성남시(2006년 4월 19일), 가평군(2007년 4월 15일), 안양시(2018년 1월 4월 22일), 시흥시(2018년 9월)의 경우 2019년 이전부터 지역화폐를 운용하여 왔다. 22개의 시·군은 카드형을 단독적으로 채택하고 있음에 비하여, 가평(지+카), 성남시(지+카+모), 안양시((지+카), 시흥시(지+모) 등으로 화폐 발행유형이 다양하다고 할 수 있다.[7] 이러한 차이점은 지역내의 특성 및 차이에 기반한 것이다.

※ 코로나19 재난지원금과 경기지역화폐의 역할

코로나19 국면에서 경기도의 지역화폐 정책은 중앙정부의 대응책보다 한 발 앞서 나갔다. 이것이 가능했던 이유는 '경기도 규모의 체계적인 행정소통 기능'을 하고 있는 지역화폐라는 일관되고 효율적이고 체계적인 행정체계가 갖추어져 있었기에 가능한 일이었다.

경기도 재난기본소득은 중앙정부의 코로나19 대응책보다 훨씬 더 앞서 논의(2020년 2월 중순)되었다. 지급계획을 공포(3월 24일)한 것이 중앙정부의 긴급재난지원금보다 훨씬 더 앞섰다. 실제로 실행·지급(2020년 4월 중순)도 중앙정부보다 앞섰다(2020년 5월 중순). 중앙정부 긴급재난지원금(14.2조), 서울시 재난긴급생활비(8,619억원), 경기도 재난기본소득(1.3조원), 경기도 시군재난기본소득(1.3조원) 등 전격적인 지급이 시행되었다.

이미 경기도에서는 청년기본소득 등 여러 복지수당을 지역화폐로 지급함으로써 도민들은 지역화폐에 대한 이해도가 높았다. 이러한 연장선상에서 도민들은 코로나19로 인한 재난기본소득 지급시에도 지급수단은 지역화폐로 지급하는 것을 당연시하였다. 또한 수급자(소비자, 지역민) 입장에서도 지역화폐로 전달방식은 당연한 것이었다.

이렇게 평소에 다져진 지역화폐 정책적 일관성과 체계성은 코로나19 재난시에 매우 선제적이고 효과적으로 나타났다. 재난지원금의 평균 환전율은 95%로 확인되었다.

7 지류형: 지, 카드형: 카, 모바일형: 모, 이하 '지·카·모' 등으로 표기한다.

경기지역화폐의 이슈 및 쟁점

김병조 · 유영성

논란의 주요 이슈 5가지

경기지역화폐는 이를 실행하는 데 있어서 다양한 사회적 의견이 이슈로 제기되기도 하였다. 이들은 크게 다섯 가지로 축약해 볼 수 있다.

첫째, 편의점의 가맹점 허용 여부. 가장 논란이 되는 부분은 편의점의 지역화폐 가맹점 포함 여부이다.[1] 지역화폐 정책의 취지에 따라 백화점, 대형마트, 유흥업소 등은 가맹점에서 당연히 제외된다. 이에 대한 이의가 없었던 것은 아니나 그리 큰 문제는 아니었다. 다만, 지역화폐의 정책 취지인 골목상권·전통시장에 대한 지원 및 지역경제 활성화를 위해 편의점을 가맹점으로 포괄할 것인가의 여부는 초기 심각한 논란거리였다.

둘째, 발행유형 관련 논란. 지역화폐는 지자체별로 각기의 역사 및 문화적 배경을 반영하는바, 일률적이지 않다. 그런 만큼 지역화폐의 발행유형은 31개 지자체 별로 모두 다양하다. 지역별 사정에 따라 다양한 유형들

1 "경기지역화폐가 대기업 프랜차이즈로 몰린다", 중기이코노미, 2019. 2. 18.

을 취사선택하는 것이 지역화폐의 특장점이라고 할 수 있다. 하지만 지역화폐가 단지 문화적으로만 의의를 지니는 정책이 아니라 행정적 관점에서 그리고 경제적 관점에서 의의를 지니는 정책이어야 한다면 지자체 내에서 굳이 지자체별로 발행유형이 복잡해야 할 이유가 있는 것도 아니다. 이런 맥락에서 지역화폐 발행유형은 쟁점사항이었다.

셋째, 지역화폐로 복지수당 및 임금 지불시의 타당성. 지역화폐가 각종 수당이나 임금의 대체 지불수단으로 사용될 수 있는지가 문제가 될 수 있다. 이와 관련하여 지역화폐가 현금인지 여부와 지역화폐로 지급하는 이유 등을 놓고 논란이 있었다.

넷째, 인센티브 비율과 선/후불제 인센티브. 인센티브는 통상 일반발행의 경우 지역화폐 유통을 촉진하기 위한 소비진작 장려금의 성격을 갖는다. 이러한 인센티브의 선/후불제 중 어느 것이 더 바람직한지와 인센티브 비율을 어느 정도로 가져가야 하는지가 이슈가 되었다.

다섯째, 공동체형과 지역경제 활성화형 사이의 우선순위. 초기 지역화폐는 공동체형 지역화폐가 본류를 이루어 왔으나, 2019년을 경과하며 상품권형(지역경제 활성화형) 지역화폐가 본격적으로 대두되었다. 이들 두 가지 지역화폐의 장단점을 놓고 우선순위가 어디에 있는지도 이슈이다.

5대 쟁점 해소 방안

일정 규모 이하의 비직영 편의점의 지역화폐 가맹점 허용

편의점은 대기업 계열사를 기반으로 전국적 단위에서 연쇄점 형태로 이루어지는 소매판매점이다. 전국의 편의점은 40,672개(2019년 기준)가 있

〈표 3-1〉 **특광역시도별 편의점 수(2019년)**

지 역	점포수	점 유(%)	순 위
전국 총계	40,672	100.0	-
서울특별시	7,905	19.4	2
부산광역시	2,238	5.5	4
대구광역시	1,426	3.5	10
인천광역시	2,172	5.4	5
광주광역시	984	2.4	15
대전광역시	1,070	2.6	14
울산광역시	828	2.0	16
세종시	189	0.5	17
경기도	10,372	25.5	1
강원도	1,745	4.3	8
충청북도	1,441	3.6	9
충청남도	2,038	5.0	6
전라북도	1,271	3.1	11
전라남도	1,180	2.9	12
제주도	1,155	2.8	13
경상북도	1,956	4.8	7
경상남도	2,702	6.7	3

자료: 〈한국 편의점 산업협회 내부 자료〉, 2020, 재구성

다(〈표 3-1〉).[2] 경기도내 편의점은 10,372개(전체의 25.5%)로 특광역시 대비 전국 1위이다. 경기도 지역화폐 매출에서 편의점 매출이 차지하는 비중이

2 편의점 관련 자료에 접근하기에는 많은 애로사항이 있다. 본래 편의점 협회에서 공개하는 〈편의점 산업현황〉 등이 매년 자료를 공개하고 있으나 민감한 정보에는 접근이 제한되고 있다. 따라서 아래 편의점 통계현황에는 공개적으로 확보된 자료 외에 비공식적으로 탐색한 〈내부자료〉 등을 사용하기로 한다.

5.7%에 해당한다. 더군다나 편의점의 연평균 고용인원은 2019년 기준 전국적으로 220,000명으로 추정된다.[3] 경기도는 편의점에 의해 고용된 인원이 연평균 약 56,000명이나 된다.

이러한 점을 고려할 때, 일단 편의점이라고 해서 지역화폐 가맹점에 포함시키지 않는 것은 자칫 지역화폐 정책의 취지인 지역경제 활성화와 안맞을 수 있다. 편의점이 지역경제 활성화에 기여하는 부분을 적극 살리는 지역화폐 정책을 만들 필요가 있다. 또 지역(특히 낙후되거나 도심에서 떨어져 외진 동네)에 따라서는 편의점 이외의 다른 소형 점포를 찾기 어려운 곳도 많다. 이를 고려하지 않으면 현실에서 소비자들의 불편함을 배려하지 못하는 처사가 된다. 그런 취지에서 편의점을 일방적으로 지역화폐 가맹점에서 배제시키기보다 가급적 포함시킬 수 있도록 하는 것이 바람직하다 할 것이다.

지역화폐 가맹점은 확장될수록 좋은 법이고, 제약을 두는 이유는 대형마트(점포)로의 매출 쏠림을 방지하기 위한 것이다. 그런 만큼 수익이 본사로 귀속되는 본사 직영의 편의점을 배제할 수 있다. 그렇더라도 편의점은 동네 골목상권의 대다수 점포의 업종 및 품목과 중복·대체관계에 있다는 점은 문제이다. 이 문제의 핵심은 편의점의 규모에 있다. 규모가 큰 편의점은 골목상권 내에서 일반 점포들과 건전한 경쟁관계를 넘어서기 때문이다. 따라서 이를 극복하는 방법은 편의점 중 지역화폐 가맹점이 될 수 있는 조건으로 연매출 10억 이하를 설정하는 것이다.

이런 이유로 편의점과 관련하여 경기도는 '소상공인 지원대상 확대, 이용자 편의성 제고'의 목적 하에 프랜차이즈 편의점(직영점 제외)을 자영업자로 인식하고서 연매출 10억 이하의 편의점을 지역화폐 가맹점으로 포함

---

3 한국 편의점산업협회, 〈내부자료〉, 2020.

〈표 3-2〉 **기존 대기업 편의점과 경향 편의점 비교**

	기존 대기업 편의점	경향 편의점(가안)
명칭	• GS25, C&U, 세븐일레븐, 이마트24, 미니스톱, 스토리웨이 등	• 신토불이 **경**기사랑 **향**토편의점(경향 편의점)
특징	• **프랜차이즈 편의점**으로 대기업의 브랜드 및 서비스 시스템 일괄 사용	• **경기도내 원자재를 활용**하여 생산·유통·소비·판매
장단점	• 선진화된 시스템 및 서비스(장) • 지역내소득 외부 유출(단)	• 지역내 소득유출 방지(장) • 생산-부가가치-고용효과 창출 및 향유(장) • 서비스 및 시스템화 강화 필요(단)

시킨 것으로 판단된다. 다만 지역화폐의 가맹점에 편의점을 포함하는 문제는 정책적으로 매우 민감한 사안이고, 원칙을 지키는 것과 실제 현장의 다양한 여건의 반영 간에 균형잡힌 판단이 필요하므로 지역화폐 정책의 정착과정을 주의깊게 판단하면서 장기적으로 검토할 필요가 있다고 할 것이다.

좀 더 유연한 접근방식을 취할 필요도 있어 보인다. 기존 민간 대기업 계열사로서의 소매판매점인 편의점에 한정해서 지역화폐 정책을 펼칠 것이 아니라 지역화폐를 매개고리로 한, 공공편의점 운영도 고려해 볼 수 있을 것이다. 이른바 경기도 내 '신토불이 **경**기사랑 **향**토편의점'(가칭. 약칭 경향편의점)을 운영하는 것이다.

경향 편의점은 경기도가 주도하여 도내 소상공인·자영업자가 생산한 상품을 취급하는 '지역에 기반한 편의점 네트워크'라고 할 수 있다. 경향편의점은 지역에서 생산된 물품을 우선하여 적극적인 소비를 유도할 수 있으며, 로컬푸드와 같은 지역의 농수산물을 신속하게 상품화 할 수 있는 포장 및 유통구조를 확보하여 직거래 유통시킨다. 이는 사회적 기업, 협동조합, 마을기업, 자활기업 등과 연대에 기초하여, 지역내 소기업과 소상공인·자영업자의 매출 및 고용은 신장되며, 이로 인한 지역내 경제의 선순환으로 지역경제 활성화를 도모할 수 있다. 또한 소상공인 자영업자는 자신의 생산 및 유통활동에 따른 상품과 서비스를 공급 판매함으로써 지역내 독자적이고 차별적인 유통망 구축이 가능할 것이며, 이는 기존 대기업 편의점 브랜드와의 경쟁 가능성 및 차별화 지점이 될 것이다. 이의 매개는 경기지역화폐가 되도록 하는 것이다.

이러한 접근법은 편의점의 지역화폐 가맹점 자격 미달로 편의점들의 상당수를 지역화폐 가맹점에서 벗어나게 함으로써 지역화폐가 지역 내 상권진흥에 제약을 가하게 되는 문제를 피할 수 있게 해줄 것이다. 다만, 경향편의점이 지역화폐만으로 수익성을 갖추는 것은 기대하기 어려운 만큼 지역내 지역화폐 사용량이 충분히 커서 지역 상권이 활성화된다는 조건이 뒤따라야 실행을 고려해 볼 수 있다. 지역화폐 발행 추세가 급격히 증가하고 있고 향후도 그럴 것으로 예상되는바 지역화폐 사용규모가 지역내 경향편의점 수익에 일정 수준 기여하는 때가 조만간 올 수도 있다. 그런 맥락에서 경향편의점은 경기지역화폐 정책 차원에서 향후 심도있게 검토해 볼만한 사안이라고 판단된다.

지역화폐 발행유형의 다양성 유지와 미래형 추세에 부응

지역화폐 발행유형과 관련하여 다양성 대 단순성 이슈가 있다. 통상 지역화폐의 유형별 발행 비중은 각 지자체의 여건과 환경을 고려하여 시군 지자체 각자 알아서 정한다. 유형에 대한 정책적 의미는 시기와 사회적 환경에 따라 변화하므로 지역화폐 정책의 정착 속도, 지역민 수용 정도를 보아가며 판단하여야 한다. 또한 지역화폐는 기술적 발전에 따라 유형의 선호가 달라질 수도 있다. 그런 면에서 지역화폐 발행유형이 다양한 것이 합당하고, 또 상황 변화에 맞춰 다양화할 필요도 있다.

〈그림 3-1〉 2020년 청년기본소득 수급시 선택한 지역화폐 유형

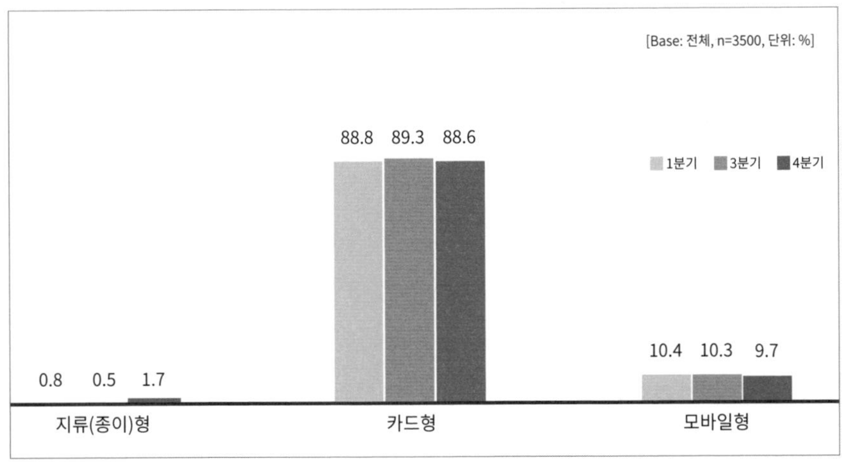

자료: 유영성 외(2020), p. 17.

경기도 31개 시·군은 외양적으로 볼 때 3가지 지역화폐 유형(지류, 카드, 모바일)을 혼합해서(하나 혹은 둘 이상을 섞어서) 사용하고 있다. 그런 면에서 다양한 발행유형을 보인다고 할 것이다. 하지만 실질적으로 경기도 31개 시·군은 시흥시 등 일부 몇 개 시·군을 제외하고 공통적으로 카드형을 지역화폐의 기준으로 삼고 있다. 카드형 지역화폐가 정책수당(코로나19 재난기본소득 포함)을 발행할 때 주요한 지급전달 방법으로 작용하고 있는 것이다. 이는 전체적으로 발행유형이 단순하고 다분히 획일적인 모습을 보인다는 것을 말한다.

한편, 〈경기도 청년기본소득 만족도 조사〉(유영성 외, 2020)에 의하면 경기도 만24세 청년들이 선택한 지역화폐 유형은 카드형(88.9%)이 대세였고, 다음으로 모바일형(10.13%)이었다(〈그림 3-1〉). 반면에 향후 선호하게 될 지역화폐 유형은 카드형(68.0%), 모바일형(30.1%)으로 나타나 미래에는 모바일형 선택이 크게 증가할 것임을 보여주었다. 이는 최근 스마트 기술

〈표 3-3〉 **지역화폐 정책 단계에 따른 지역화폐 유형의 발행 및 유통형태(안)**

구분	정책내용	필요 기간	누적 기간	유형(%)		
				지류형	카드형	모바일형
초기	정책홍보 및 고급, 시행착오 개선, 현장 피드백	1~3년	-	20	50	30
중기	활용 다각화, 전자화폐 모색, 주민주도 참여	1~3년	3~6년	10	40	50
성숙기	정책 정착, 주민위원회가 운영	3~5년	6~9년	5	20	75

자료: 자체 작성

의 발달에 따른, 사용하는 휴대폰 유형의 변화에 대한 지역화폐의 모바일 유형을 청년들이 선호하는 것을 말해주고 있다. 스마트폰에 의한 모바일 결제는 비단 청년들에 국한된 사태가 아니고 모든 계층에서 보편화되고 있는 만큼 미래에 지역화폐 발행유형도 모바일형에 대한 선호가 점차로 커져갈 것으로 예상된다.

각 지자체가 선택하는 지역화폐 유형은 일단 세 가지 유형에서 정하게 되어 있는 만큼 유형의 다양화, 획일화 논의는 결국 이들간 비중의 조합 문제에 해당한다고 할 것이다. 〈표 3-3〉은 정책별 단계에 따른 지역화폐 유형의 발행 및 유통형태로서 검토해 볼만한 것을 제시하고 있다. 기간, 유형의 비중(%)은 각 지자체의 여건에 따라 달라질 수 있는 만큼 실제는 〈표 3-3〉과 다를 수 있다. 다만, 이것은 카드형을 근간으로 하되 지류형의 비중은 점차 감소하고 모바일형(전자화폐)으로 이동하는 세상 변화 추이를 반영하고 있다는 것이다.

초기 1~3년간은 카드형을 중심으로 두고(50%) 지류형으로 대중적 활용도를 확보하여야 하며, 중기~후기에는 차츰 모바일형으로 사용비중을 증가시켜야 한다. 다만, 지류형은 고령자 및 디지털 격차로 인해 카드형 및 모바일형으로 접근성이 낮은 취약계층을 위하여 당분간 일정 비율(5~20%) 만큼은 유지하여야 한다.

복지수당 등의 지역화폐 지급을 적극 추진

현금 대 지역화폐의 효용성

복지수당 등을 지역화폐로 지급하는 것이 합당한지에 대한 논란이 있다. 본래 지역화폐는 지역내에 특정한 목적과 취지로 운영되는 것으로 지역내 사용처에 제한이 따른다. 따라서 복지수당 등(청년기본소득, 아동수당, 재난기본소득 등)의 수급자(또는 소비자)가 복지수당 등을 지역화폐로 받으면 이의 사용에 지리적, 업종품목별, 사용처에 제한이 가하여진다. 이는 복지수당 등을 받은 사람들 개인의 효용을 줄이는 결과를 초래함을 의미하고, 그런 만큼 이러한 방식은 일반적으로 권장하는 사안이 못된다. 하지만 사회 전체적으로 후생을 증진시키는 경우에는 정책적으로 고려해 볼만한 사안이 된다.

이는 일종의 현금 대 지역화폐간 효용성 논쟁에 해당한다. 현금은 개인 효용 극대화에 기여한다. 반면 지역화폐는 개인의 불편함을 초래하여 사용자 개인의 효용 감소를 초래하게 된다. 사회적으로 이를 감내할 명분이 있느냐가 관건이다. 그런데 지역화폐는 지역경제 활성화라는 편익을 창출할 수 있다는 점에서 유의미하다. 이 편익이 개인 후생 감소의 총합보다 크다면 사회적 순편익이 플러스가 되는 경우에 해당한다. 이 사회적 순편익은 결국 사회구성원인 개개인에게 돌아가게 된다. 이런 조건에서라면 복지수당 등의 지역화폐 지급은 타당할 수 있다. 경기도시장상권진흥원 용역 중간보고 자료(2020. 10. 16.)에 의하면, 경기도민들의 현금 선호도는 103.9점(지역화폐 100점 기준)인데 반해, 사회공동체 유익성(100점 기준)에 비해

〈그림 3-2〉 **'경기지역화폐로 받는 취지를 잘 이해하고 있다' 응답**

[Base: 전체, n=3500, 단위: %]

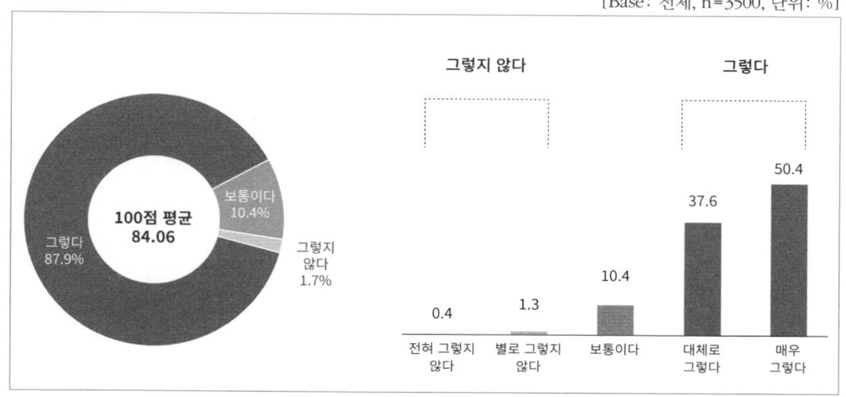

자료: 유영성, 2020, p.64.

개인편리성은 91.3점이었다. 이는 지역화폐에 비해 현금을 더 선호하지만 개인의 편리성보다 사회적 유익성을 더 높게 평가한다는 것을 말한다.

〈경기도 청년기본소득 만족도 조사〉(유영성 외, 2020)에 의하면, 복지수당 등을 지역화폐로 지급하는데 대해 경기도민들은 불편함을 호소하면서도, "경기지역화폐로 받는 취지를 잘 이해하고 있다"(84.06%)는 응답을 하여 지역화폐 정책에 대하여 호의적이다(〈그림 3-2〉). 이런 점에서 볼 때, 경기도에서는 '복지수당은 지역화폐로'라는 공식이 마치 정책적 브랜드로 기표화(旗標化)하고 있으며, 복지수당 등의 지역화폐 지급은 정책적으로 수용가능한 명분을 얻고 있다고 할 것이다.

한편 이런 논의와 별도로 복지수당 등을 지역화폐로 지급하는 것과 관련하여, '지역화폐는 현금인가'라는 문제제기가 있다.

일반적으로 화폐란 정부나 중앙은행에서 발행하는 지폐나 주화를 유가증권과 구별하여 화폐나 화폐로 즉시 교환할 수 있는 수표나 어음으로서 현재 가지고 있는 돈의 의미를 갖는다. 그러나 과거와 달리 현재적 의미로서의 현금의 정의는 '실체적으로 존재하는 현물로서의 화폐'가 아니라, '현

〈표 3-4〉 **현금과 지역화폐의 구분**

	현금	지역화폐
명칭	법정화폐, 중앙화폐	대안화폐, 지역화폐
발행처	국가, 중앙은행	지자체, 공동체 등
통용범위	국가	지자체 내, 공동체 내 등
공간	일정한 지리적 공간(국경)	일정한 지리적 공간(지자체) 회원간 합의된 지역내 네트워크 그룹
범용성	강함	약함
교환 편의성	강함	약함

금화폐의 용도로 사용가능한 결제물'이다. 따라서 지역화폐는 일부 공간적, 품목별, 현시적 의미에 제한을 받고 있다 하더라도 광의의 현금 범주로 포괄할 수 있다(〈표 3-4〉).

일반발행과 정책발행의 의미

일반발행은 소비자가 자신의 필요에 따라 앱(App) 등에서 구매하여 가맹점에서 사용하는 것으로 일반적인 지역화폐의 사용형태라 할 수 있다. 지역화폐의 독자적인 생존과 운용을 위하여 지역화폐의 일반발행 비중이 증가할 필요가 있다. 그런데 일반발행에서 발행량의 증감은 인센티브의 정도에 크게 의존한다. 정책당국은 인센티브를 통해 일반발행의 발행량과 유통량을 조절할 수 있는 것이다. 현재 인센티브 6%는 행안부의 지원(4%)과 광역시도의 지원(2%~4%)의 최저치이다. 이는 소비자의 적극적 행동변화를 이끌어내는 인센티브 수준으로 기능하고 있다. 문제는 이러한 인센티브에 의존하는 것 자체가 국가의 보조금 지급을 의미하는바, 이는 사회적 비효율 문제를 동반한다는 것이다. 가급적 인센티브 없이 지역사회 내에서 자체적으로 순환하면서 독자적으로 지역화폐가 운용되는 것이 바람직하다

할 것이다. 향후 발상의 전환, 넛지(Nudge: 부드러운 개입)적인 정책개발을 통한 지역내 자체순환 시스템을 구축하는 것은 중요한 과제가 된다. 다만, 현재 지역화폐(일반발행)의 안착을 위한 초기 단계인 만큼 일정 정도 정책 이행비용을 들인다고 볼 수 있을 것이다.

정책발행은 각종의 복지수당 등을 지역화폐로 전달해주는 발행액이다. 정책발행은 현재까지는 경기도 특유의 발행방식이다. 정책발행은 지역화폐 발행량의 규모를 안정적으로 받쳐주며, 지속적이고, 고정적인 화폐의 공급과 소비자 수요를 제공하는 주요 역할을 수행한다고 할 수 있다. 정책발행은 사회복지의 정책을 확대하고 전달하는 행정적 전달을 체계화하였다. 또한 정책발행으로 인해 코로나19 상황에서도 안정적이고 신속하고 체계적이고 효율적인 복지-경제 행정을 발휘할 수 있었다. 향후 이와 유사한 정부의 긴급 재정투입, 피해구제, 경제활동 지원, 경기활성화 등 다양한 영역들에서 개입할 수 있는 주요한 정책수단이 될 수 있을 것이다. 또한 지역화폐의 정책발행을 통해 복지수당 등을 2차 과정으로 소상공인에게 전달하고, 이는 소상공인의 매출증진을 통해 지역경제 활성화로 연계되는 증층형 융복합 효과를 일으킬 수 있다. 이런 점에 비춰볼 때 정책발행의 의의는 크다.

하지만 정책발행 자체가 지역화폐의 원래 목적으로서 자발적 공동체 활성화를 오히려 침해할 수 있다는 지적이 있다. 이는 일부 타당한 지적이지만 한국 지역화폐 운용 현실에 비춰볼 때 자발적 지역공동체 활성화는 현실적으로 미미한 수준에서 벗어나지 못하고 있다는 점에서도 그렇고 일단 정책발행 등을 통해 지역경제 활성화가 이루어진 토대 위에 민간의 자발적 지역공동체 활성화도 이루어 볼 수 있다는 점에서 지역화폐의 적극적 정책발행은 중요하다 할 것이다.

• 임금 등 지역화폐 지급 사례 •

> **사례 1**
>
> "충북 충주시는 노인일자리사업 참여자 임금 중 활동비를 '상품권 수령 동의서' 제출자 3,781명에게 충주사랑상품권 20억원을 지급하기로 한 바 있다. 임금 중 활동비 30%를 상품권으로 받으면 22% 상당의 인센티브를 지원한다. 현재 27만원 활동비를 받는 일자리 참여자는 현금 18만 9,000원과 상품권 14만원 등 모두 32만 9,000원을 받는다."(충주시 노인일자리사업 참여자 임금 일부 지역화폐 지급, (충주=뉴스1) 윤원진 기자 | 2020-06-04 09:49 송고
>
> https://www.news1.kr/articles/?3954923. 검색일: 2020년 9월 10일)
>
> **사례 2**
>
> 공기업 한국전력공사는 단체협약에 따라 직원월급의 일부인 100만원을 온누리상품권으로 지급한 바 있다.
>
> (https://m.post.naver.com/viewer/postView.nhn?volumeNo=29238859&member No=38212397&vType=VERTICAL 검색일: 2020년 8월 27일)

지역화폐로 임금 지급 여부

지역화폐를 활용하는 방안들이 다양화되고 있다. 그러다 보니 임금의 일부를 지역화폐로 지불하는 것에 대한 논란도 있었다.

근로기준법에 의하면 임금은 "사용자가 근로의 대가로 근로자에게 지급하는 모든 금품"(1장 2조 5항)을 의미하며, "법령 또는 단체협약에 특별한 규정이 있는 경우에는 통화 이외의 것으로 지급할 수 있다"고 규정되어 있다. 따라서 "법령 또는 단체협약"에 의해 사전에 협의되어 있다면, '통화(通貨) 이외의 것'으로도 지불이 가능하다. 따라서 지역화폐를 통화로 간주하든 비통화로 간주하든 단체협약에 의해서 지역화폐로 지불할 수 있는 가능성이 열려있다고 할 수 있다. 그러나 최근 제정된 〈지역사랑상품권 이용 활성화에 관한 법률〉에 의하면 "〈근로기준법〉 43조 1항, 〈지방공무원법〉 45조 1항에 따라 임금 또는 보수를 지급하는 경우", "지역사랑상품권으로 지급할 수 없다"고 명시되어 있다.

• 법률상의 임금 지불 방법 •

제1장 제2조 5항

임금이란 사용자가 근로의 대가로 근로자에게 임금, 봉급, 그 밖에 어떠한 명칭으로든지 지급하는 모든 금품을 말한다.

제3장 제43조(임금지급)

① 임금은 통화(通貨)로 직접 근로자에게 그 전액을 지급하여야 한다. 다만, 법령 또는 단체협약에 특별한 규정이 있는 경우에는 임금의 일부를 공제하거나 통화 이외의 것으로 지급할 수 있다.

• 자료: 〈근로기준법〉 [시행 2020. 5. 26.] [법률 제17326호, 2020. 5. 26., 타법개정국가법령정보센터]

제18조 (보수지급의 방법)

① 보수는 다른 법령에 특별한 규정이 있는 경우를 제외하고는 현금 또는 요구불예금으로 지급한다.

제45조(보수에 관한 규정)

① 공무원의 보수에 관한 다음 각호의 사항은 대통령령으로 정한다.

1. 봉급호봉 및 승급에 관한 사항 2. 수당에 관한 사항 3. 보수지급 방법, 보수 계산, 그 밖의 보수에 관한 사항

제46조(실비보상 등)

① 공무원은 보수 외에 해당 지방자치단체의 조례로 정하는 바에 따라 직무 수행에 필요한 실비보상을 받을 수 있다.

• 자료: 〈지방공무원법〉 [시행 2020. 7. 30.] [법률 제16884호, 2020. 1. 29. 일부개정, 국가법령정보센터]

제13조(지역사랑상품권의 목적 외 사용금지)

지방자치단체의 장은 다음 각 호의 어느 하나에 해당하는 경우에는 지역사랑상품권으로 지급할 수 없다.

1. 「근로기준법」 제43조제1항 본문 및 「지방공무원법」 제45조제1항에 따라 임금 또는 보수를 지급하는 경우
2. 「지방자치단체를 당사자로 하는 계약에 관한 법률」에 따른 공사 · 용역 · 물품 등 지방자치단체의 재정지출의 부담이 되는 계약에 대하여 그 대가를 지급하는 경우

• 자료: 〈지역사랑상품권 이용 활성화에 관한 법률〉 [시행 2020. 7. 2.] [법률 제17252호, 2020. 5. 1. 제정, 국가법령정보센터]

이상의 상황 등을 종합해 보면 일반적인 경우에 임금으로 지역화폐(지역사랑상품권)로 지급하는 것은 불가하나, 〈근기법〉에 기준하여 단체협약 등에 의거하여 온누리상품권으로 지급하거나(한전 사례), 사전 동의서에 의거하여 임금 중 활동비(충주시 사례)를 지역화폐로 지급하는 것은 가능한 것으로 판단된다.

인센티브

선·후불제 할인 및 혼합 할인

경기도의 지역화폐는 선불형 할인을 택하고 있어 구입하는 시점에서 바로 할인이 발생한다. 즉, 10% 인센티브시 권면 1만원을 10%(1천원) 할인받아 9천원을 지급한다. 즉 구매시점에서 '선할인'된 형태로 지급된다. 그러나 인천시의 경우 10% 인센티브시 권면 1만원 구입에 현금 1만원을 지급하고, 사용에 따라 1천원이 인센티브로 '적립'된다. 후불형 적립식 할인이라고 할 수 있다. 이 두 방식 간에 어느 것이 더 나은지를 놓고 논란이 있다.

각각 장단점이 있어 일률적으로 판단하기는 쉽지 않다. 선불제 할인은 지역화폐 구입시에 할인된 가격으로 구입하는 것으로 구입시에 인센티브가 현시(顯示)된다는 특징이 있다. 판매시 홍보효과가 크고 소비자 반응이 빠르다는 장점이 있다. 반면에 예산을 선집행해야 하고, 전체 발행비 대비 예산 소요가 과다하다는 단점이 있다. 후불제 할인은 구입후 사용(소비) 시에 인센티브가 적립되어 소비촉진을 증진시킬 수 있고, 예산의 후집행으로 예산 부담이 적다. 하지만 소비자 반응은 느린 편이다.

선불제와 후불제는 총유통량, 연속 사용 유발성에서도 차이가 있다. 〈표 3-6〉은 선불제 할인과 후불제 적립의 인센티브 비용, 총유통액 등을 비교

〈표 3-5〉 **인센티브 선불제 할인/후불제 적립 장·단점 비교**

	선불제 할인	후불제 적립
특징	- 구입시 선할인	- 사용시 후적립
장점	- 판매시 홍보 효과 큼 - 소비자 반응이 빠름	- 결제시 Payback 적립으로 소비 촉진 - 인센티브 예산의 후집행 - 상대적 예산 과소(9.09%)
단점	- 예산의 선집행 - 전체 발행비 대비 예산소요 과다 (11.1%)	- 소비자 반응이 늦음

〈표 3-6〉 **인센티브 선불제 할인과 후불제 적립의 비교**

	선불제 할인	후불제 적립	선후불 혼합 (사용 조건형 할인)
사례	경기 지역화폐	인천 e음	경기 소비지원금 (한정판 지역화폐)
정액	10,000원	10,000원	200,000원
구입시	9,000원	10,000원	200,000원
총유통액	**10,000원**	**110,000원**	**250,000원**
인센티브 유형	선할인	후적립	즉시지급(10%) +후적립(15%)
인센티브	1000원	1000원	20,000원+30,000원
총인센티브율	**11.1%** (9,000원+**1,000원**)	**9.09%** (10,000원+**1,000원**)	**25%** (200,000원+**50,000원**)
인센티브 발생 시점	구입 즉시	사용시	조건 충족후 (2개월 내 20만원 사용후)

하여 보여준다.

경기도에서는 코로나19로 인한 재난지원금 지급에 있어 새로운 유형의 인센티브 지원책을 추가하였다. 이는 선후불제 혼합형으로 일종의 소비

〈표 3-7〉 **지역화폐 인센티브 부담율**

행안부	광역시도	기초지자체
4%	2~4% (2% 이상 의무)	2%

지원금이다. 다만 한정판으로 지역화폐를 발행한다(2020년 9월 18일부터 소진시까지). 이는 9월 18일부터 11월 17일까지 지역화폐로 20만원까지 사용을 유도하는 것이다. 기존의 인센티브 10%(2만원)는 구입 즉시 선불지급하며, 2개월 이내(11월 17일)에 20만원을 사용하는 경우 후불제로 15% 인센티브(3만원)를 333만명에게 환급하여 준다. 적립된 인센티브(3만원, 15%)는 유통기한 30일 이내(받은 날로부터 1개월)로 제한된다. 특히 여기서 후불제 인센티브(15%)는 인천의 경우처럼 페이백(Payback) 형태로 적립해 주는 것이다. 페이백은 상품을 구입할 때 지불한 돈의 일부를 보너스의 일종으로 돌려주는 것으로 '보상환급'이라고 할 수 있다.

후불적립제 방식의 도입은 그동안 경기도의 선불제 할인과는 다른 새로운 방식을 선보인 것이다. 상황에 따라 다양한 인센티브 할인제를 적용하는 것이 유연한 방식이라고 판단된다.

인센티브 수준

인센티브와 관련하여 통상 10% 중 4%는 행안부, 2~4%는 특광역시도가 부담, 4%는 시군구 기초지자체가 부담한다(표 3-7〉). 2019년부터 2020년 동안 6%를 기준으로 하되 지역화폐 보급 및 정책홍보를 위해서 일시적으로 군(郡) 단위에서 10%의 인센티브를 제공하였다. 또한 설·추석 등 명절 특수기간에 10%를 지급하기도 한다.

인센티브율을 어느 수준에서 결정할 것인가는 매우 민감한 문제이다.

인센티브는 행안부 및 지자체의 부담률 및 할인액, 소비자의 선택 행동, 할인방식(선할인/후적립) 등과 관련하여 지역화폐 정책의 성패를 가르는 매우 민감하고 중차대한 문제라고 할 수 있다.

그렇다면 문제는 어느 정도의 인센티브가 적정한가이다. 〈경기도시장상권진흥원 용역 중간보고〉 자료(2020. 10. 16.)에 의하면, 도민들 다수(33.3%)는 경기도 전역에서 활용가능한 지역화폐를 발행할 경우 적절한 인센티브 수준으로 10%를 꼽고 있으며, 전체 평균은 약 7%에 해당한다.[4] 현재 실제 적용하는 인센티브는 통상 6%이고, 특별한 경우에 10%이다. 이들 간에 큰 차이가 없다는 점에서 현재 적용하고 있는 인센티브 수준이 적정선에서 벗어났다고 할 수 없을 것같다.

그럼에도 불구하고 기재부 담당과에서는 인센티브 예산을 감축하려 하고 있다. 행안부 역시 점차적으로 인센티브를 축소시키려는 것으로 방향을 잡고 있다. 지자체 입장에서도 지역화폐를 인센티브에 의존하지 않고 자율적·반복적으로 순환하는 방법들을 강구하려고 하고 있다. 인센티브는 주변 지자체 간 정책의 경쟁·비교 대상이 되면서 다소 논란을 일으키기도 하였다. 이러한 상황을 종합하건데 장기적으로 인센티브에 대한 의존도를 줄이고, 최소한의 유지·관리 비용만 지출되는 방향에서, 지역내 자율적 순환 방안을 모색하여야 할 것이다.

공동체형과 지역경제 활성화형 지역화폐 사이의 공존과 연대

지역화폐(공동체/지역경제 활성화형)의 전망

지역화폐의 공동체 활성화형(이하 '공동체형')과 지역경제 활성화형과

4 3-5% 미만 19.3%; 5-7% 미만 14.8%; 7-9% 미만 10.8%; 9-10% 미만 14.3%.

의 관계와 연대에 대해 논란이 있다. 본래 현대적 의미로서 '지역화폐'(Local currency)라는 명칭은 1983년 캐나다 코목스 밸리의 마이클 린턴으로부터 유래하였다. 현대적 의미의 마을공동체형 지역화폐라고 할 수 있다. 한국에서는 이러한 공동체형 지역화폐를 1996년 『녹색평론』에서 소개(1996년 9월)하였고, 1999년 한밭레츠(http://www.tjlets.or.kr/)가 출범함으로써 현실화되었다. 한편 이즈음 1996년 괴산군에서 괴산사랑상품권을 출시(1996년 4월. 괴산군청 누리집)함으로써 지역화폐의 현재적 모형을 제시하게 되었다. 초기 지역화폐는 보편적으로 공동체형을 지칭하는 것이었다.

공동체형 지역화폐는 각 지역에서 주민자치 운동, 소비자 운동이 결합하면서 소규모로 운영되었다. 그러나 회원 및 가맹점 모집, 운영의 충실성, 운영 자금 등에서 자립적 기반을 마련하지 못하고 상당한 부침을 거듭하였다.

지역경제 활성화형 지역화폐는 초기에는 고향사랑상품권, 지역사랑상품권 등으로 온누리상품권과 같이 설·추석 명절에 즈음한 이벤트성으로 운영되었다. 이후 2017년 '상품권'은 '상품권형 지역화폐'[5]로 재구조화되었으며 오늘날 보편적인 '지역화폐'라는 용어로 새로운 의미를 획득하였다고 할 수 있다.

공동체형과 지역경제 활성화형의 시스템 중 어느것이 더 우선하는가, 더 중요한가, 더 핵심적인가? 하는 질문은 다음과 같이 바뀌어야 할 것이다. "어느 형태가 주민의 일상을 풍요롭고 행복하게 하는가, 어느 형태가 자신의 존재 목적대로 운영되고 있는가?" 이에 대한 평가와 결론을 내리기는 쉽지 않다. 문제는 두 가지 형태가 주민들의 삶과 일상에서 모두 존재의 타당성을 확보하고 있기 때문이다.

요는 두 개의 지역화폐 부문이 상호 대립적·대체적·경쟁적인 관계에

---

5 김병조(2019, 2018) 참조.

서 벗어나 협력적·보완적·연대적 관계로 진전되어야 한다는 점이다. 그러나 지역경제 활성화형 지역화폐의 등장과 확장으로 공동체형 지역화폐의 영역 및 활동은 상대적으로 위축되기에 이르렀다. 공동체 활성화형의 대표격인 한밭레츠는 "성공도 실패도 하지 않은 정중동(靜中動)의 생존"(한밭레츠 활동가 진술)을 보여주고 있다. 성남시의 경우 2011년 마을공동체형으로 '성남누리'가 출범하였다. 운영과정에서 회원 및 가맹점 확보, 운영 예산, 지역경제 활성화형과의 병존 문제가 발생하였다. 결국 2017년경 성남누리는 활동이 침체되기에 이르렀다(지역화폐성남누리운영위원회, 2016).

지난 1997년 이후 한국의 지역화폐의 발전역사는 이러한 2가지 부류의 지역화폐가 때로는 경쟁하고 보완하며 공존하고 있다고 할 수 있다. 공동체 활성화형 지역화폐는 아래로부터(Bottom-up) 주민들의 자발적 자치로 출발한 모임 형태의 화폐'운동'이며, 지역경제 활성화형 지역화폐는 수직적-행정적(Top-down)방식으로 관(官)주도의 화폐 '정책'이라고 할 수 있다.

일례로 노원(NOWON)은 노원구 기초지자체에서 지원하되 주민의 자발적 참여를 보장하고 장려하는 시스템이다. 시흥지역화폐는 주민운동으로부터 시작하여 지자체의 정책과 결합된 특이한 사례를 보여주고 있다. 향후 이러한 사례들을 검토하여 지역경제 활성화형 지역화폐의 행정적 편의성, 재정정 안정성 등을 보강하고, 주민의 자치와 참여가 활발한 공동체형 지역화폐의 장점을 살려 '민(民)+ 관(官)'이 협치하는 거버넌스를 구상할 수 있다.

두 가지 형태의 지역화폐는 상호 적대적 관점이 아닌 공생과 존중의 형태로 수용되어야 할 것이다. 향후 두가지 지역화폐 유형의 공존방식으로 세 가지 방안을 검토할 수 있다. 첫째, 현실적 효과가 더 큰 것으로 흡수·통합하는 방법이다. 이 경우 행정력, 유통량, 효과면에서 지역경제 활성화형이 압도적인 지지를 받을 가능성이 크다. 그러나 이는 그동안 공동체형 지역화폐가 추구해온 지역자치·주민참여의 노력과 성과를 부인할 수 있다. 또한 지역경제 활성화형이 모두 수렴하지 못하는 주민들의 욕구(Need)들이 있으며, 이로 인해 흡수·통합 이후에도 자생적인 또다른 공동체형 지역화폐가 등장할 수 있다.

둘째, 두가지 유형을 결합하는 방식이다. 이 경우 주부(主副)간의 선차의 문제가 발생할 수 있다. 예를 들면 현재의 지역경제 활성화형 지역화폐를 주(主)로 하고, 공동체형 지역화폐 방식을 부(副)로 얹어 장점을 극대화하고 단점을 상호 보완하는 형태를 검토할 수 있다. 이 경우 행정 당국과 시민단체 간의 동의와 합의를 찾아내기 위한 진통이 예상된다.

셋째, 전혀 새로운 제3의 양식을 고안하는 방식이다. 각각의 역할과 장점들을 존중한 채로 상호 결합이 가능한 공통점을 찾아 나아가는 방안이다. 이 경우 해결책을 찾아가는 과정에서 많은 시행착오와 논란이 발생할 수 있다.

결론적으로 두 개의 지역화폐는 당분간 공존하면서 자신의 가치와 운영 취지에 맞는 장기적인 발전방안을 모색하여야 한다. 이러한 과정에서 두 지역화폐의 취지를 모두 살리고 존중하되 상호 시너지 효과를 발휘할 수 있는 방안을 모색하여야 할 것이다.

요약정리

경기도 지역화폐의 핵심 이슈는 5가지로 모아낼 수 있다. 이 이슈는 경기도에 국한된 문제가 아니고, 한국의 대다수 지역화폐가 모두 안고 있는 공통적인 문제라고도 할 수 있다.

첫째, 편의점의 가맹점 허용 여부에 대한 논란은 "소상공인 협동조합"(신기동, 2018)이라는 새로운 전환적 사고로 검토할 필요가 있다. 지역화폐 정책 취지에 부합하도록 경기사랑 향토편의점(약칭 '경향 편의점')을 소상공인 협동조합 형태로 구축하여 지역의 자원, 생산, 유통 소비 등을 일관(一貫) 계통으로 묶어낼수도 있을 것이다.

둘째, 지역화폐 발행유형과 관련하여서는 장기적인 추세와 모바일의 발전과정을 감안하여, 모바일에 기반한 지역화폐를 강구하여야 한다. 다만 디지털 취약계층 등을 보호하기 위하여 당분간 지류와 카드형을 작은 비중으로 남겨두어야 할 것으로 판단된다.

셋째, 지역화폐 정책의 취지와 목적을 고려하여 복지수당을 지역화폐로 지급하는 것은 현행대로 유지되어야 할 것이다. 지역화폐로 임금 등을 지급하는 것에 대한 가능성은 여러 상황을 검토하여 판단하여야 한다. 다만, 단체협약에 의거한 수당의 일부, 또는 사전 계약에 따른 활동비 등의 일부로 지급하는 것은 유효한 것으로 판단된다.

넷째, 인센티브 지불방식에 있어 '선불제 할인/후불제 적립' 방식 중 후불제 적립 방식을 적극적으로 검토할 필요가 있다. 또한 중앙정부의 인센티브 지원방식도 지역화폐의 순환방안을 마련하여 장기적으로 감소 혹은 폐지의 방향으로 가야할 것으로 판단된다.

다섯째, 지역화폐의 통합과 관련하여서는 민(民)과 관(官)이 협치하는 새로운 거버넌스를 구상하여야 한다. 지역경제 활성화형 주도의 흡수·통합, 결합, 제3의 형태 등을 고민해 볼 수 있다. 그러나 두 개의 지역화폐가 상호 활동의 지점과 대상이 다른 만큼 상보호완적 차원에서 공존과 시너지 효과를 찾아가는 방안을 모색해야 할 것으로 판단된다.

Part 2

지역화폐 일반론

한국경제와 지역화폐

김호균

한국 자본주의 발전과정

종전과 내전, 그리고 박정희 정권의 경제 성장

해방 정국에서 한반도는 새로 탄생한 독립국가의 모습을 독립운동의 전통에서 구하고자 했지만 남북분단으로 인해 각자의 경제노선을 걸을 수밖에 없었다. 북한이 소련식의 사회주의 계획경제의 길을 가는 사이에 남한은 미군정과 우익의 영향으로 사회주의적인 '생산수단의 국유화'를 달성하지는 못했지만 항일운동의 영향으로 미국형의 자유시장경제와는 거리가 있을 수밖에 없었다. 이러한 타협의 결과가 1948년의 제헌헌법으로 나타났다. 먼저 제헌헌법 제86조는 "농지는 농민에게 분배"한다고 규정함으로써 토지를 매개로 하는 지배착취체제인 봉건제의 청산을 선언하는 한편, 농민이 보유하는 토지의 협동화를 규정하지도 않음으로써 '경자유전의 원칙'을 확립했다. 나아가 제헌헌법 제85조는 주요 자연자원의 국유화를, 제87조는 "운수, 통신, 금융, 보험, 전기, 수리, 수도, 가스" 등 핵심 기간산업의 "국영 또는 공영"을 규정함과 동시에 "대외무역은 국가의 통제 하에 둔다"고 선언했지만 사회주의 경제의 핵심원리로 분류되는 "생산수단의 사회화"를 배제함으로써 사회주의 국가소유와 거리를 취했다. 다른 한편으로 제84조는 경제질서의 기본목표를 국민 생활의 기본욕구를 충족시키는 "사회정의"의 실현과 "균형 있는 국민경제의 발전"을 "기본"으로 삼고 "각인의 경제상의 자유는 이 한계 내에서 보장"하도록 규정함으로써 사회민주주의의 전통에 서있다는 평가를 받고 있다.

이러한 헌법정신은 미군정과 보수세력의 이해관계에 의해 이승만 정부 하에서는 충실하게 이행될 수 없었다. 미군정은 기본적으로 남한경제를 자본주의 경제로서 일본경제의 판매시장으로 묶어두려는 의도를 가졌기 때문에 남한경제의 독자적인 발전에 대해서는 소극적이었다. 다만 미군정은 적산불하(敵産拂下)를 통해 남한에 자본주의 경제의 기초를 닦고자 했다. 이승만정권 내에서는 '자본주의 경제계획론'과 '자유경제론'이 대립했다. 전자는 생산계획, 물동계획, 물가계획을 통해 국가가 모든 산업 분야를 통제하여 '균등경제'를 실현하고자 했던데 반해, 후자는 물동계획과 자금계획을 통해 자본가를 육성하고자 했다. 전쟁국면에서도 양자는 물자통제 범위를 둘러싸고 대립했으나 절충적인 '관리경제정책'이 추진되었다. 전후에는 사실상 미국이 요구하는 자유경제정책이 표면적으로는 두드러졌지만 실제로는 전쟁을 경험한 분단국가 남한의 특수성을 감안하여 도로, 항만, 철도 등 사회간접자본과 제철, 시멘트 등 기간산업은 정부가 직접 담당하고 여타 산업에서는 원조와 금융정책으로 자본가의 성장을 육성하고자 했다.

지난 60년 한국 자본주의 발전과정을 사실상 설계하고 각인한 박정희 정권에 대한 역사적인 평가는 관점과 이해관계에 따라서 아직도 극명하게 엇갈리고 있다. 대체로 정치적 민주주의의 관점에서는 비판적인 평가가 우세한 반면에 경제성장의 관점에서는 긍정적인 평가가 우세한 것으로 요약

할 수 있을 것이다. 한국에서 이러한 평가는 상호 배척하는 관계에 있다. 즉 정치적 권위주의를 비판하는 입장에서는 경제성장의 성과를 인정하지 않거나 소득불평등, 지역불균형과 같은 경제적 성과의 부정적인 측면을 부각시키는 반면에 경제성장의 업적을 부각시키는 관점에서는 정치적 권위주의는 논외로 치부하고자 한다. 박정희 정권에 대한 평가에서 나타나고 있는 이러한 대립적인 상황은 독일에서 비스마르크 정권에 대한 평가와 유사성을 가진다. 독일과 한국은 후발 자본주의 국가로서 '추격전략'을 채택할 수밖에 없었고 여기에서는 희소한 자원을 시행착오나 자원의 낭비를 최대한 줄이면서 국가가 '선택과 집중'의 실행전략에 입각해서 투입하는 것이 효율적이었다는 유사성을 가진다. 따라서 자원배분에 관한 국가의 독과점적 권력은 그것에 형식적 정당성을 부여하는 정치권력의 집중과 조응하게 되었다.

한국경제의 성장과정은 주요 선진국들의 자생적인 발전과정과 분명한 차이를 보인다. 한반도에서 자본주의 시장경제는 일단 일본 제국주의에 의해서 강제로 이식된 경제질서로서 뿌리를 내리기 시작했다. 일제에 의해 자행된 '토지개혁'은 토지수탈과 동시에 농민을 토지에서 추방하는 계기로 작용했다. 일제하에서는 '매판자본'의 축적이 이루어졌고 1945년 해방 후에는 '적산불하'를 통해 자본축적이 이루어졌다. 해방 공간에서 주요 모순이었던 지주-소작인 관계는 1948년 토지개혁을 통해 사실상 해소되었고 (잠재적) 지배계급으로서 농지기반 지주계급은 소멸했다.

2차대전 후 새로운 세계질서의 형성자로서 승전국 미국의 관점에서 볼 때 남북분단은 물론 6·25전쟁은 남북 간 체제경쟁 차원에서 남한의 자본주의 발전을 촉진해야 하는 계기로 작용했다. 2차 대전 후 소련 중심의 사회주의와 체제경쟁에 놓여 있던 미국 중심의 자본주의는 패전국 독일과 일본에서 자본주의 경제의 부활을 적극적으로 지원했을 뿐만 아니라 '도미노

이론'에 따라서 개도국의 공산화를 막기 위해서 자본주의 경제발전의 '전시장'이 필요했다. 1980년대 '4마리 용'으로 칭송되었던 한국과 대만이 분단국가이고 홍콩은 접경도시라는 사실은 우연이 아니다. '추격형' 자본주의는 당연히 시행착오와 낭비를 줄임으로써 '후발자'의 이익을 실현할 수 있었다. 이로써 남한은 가장 짧은 기간에 산업화를 완성했다는 평가를 받고 있다. 1970년대 석유위기와 더불어 찾아온 선진국 중화학공업의 위기는 개발도상국 한국에게는 기회로 다가왔다. 조선, 철강, 석유화학 등 에너지 소비가 많고 환경오염이 심각한 중화학공업은 선진국에서 유지되기 어려웠다. 1980년대 말 소연방의 해체와 함께 냉전이 종식되면서 자본주의에게 더이상 전시장은 필요하지 않았다. 미국은 오히려 상품시장은 물론 자본시장 개방을 압박하면서 자신의 이익을 노골적으로 추구하기 시작했다.

수출주도 성장

한국의 성공적인 경제성장을 논할 때 가장 먼저 특징으로 거론되는 것이 수출주도성장이다. 거시경제이론적으로 본다면 단순히 수출이 증가하는 것이 아니라 수출과 수입의 차이, 즉 순수출 또는 무역수지 흑자의 확대가 국민소득을 증대시킨다. 하지만 다시 경제이론적으로만 본다면 무역수지 흑자는 지속가능하지 않다. 변동환율제 하에서 시장환율의 변동에 의해 흑자는 곧 해소되기 때문이다. 하지만 현실에서는 독일, 일본, 중국, 한국처럼 장기 흑자를 보이는 나라들과 미국, 영국처럼 장기적자를 극복하지 못하는 나라들이 공존하는 '글로벌 불균형(global imbalance)'이 나타나고 있다. 그럼에도 불구하고 한국의 수출주도성장은 갈수록 어려워지고 있을 뿐만 아니라 그것을 지속하기 위한 대가도 갈수록 커지고 있다.

한국의 수출주도성장은 미국이 원조는 물론 판매시장을 제공해줌으로써 성공할 수 있었다. 전후 미국이 주도했던 '관세 및 무역에 관한 일반협정(GATT)' 체제에서 미국은 개도국에 대해 특혜관세를 적용했으며 한국은 대표적인 수혜국가였다. 그러나 1995년 WTO체제가 수립되면서 '특혜'는 '호혜'로 전환되었고 시장개척은 시장개방을 병행함으로써만 가능해졌다. 그 결과는 1997년의 외환위기라는 참담한 경험이었다. 사실 이 위기는 수출주도성장의 역사적 수명이 다했음을 보여주는 극명한 사건으로 해석될 수 있다. 하지만 한국경제는 수출주도성장을 계속하기 위해서 상품시장은 물론 자본시장도 개방하는 '가속페달'을 밟았다. 아울러 수출주도 성장을 지속하기 위한 새로운 '특혜'를 자유무역협정에서 찾았다. 하지만 이 협정이 가져다주는 '특혜'는 두 나라 사이에 '호혜'를 전제로 한 '특혜'이다. 자동차 수출을 늘리기 위해서는 소고기를 더 많이 수입해야 한다.

수출주도성장의 대내적 논리를 되짚어 보자. 수출 증대에 필수적인 가격경쟁력을 뒷받침하기 위해서는 저임금이 필요했고 복지는 물론 여타 노동비용의 인상에 인색할 수밖에 없었다. 그래서 정부가 나서 '임금가이드라인'을 설정하기도 했고 임금인상을 요구하는 노조는 마치 반체제 집단인 것처럼 비난받았다. 비용을 유발하는 안전장치의 설치는 무시되면서 '안전불감증'이 구조화되었다. 규모의 경제를 통해 가격경쟁력을 확보한다는 명분은 재벌체제를 정당화했고 급기야 재벌기업들의 가격담합은 물론 중소기업에 대한 부당행위마저 사실상 묵인되었다. 수출 증대를 통한 경제성장은 성장 혹은 수출 증대를 위해서라면 사람의 생명과 건강을 희생하는 행태마저 용인되는 '가치관의 전도'가 오늘날까지도 정상상태가 되었다.

작금의 현실은 이미 역사적 수명을 다한 수출주도성장이 초래하는 부작용이 갈수록 심각해지면서 결국 성장의 발목마저 잡고 있다는 것이다.

임금인상에 대한 일반적인 거부감은 가계부채 급증과 내수 침체를 초래하여 결국 성장을 저해하고 있다. 대외환경의 변화에 매우 취약한 경제구조는 경제외교적인 굴욕을 감내하는 것은 물론 미·중 통상갈등과 같은 해외요인의 최대 피해국이 되게 만들었다. 또한 수출주도성장은 대기업의 시장지배력을 강화하고 경제력 집중을 방치하며 재산과 소득의 불평등을 심화시켜 결국 성장도 저해하고 있다. 아울러 수출주도성장은 대한민국의 국격을 파괴하는 주범이 되었다. '국익을 극대화하는 대외원조'라는 왜곡된 목표설정은 '도와주고 욕먹는' 왜곡된 결과를 낳고 있다. 2019년 라오스 댐 붕괴 사고는 한 예에 지나지 않는다.

수출주도 성장전략은 다양한 차원에서 한국경제의 발전에 걸림돌로 반전되기 시작했다. 주지하는 바와 같이 한국 수출의 가격경쟁력은 저임금을 기반으로 했으며 저임금은 주곡인 쌀의 가격을 낮은 수준에서 유지함으로써만 가능했다. 경제성장의 초기국면에서 저임금과 저곡가는 한 동전의 양면과도 같았다. 식량이 부족한 상황에서 저임금을 유지하기 위한 저곡가는 정부 통제에 의해서만 가능했다. 과도한 통제는 식량공급을 위축시키고 농민생활을 위협할 것이기 때문에 일종의 궁여지책으로 실시된 제도가 이중곡가제였다. 농민이 판매하는 가격보다 소비자가 구매하는 가격을 더 낮게 유지하는 제도였다. 이는 정부가 구매자뿐만 아니라 판매자로서도 기능하는 시장개입을 통해서만 가능했다. 농산물의 특성상 일정한 시기에 공급이 집중된다는 점을 동시에 고려하여 정부가 구매가격을 시장가격보다 높게 책정하고 판매자로서는 시장가격보다 낮게 책정했다. 농촌인구가 다수를 점하던 1970년대까지 추곡수매가격의 결정은 해마다 중요한 정치적 쟁점에 속했다. 이중곡가제로 인해 발생하는 양곡적자는 정부재정에서 부담으로 작용했다. 1980년대 초반 이중곡가제도는 폐지되었지만 추곡수매제도는 오늘날까지도 지역별로 잔재는 남아 있다. 김영삼 정부 시절 WTO 가입 협상에서 농산물 수입 개방을 양보함으로써 쌀은 수입되기 시작했지만 국내 유통은 차단됨으로써 농업보호의 마지막 보루처럼 남아 있다.

저곡가제도는 농산물 공급을 증대시킬 유인을 저해했을 뿐만 아니라 농민소득의 증대를 가로막는 요인으로도 작용했다. 농산물의 공급부족은 주곡인 쌀의 만성적인 부족과 농산물 수입의존도를 높이는 결과를 초래했다. 저곡가정책은 농촌에서 한계생산성이 0에 가까운 잉여노동력을 적지 않게 창출했다. 이들은 농촌에서는 '먹는 입'을 덜어주면서 도시에서 점차 많이 필요로 하는 임금노동자로 전환되었다. 비교우위론에 입각하여 노동집약적인 경공업에서 시작된 산업화는 다수의 비숙련노동력을 필요로 했다. 농촌의 잉여노동력 중에서 특히 여성의 유출이 가장 먼저 이루어졌다. 도시 공업은 농촌의 잉여노동력을 흡수했을 뿐만 아니라 농촌의 부족한 소득을 일부 보전하는 역할도 했다.

4차산업혁명

수출주도 성장전략은 미래 사회경제발전 패러다임으로 급부상하고 있는 '4차산업혁명'의 도전에 적절하게 대응하기 어렵다. 가장 중요한 이유는 한국의 수출주도 성장패러다임은 극단적으로 노동 배제적이기 때문이다. 4차산업혁명을 미국의 시장주도적인 '단절적' 패러다임과 독일의 사회합의적인 '연속적' 패러다임으로 나눈다고 할지라도 두 패러다임 모두 노동 포용적이라는 사실을 공통점으로 갖는다. 한국경제가 4차산업혁명을 새로운 경제발전 패러다임으로 적극적으로 수용하기 어렵고 '4차산업혁명위원회'가 경제정책 결정과정의 중심에 서지 못하는 이유가 여기에 있다. 4차산업혁명 전략에 관한 담론에서는 '선도형'의 당위성을 인정하면서도 실제 정책에서는 이를 구체화하지 못하는 이유는 무엇보다도 한국경제를 지배하고 있는 재벌들이 '4차산업혁명'에 무관심하기 때문이다. 수출주도 성장을 뒷받침하는 저임금구조는 코로나19 이후 급부상한 세계적인 '리쇼어링' 흐름에서 한국이 철저히 소외되고 있는 이유가 되고 있다. 바로 저임금에 기초한 산업화의 기조가 전환되지 않았기 때문이다. 임금상승에 혁신으로 적응하지 않고 저임금을 좇아 해외로 진출한 국내 기업들에게 한국은 상대적으로 고임금국이므로 코로나19에 대한 대응책으로 급부상하고 있는 세계적인 '리쇼어링' 추세에 전혀 동승하지 못하고 있다.

정부주도 성장

경제개발 5개년계획

한국경제의 성장전략은 '정부주도 성장'으로도 분류된다. 1960년 세계에서 가장 가난한 나라로 분류될 정도로 규모가 작은 경제에서 희소한 자원을 효율적으로 활용하기 위한 정부주도 전략은 큰 성과를 거두었다. 경제학에서는 사회주의 경제의 특징으로 간주되던 '경제개발 5개년계획'을 6차례 시행하면서 한국 경제는 양적으로 비약적인 성장을 이루었다. 사회주의 종주국인 소련마저 한국에 관한 연구를 북한에 의존하던 관행을 탈피하여 1980년대 비교적 독자적인 연구를 수행하면서 한국 경제 발전에 적이 놀랐다. 한국이 '경제개발 5개년계획'을 활용하여 사회주의가 아닌 자본주의 경제의 발전에 성공하고 있었을 뿐만 아니라 북한을 경제적으로 크게 앞서고 있었다는 사실은 경이로운 사실이었다. 그리하여 고르바초프 소련 공산당 서기장 시절 한국의 사회구성체에 관한 소련의 공식적인 규정은 '식민지 반봉건사회'에서 '자본주의 중진국'으로 수정되었다.

1960년대 이후 자본주의 경제성장을 달성하기 위한 한국 정부의 가장 유력한 수단은 집중적으로 육성할 전략산업과 함께 대체로 특정 기업을 선정하고 필요한 특혜금융을 초기에는 100% 국가가 소유한 은행들로 하여금 공급하도록 하는 것이었다. 정부는 매년 성장률은 물론 수출액, 물가상승률 등 주요 거시지표에 관한 목표를 설정하고 그것을 달성하기 위해 총력을 기울였다. 산업은 물론 기업을 육성함으로써 정부가 '자본가 계급'을 양성하는 역할을 담당했다. 정부와 기업 사이에서 자원배분 권한을 가진 정부가 우위에 서는 것은 당연했다. 구체적인 권한을 행사하는 정치인과 관료들이 경제적 이익의 분점을 요구하면서 부정부패와 '정경유착'이 확산되었다.

'민간주도경제'

1980년대를 분기점으로 정부와 재벌 사이의 세력관계는 점차 정부에게 불리하게 이동하기 시작했다, 이 이동은 여러 가지 측면에서 분석될 수 있다. 가장 먼저 언급되어야 할 변화는 재벌의 성장과 함께 자기결정권(경제활동의 자유)에 대한 요구가 강해지는 것은 자연스러운 추세였다는 사실이다, 다시 말하자면 재벌의 자기축적역량의 강화는 정부에 대한 상대적 자립의 요구로 이어졌다, 1980년대 재벌들이 제기했던 '민간주도 경제'에 대한 요구는 재벌의 이러한 상대적 자립에 대한 요구로 이해될 수 있다.

한국경제 규모의 확대는 곧 재벌의 지배력이 갈수록 강해지는 한국 시장경제의 확대를 의미했다, 그래서 시장 규모의 확대와 함께 정부가 배분권을 가진 자원의 상대적 규모도 축소되었을 뿐만 아니라 한국경제 전반을 계획하는 정책역량에 과부하가 걸리는 것은 자연스러운 현상이었다. 나아가 1980년대 들어 시장개방의 압력이 강해지면서 정부가 영향을 미치거나 결정할 수 없는 외생변수가 갈수록 많아지는 것도 정부의 경제개발계획이 기업의 의사결정에 대해 가지는 규정력을 갈수록 약화시키는 힘으로 작용했다. 그럼에도 성장률, 수출액, 물가상승률 등을 정부는 여전히 상시적으로 점검하면서 초과 달성되도록 독려하고 있다. 특히 수출은 경제성장의 동력으로서 매우 다양한 정책수단을 동원하여 촉진하고 있을 뿐만 아니라 '수출지상주의' 또는 '성장지상주의'의 잔재가 정부 경제정책에 적지 않은 영향을 미치고 있으며 이로 인해 정부정책에서 목표와 수단의 관계가 전도되는 양상이 여전히 나타나고 있다.

수출주도성장과 함께 재벌의 해외 자금조달 능력이 향상된 것도 재벌의 상대적 자립을 촉진한 요인으로 작용했다. 다른 한편으로는 1980년대 금융기관의 민영화도 정부의 가장 강력한 지렛대를 약화시키는 요인으로 작용했다. 더욱이 금융기관의 민영화에 참여할 수 있는 자본력을 갖춘 경제주체가 재벌들이었기 때문에 산업자본이 금융자본을 지배하는 '금산융합', 은행의 '재벌 사금고화'에 대한 우려마저 나타났다. 정부는 금융입법과 금융정책 이외에 '창구지도'를 통해 금융기관에 대한 영향력을 유지하고자 하지만 해외자본의 유입으로 인해 정부에 대한 금융회사들의 자립성은 시간이 흐름에 따라서 강화되었고 자기이익을 추구하는 성향 또한 뚜렷해졌다. 정부가 경제성장을 위한 자원배분의 통로로 활용하던 '금융기관'은 국내외 금융자본의 특수이익을 추구하는 '금융회사'로 변모했다. 오늘날 한국 사회의 각종 관행은 물론 법률에도 남아 있는 '금융기관' 범주는 과거 이들이 수행했던 공익적 기능이 남긴 잔재이다.

'IMF 외환위기'가 낳은 비극으로서 노동시장의 유연화가 한국경제에 남기고 있는 상처는 매우 깊다. 해고의 자유를 의미하는 이 노동시장 '개혁'은 제도 도입 당시부터 논란이 가장 많았다. 하지만 지금에 보면 도입 당시에는 상상할 수 없었던 엄청난 상처를 남기고 있다. 한국 정부에 이를 강제했던 IMF조차 오늘날에는 한국 사회 불평등 문제의 핵심원인으로 노동시장의 분단을 꼽을 정도이다. 실제로 정규직과 비정규직의 분단은 전통적으로 대기업과 중소기업의 격차로 구조화되어 있던 한국 노동시장을 중첩적으로 분단시키는 요인이 되고 있다.

당초 비정규직을 도입하던 당시의 의도였던 고용의 유연화는 비정규직 일자리의 상시화로 인해 사실상 '저임금 무기계약직'으로 자리를 잡았다. 손쉬운 해고가 아니라 저임금 일자리가 비정규직 도입의 효과로 드러났다. 이에 한국 사회는 비정규직 문제에 대한 새로운 접근법을 모색할 동기가 충분하다. 비정규직 문제는 '비정규직 철폐'가 아니라 '정규직과 비정규직의 차별 철폐'로 접근할 필요가 있다. 20년 넘는 비정규직 관행에서 부인할 수 없는 사실은 비정규직 문제의 핵심은 해고의 자유가 아니라 저임금노동자군의 유지라는 점이다.

정경유착

정부주도 성장의 가장 큰 폐해가 정경유착과 부정부패이다. 정부가 자본이라는 희소한 자원의 배분을 결정할 수 있다는 것은 매우 막강한 권한이었다. 개별 자본가의 생사여탈권을 쥐고 있는 것과 마찬가지였다. 이러한 권한의 행사가 가져다주는 막강한 특혜를 받기 위한 자본가들의 노력이 '이권의 배분', 부정부패, 뇌물이라는 형태로 나타났다. 고위공직자와 유력 정치인들의 축재는 자원배분권에 동참한 결과였다. 전두환 국보위 의장이 몰수한 김종필 전 총리의 제주도 감귤밭은 부정축재의 단적인 사례였다. 은행 등 금융기관을 통한 정부의 자원배분과 그에 수반되는 부정부패는 대우조선해양의 사례에서 보듯이 오늘날까지도 부채로 남아 있다. 그렇지만 재벌의 축력역량이 강해지면서 자율성이 강화되고 민간 금융시장이 성장할 뿐만 아니라 정부가 배분할 수 있는 자원의 양이 상대적으로 작아지고 그마저 제도적 투명성에 갇히면서 경제적 이익이 왕래하는 직접적인 부정부패는 줄어들 수밖에 없었다. 시장경쟁의 활성화와 민주화는 부정부패의 천적이다. 하지만 직접적인 부정부패의 축소가 부정부패의 소멸로 이어지지는 않고 있다. 간접적인, 위장된 경제적 이익이 합법적인 경로로 전달되는 '관피아'가 소리 없이 확산되고 있다. 각 부처에 소속되어 있는 산하기관이나 협회에 퇴직 공직자가 임원으로 재취업하는 형태로 이루어지는 정경유착이다. 이 유착이 소위 '권력기관'의 경우에는 퇴직 후 부분적으로 재벌기업에 재취업하는 경우마저 나타나고 있다.

재벌주도 성장

수출주도 성장은 국제경쟁력 강화에 필수적인 '규모의 경제'를 실현하기 위해 대기업의 성장을 필요로 했다. 자원배분권을 사실상 독점한 정부가 주도하는 수출주도성장은 결국 정부에 의한 재벌기업의 육성 또는 양성을 의미했다. 말하자면 한국에서 '경제개발5개년계획'은 소동구형의 사회주의 계획경제에서의 '국가독점'의 형성과는 달리 '국가에 의한 자본가계급의 육성과정'이었다. 경제성장의 초기국면에서 이 자본가계급은 철저하게 국가권력에 종속적인 위치에 있었으나 자본축적 및 자본의 과점적 사용과 더불어 점차 국가에 대해 상대적인 자율성을 확보하기에 이르렀다. 탄생은 물론 성장을 국가에 철저히 의존하던 지위에서 확대재생산에 유리한 조건을 형성해줄 것을 명시적으로 요구하는 지위로 전환되기에 이르렀다. 재벌 중심의 경제성장은 국민경제의 운명을 재벌집단의 운명에 종속시키는 결과를 가져왔다. 박정희정권의 붕괴가 뒤이은 군사쿠테타로 인해 재벌개혁을 추진할 민주정부의 수립으로 이어지지 못함으로써 정경유착은 오히려 공고해졌고 재벌의 과잉축적마저 심화되었다. 1990년대부터 미국 금융자본에 의해 요구되어온 금융기관 민영화와 금융시장 개방은 사실상 1998년 'IMF 외환위기'의 전초전이었다. 외환위기의 '극복'으로 표현되는 다양한 민영화와 자유화, 노동시장의 유연화는 이후 한국경제의 불평등뿐만 아니라 대외적인 취약성을 심화시켰다.

수출주도성장과 함께 재정적, 금융적 특혜를 받으며 육성된 재벌들이 중소기업은 물론 소비자와의 관계에서 우월적 지위를 차지하는 것은 당연하다. 그리하여 집중된 '경제력'을 바탕으로 소비자와 중소기업을 상대로 '시장지배력'을 행사함으로써 초과이윤을 실현한다. 시장경제의 기본원칙에 해당하는 '소비자 주권'은 실종되고 '대·중소기업의 상생'이나 '동반성장'은 정치적 구호로서만 존재할 뿐이다.

한국경제에서 재벌에 의한 경제력 집중은 매우 심각한 수준을 보이고 있다. 박근혜정부 시절의 '국정농단'은 경제력 집중이 정치적 민주주의를 상시적으로 위협하고 있음을 극명하게 보여주었다. '촛불혁명'은 국정농단의 한 축인 정치를 교체하는 데는 성공했지만 경제에서 재벌의 지배적 지위를 변화시키지는 못하고 있다. 정치에 의해 육성된 독과점적 재벌이 성장한 다음 자연적으로 '자유롭고 공정한 경쟁'이 지배하는 시장경제가 발전하지는 못하고 있다. 경제에 대한 정치의 영향력을 갈수록 약해지는 데 비해 경제에서 재벌의 지배력은 갈수록 강해지고 있다. "시장의 지배와 경제력의 남용을 방지하는… 규제와 조정"(헌법 제119조 ②항)에 관한 정치의 임무는 갈수록 희석화되고 재벌 앞에서 정치는 갈수록 무기력해지고 있다. '정경유착'을 넘어 '경제에 의한 정치의 포섭'이 현실화되고 있다. 민주주의의 '형해화'에 대한 우려가 제기되고 있다.

국가와 재벌의 관계에서는 재벌에 의한 국가포획으로 재벌의 자율성은 더욱 강화되고 있다. '외환위기' 이후 정규직과 비정규직으로의 노동시장의 분단과 기업별 노조 조직은 노동의 협상력을 더욱 약화시켰고 정권교체에도 불구하고 노동의 일방적인 예속관계는 개선되지 않고 있다. 당초 'IMF 외환위기'에 따른 갈등비용을 절약하고 협력적 노사관계를 구축하기 위해 구성된 '노사정위원회'는 사실상 노사갈등을 노사협력으로 발전시키는 데 성공하지 못하고 있다.

불균등 축적과 빈곤

한국의 경제성장은 적어도 다양한 불균형(불균등)으로 특징지워지며 이로 인해 발생하는 사회적 비용은 점차 집중이 가져다주는 사회적 편익을 능가하고 있다. 한국의 경제성장에서 가장 오랜 불균형은 여러 가지 형태의 지역간 불균형이다.

지역간 불균형의 문제는 수도권 집중(과밀화) 현상, 수도권과 비수도권의 불균형, 도시와 농촌의 격차로 나타나고 있다. 도시와 농촌의 불균등 발전은 공업과 농업의 불균등발전과 같다. 수출주도 경제성장이 필요로 했던 저임금구조는 저곡가를 필수조건으로 했으며 이는 농업의 상대적 위축과 농촌인구의 감소를 초래했다. 이는 곧 도시 공업화에 필요한 노동력의 공급증대를 의미했다. 마침내 2020년에는 수도권 인구가 처음으로 전체인구의 절반을 넘었다. 노동력, 특히 청년노동력의 도시집중은 다시 기업투자의 수도권 집중을 부추기는 악순환이 계속되고 있다. 정부는 수도권 과밀화를 억제하기 위해서 '수도권 총량제'와 같은 진입장벽을 설치했지만 수도권 집중의 속도만 약간 늦추었을 뿐 저지하지는 못했다. 장기 침체와 일자리 부족에 대응하기 위해서 민간투자를 촉진한다는 명분으로 정부는 결국 재벌들의 끈질긴 '수도권 규제 완화' 요구를 점진적으로 수용하는 경향을 보였다. 경제활동의 수도권 집중이 인구의 수도권 집중과 '지방소멸'을 수반하는 것은 당연했고, 이에 따라 수도권 부동산가격이 폭등하는 결과가 나타났다. 부동산가격의 폭등은 곧 주거비 급등을 의미하기 때문에 가계의 처분가능소득에서 소비활동에 지출할 여력은 갈수록 줄어들었고 주민의 생활수준의 향상이 지연되는 부작용도 낳고 있다. 내수위축이 경제활성화와 경제성장을 지연시키는 것은 당연하다. 미/중 무역전쟁과 같은 대외경제여건의 악화로 수출이 감소할 때 내수 확대를 통해 그것을 보전하려는 시도조차 할 수 없는 것이 한국경제정책의 아킬레스건이다.

그럼에도 불구하고 수도권 집중의 완화가 제한적일 수밖에 없었던 가장 큰 이유는 민간부분의 지방이전 내지 지방확산이 수반되지 않았기 때문이다. 김대중정부에서 시작되었고 노무현정부에서 '행정수도 이전'으로 본격화된 지방화와 분권화는 두 차례의 보수정부를 거치면서 다시 반전되어 수도권집중으로 재연되었고, 이는 2020년 수도권 인구가 비수도권 인구를 추월하는 현상이 나타났다. 그래서 부동산가격 폭등이 절정에 이른 것은 결코 우연이 아니다. 정부의 수도권 집중을 완화하려는 정부정책에도 불구하고 재벌 대기업들은 '수도권 규제완화'를 끈질기게 요구하면서 지방 분산을 행정수도 인접지역으로 제한하는 한편, 국내에서 고생산성(고숙련)－고임금의 하이로드를 선택하는 대신 저생산성(저숙련) 및 저품질－저임금의 전략을 연장할 수 있는 해외진출을 선택하고 있다. 외국인 자본 유치실적을 매달 홍보하던 정부가 소리없이 그 발표마저 중단했던 시절이 노무현정부 시절이었다.

경부축과 비(非)경부권 사이의 경제적 격차의 해소는 물론 수도권과 비수도권 사이의 성장속도의 괴리를 극복하기 위한 전략적 접근이 '국가균형발전'이다. 현행 헌법은 처음부터 제123조 ②항에서 "국가는 지역 간의 균형 있는 발전을 위하여 지역경제를 육성할 의무를 진다"고 규정하고 있다. 하지만 2003년 균형발전위원회가 구성되고 '균형발전'이 정부 차원에서 화두가 될 때까지 '지역차별'은 오랜 '지역패권'으로 인해 마치 야당의 '정치선전'에 지나지 않는 것처럼 보였다. 노무현 정부 들어 '균형발전'의 기치 아래 '행정수도'가 건설되었고 공공기관의 지방 이전이 시작되었다. 그러

〈표 4-1〉 **연도별 해외직접투자 동향**

(억불, 전년비 %)

구분	2014년	2015년	2016년	2017년	2018년	2019년
투자(A)	285.9	303.7	397.9	447.2	511.0	618.5
증감률	(△8.2)	(6.2)	(31.0)	(12.4)	(14.3)	(21.0)
회수(B)	66.3	83.6	101.0	95.8	94.5	125.2
순투자(A-B)	219.6	220.1	296.9	351.4	416.5	493.3
증감률	(△7.2)	(0.2)	(34.9)	(18.3)	(18.5)	(18.4)

자료: 기획재정부, 2019년 연간 및 4분기 해외직접투자 동향. 2020

나 민간기업의 수도권 진입은 허용하면서 공공기관의 지방이전으로 '균형발전'을 달성하려는 것은 역부족일 수밖에 없다. 문재인정부가 '행정수도 이전의 완성'으로 2020년의 '부동산 광풍'을 잠재우면서 '지역균형발전'을 진전시킬 수 있을지는 미지수이다.

어느 경제에서나 불평등 문제를 제기할 때 가장 먼저 거론되는 불평등이 소득불평등이다. 한국에서는 특히 21세기 들어 소득불평등의 심화에 대한 관심이 높아졌다. 1998년 IMF 외환위기 이후 소득불평등이 특히 심화되었다는 점에는 대체로 이의가 없는 것 같다. 2008년 글로벌 금융위기도 불평등을 심화시키는 계기로 작용했고 2019년의 코로나19도 소득분배에 악영향을 미칠 것으로 예상된다.

양극화와 격차사회

다른 사회와 마찬가지로 한국 사회에서도 불평등은 경제영역, 또는 소득영역에만 국한되어 나타나지 않는다. 불평등은 다양한 영역에서 나타날 뿐만 아니라 상호작용하면서 발생하기도 하고 상승작용하는 경향을 나타내기도 한다. 그러므로 한 사회의 불평등을 개별적으로 고찰하기보다 복합적인 접근방법인 '다중격차'로 파악해 보자.

경제적 다중격차에 대해서는 한국 사회에서 1990년대 중반 이후 급격하게 심화되었다는데 많은 연구자들이 동의하고 있다. 전병유(2016)에 따르면 소득불평등이 심화된 주된 요인은 주로 노동시장의 변화에서 찾을 수 있다. 전면적인 경제개방이 이루어지면서 제조업 부문에서 저임금 일자리가 확산됨에 따라 임금 불평등이 심화되었다. 더욱이 1997년 IMF 외환위기 이후 노동시장 유연화에 따라 비정규직이 급증했고, 비정규직과 정규직의 임금격차가 확대되었으며, 1990년대 들어 노동조합 가입률이 정체되면서 노동조합의 임금평등화 효과가 사라지고 임금격차는 확대되었다. 자산불평등의 경우에는 통계상의 미비로 정확한 실태를 파악할 수는 없지만 1990년대 이후 심화되었으며 소득불평등에 비해서도 더욱 심각한 수준일 것으로 추정된다.

경제적 다중격차가 심각해지는 상황에서 빈곤문제가 두드러지는 것은 당연하다 하겠다. 특히 최근 몇 년 사이에 노인빈곤 문제에 사회적 관심이 집중되고 있다. 한국보건사회연구원이 3년마다 진행하는 '노인실태조사'(2017년)에서는 경제활동에 참가하는 비율이 30.9%로 나타나 3년 전 대비 2% 포인트 증가했다. 그래서 실질 은퇴연령은 72.1세로서 OECD 평균 64.3세에 비해 월등히 높다. 주로 생계비 마련(73.0%)을 위해 일했고 경비, 청소 등 단순노무직(40.1%)이 가장 많았다. 베이비붐 세대의 은퇴와 더불어 급격히 증가하는 노인 일자리 수요가 대부분 저임금 일자리에 집중되어 있으므로 한국 노동력 전반의 숙련향상에 걸림돌이 되고 있다. 노인일자리가 비록 생계형일지라도 노인의 역량에 부합되는 일자리가 제공되고 노인을 삶의 주체로서 정립할 수 있는 일자리이어야 할 것이다.

한국사회와 지역화폐

한국사회는 심각한 불평등 사회, 다중격차의 사회이다. 수출주도 성장, 정부주도 성장, 재벌주도 성장은 한국 사회에 다양한 불평등과 불균등을 남겼고 그로 인한 사회적 비용의 발생이 한국사회가 감내하기 어려운 수준에 이르렀다. 이처럼 불평등, 불균등을 심화시키는 경향이 4차산업혁명과 결합하면 더욱 가속화될 우려가 크다. 지역의 관점에서 본다면 발전지역과 취약지역의 격차가 더욱 커지는 것을 의미한다. '격차사회'로서의 한국 사회에 격차의 차원이 하나 더 늘어나는 셈이다. 발전지역은 지속적인 투자가 이루어지고 인구도 꾸준히 증가하여 지역총생산(GRDP)이 증가하고 삶의 질이 지속적으로 개선되는 지역이다. 반면에 취약지역은 투자가 정체되거나 감소하고 인구도 감소하여 지역총생산이 정체되거나 감소하는 지역이다.

정부의 선언과 나름의 정책적 노력에도 불구하고 큰 진전을 보이지 못하는 지역균형발전과 불평등 완화의 핵심수단으로서 지역화폐의 필요성은 아무리 강조해도 지나치지 않다. 중앙정부에 의존하지 않고 지역 자체적으로 지역공동체를 활성화하고 지역 차원의 사회적 안전망을 강화하는 수단으로서 지역화폐는 이미 성과를 내고 있지만 아직 집중화의 흐름을 역전시키지는 못하고 있다. 한국 사회의 지속가능성을 실현할 목표의식적 수단으로서 지역화폐의 필요성은 오히려 커지고 있는 양상이다.

요약정리

1960년대에 시작되어 오늘날까지 한국경제를 각인하고 있는 성장전략은 수출 주도, 정부 주도, 재벌 주도의 불균형성장 전략이다. 이러한 불균형성장의 필연적인 귀결이 계층간, 지역간, 도농간 자산과 소득의 불평등한 분배와 격차의 구조화이다. 이 구조화는 IMF 외환위기와 글로벌 금융위기와 같은 경제위기와 코로나19 팬데믹과 같은 생태위기를 거치면서 심화되고 있다. 이 구조화를 완화하기 위한 정부 차원의 노력은 의미 있는 성과를 내지 못하고 있다. 확대되는 지역간, 계층간 불평등과 격차를 완화하기 위한 수단으로서 유효한 지역화폐가 가능한 한 조속히 확대될 필요가 있다.

경제 양극화, 지역경제, 그리고 지역화폐

김정주

1997년 IMF 외환위기를 경험한 이후 나타난 다양한 제도적 변화들 속에서 한국사회가 직면하게 된 가장 심각한 문제들 가운데 하나는 경제적 양극화의 문제다. 경제적 양극화란 사회구성원들의 경제적 상태나 조건이 어떤 균등한 상태로 수렴되지 않고 반대로 더 달라지거나 멀어져서 사회구성원들 사이의 경제적 격차와 불평등이 지속적으로 확대되는 현상으로 정의할 수 있을 것이다. 한국사회 내에서 경제적 양극화가 어떤 과정을 통해 심화되어 왔으며, 또한 이 같이 바람직하지 않은 상태를 초래하게 된 요인이 무엇인지에 관해선 여러 다양한 주장들이 제기될 수 있지만 한국경제를 대상으로 한 많은 연구들이 정책적 노력을 통해 현재 한국사회가 해결해야 할 가장 중요한 문제들 가운데 하나가 다름 아닌 경제적 양극화란 사실에는 대부분 동의하고 있다.

한 사회의 바람직한 상태를 정의하는 데 있어서 경제적 양극화가 문제가 되는 건 단지 소득과 부의 불평등이 초래하는 사회구성원들 간의 경제적 격차 그 자체 때문만은 아니다. 배타적 소유권에 기초해 있는 자본주의의 속성상 경제적 행위 대부분이 이루어지는 시장 영역에선 모든 의사결정이 '1원 1표'의 논리에 지배받을 수밖에 없고, 그 결과 더 많은 소득과 부를 소유한 소수가 시장 영역 안에선 다수자가 되면서 소득과 부의 소유로부터 배제되는 다수가 의사결정 과정에서도 배제되는 '다수에 대한 소수의 지배'가 쉽게 용인될 수밖에 없다. 또한 시장에서 용인되는 이 같은 '다수에 대한 소수의 지배'는 당연히 소수 집단으로의 소득과 부의 집중을 더욱 심화시킴으로써 경제적 격차가 존재하는 시장의 초기 조건 그 자체가 다시금 경제적 격차를 누적적으로 강화하는 불평등의 경로의존성을 만들어낼 수밖에 없다.

경제적 양극화는 시장에서 '다수에 대한 소수의 지배'와 소수 집단이 갖는 배타적이고 과두적인 지배력을 강화함으로써 바람직한 사회의 운영 원리로서 민주주의에 대한 위기 요인으로 작용할 수밖에 없다. 따라서 경제적 양극화의 문제는 단순히 사회 구성원 사이에 존재하는 경제적 상태의 불균등성을 완화해 균등한 삶의 조건을 보장해주기 위한 적극적 재분배의 차원을 넘어 민주주의의 실질적 확장과 강화를 위해 사회가 반드시 극복해야 할 가장 중요한 문제로 인식되어야 한다.

2000년 이후 두드러지게 심화되어 온 소득격차 혹은 소득양극화와 달리 이보다 훨씬 오래 전부터 한국사회 내부에 구조화 되었고, 따라서 소득격차와는 별개로 한국사회 내부의 양극화 문제를 설명하기 위해 구조적으로 훨씬 중요하게 다루어야 할 또 다른 문제가 있는데, 그것은 다름 아닌 1960년대 경제개발기 이후 한국사회 내부의 공간적 불평등성을 심화시켜 온 지역격차의 문제이다.

한국사회의 지역격차 문제는 일반적으로 경제개발 초기 '성장거점전략'을 기반으로 한 정부의 불균형 발전정책으로 인해 불가피하게 초래될 수밖에 없었던 결과물로 인식되어 왔다. 여기에서는 지역경제의 불균형적 성장과 그로 인한 지역격차의 확대가 어떻게 한국사회 내 경제적 양극화를 심화시키는 요인으로 작용해왔는지를 구체적으로 검토하면서 이러한 문제를 해결하기 위해 바람직한 지역적 경제생태계를 어떻게 구성할 수 있을지를 모색해보고자 한다. 특히 이미 앞에서 언급했듯이 경제적 양극화를 극복하는 문제는 한 사회 내에서 민주주의를 실질적으로 확장하고 강화하는 문제와 불가분의 관계에 있다는 측면에서 지역균형발전이 최근 한국사회의 가장 중요한 쟁점들 가운데 하나인 경제민주화와 어떤 실천적 연관성을 갖게 되는지를 검토하면서 자율적이고 독립적인 지역적 경제생태계와 지역균형발전을 달성하기 위한 정책적 수단으로서 지역화폐 혹은 지역화폐 운동이 갖는 의미를 검토해보고자 한다.

지역경제 불균형과 경제적 양극화

시대별 지역격차의 양상과 특징

국민경제를 구성하는 개별 지역의 경제규모를 측정하거나 혹은 경제규모의 차이에 따른 지역격차의 크기를 비교하기 위해 가장 일반적으로 활용되고 있는 지표는 '지역내총생산'(Gross Regional Domestic Product: GRDP) 개념이다.

〈그림 5-1〉에서 알 수 있듯이 한국경제의 개발 초기인 1960년 무렵 다른 지역에 비해 서울, 인천, 경기도가 포함된 수도권의 경제규모가 다른 지역에 비해 크기는 했지만 압도적이라 할 만큼 그 격차가 크지는 않았다. 특히 영남권과 호남권의 경제규모는 거의 비슷한 수준에 있었음을 확인할 수 있다. 하지만 경제개발이 본격화된 1960년대 중반 이후 경제규모상 지역격차가 나타나기 시작해 1960년대 후반 이후 수도권의 경제규모가 타지역에

〈그림 5-1〉 1960~2016년 권역별 GRDP 비율(%) 추이

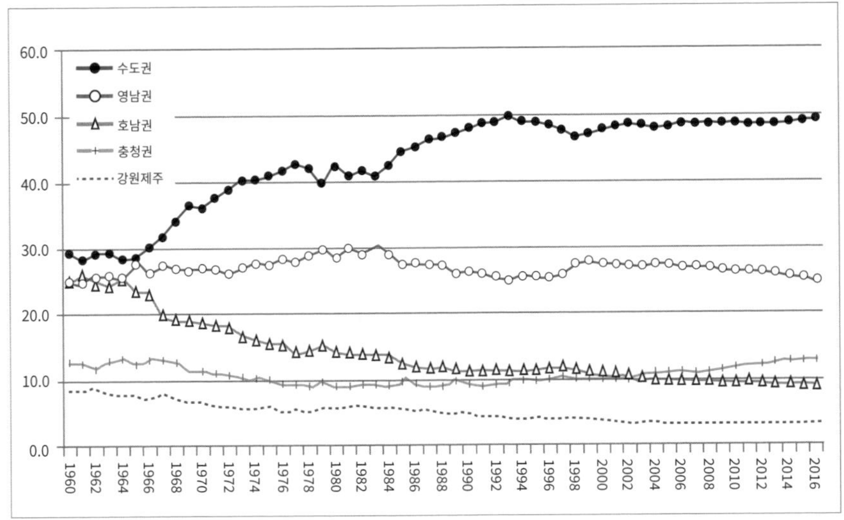

자료: 서민철(2018), p. 440.

비해 압도적으로 커지기 시작해 그 격차가 불가역적이라 할 만큼 점점 커져 왔으며, 이 같은 수도권과 비수도권 사이의 경제적 격차는 지난 50여 년간 지속적으로 확대되어 왔다고 할 수 있다. 특히 1960년 무렵엔 비슷한 경제규모를 가지고 있었으나 경제개발기 이후 영남권과 호남권의 경제적 격차가 크게 벌어졌을 뿐만 아니라 호남권의 경제규모는 지난 50여 년 간 상대적으로 계속 감소해왔다는 점이 권역별 GRDP 비율 추이에서 나타난 가장 두드러진 특징이라 할 수 있다. 결국 한국에서 경제개발이 본격화된 1970년대 이후 한국사회 내의 지역구조는 수도권을 중심으로 하고 영남권을 하위중심으로 하면서, 호남·충청·강원제주 지역이 상대적 저성장 상태에 있는 3층의 지역구조(중심-반중심-주변)의 특징을 보여왔다고 할 수 있을 것이다(서민철, 2018:439).

1970년대 이후 수도권과 영남권 경제의 급성장을 특징으로 하는 지역

격차의 확대는 불균형성장론에 기초해 서울과 부산을 잇는 이른바 경부축에 속하는 지역에 대규모 투자를 단행했던 정부의 산업입지 정책이 가장 큰 원인으로 작용했던 것으로 설명할 수 있다. 특히 중화학공업화 정책이 본격적으로 추진되었던 1973년 이후 부산·울산·포항·구미·창원 등 영남 지역에 대규모 투자가 이루어지고, 그 결과 이들 지역에 한국경제의 성장을 좌우할 수 있는 대규모 공업단지와 생산설비가 집적됨으로써 비수도권 지역 가운데 영남권과 기타 지역 간 경제적 격차가 확연히 나타나게 되었다.

그러나 1970년대 이후 비수도권 가운데 영남권과 기타 지역 간 경제적 격차가 확대되었다고 해서 한국사회 내 지역격차 문제를 흔히 말하는 '영-호남의 문제'로 바라보아서는 안 된다. 앞의 〈그림 5-1〉을 보면 이른바 '영-호남의 문제'란 것은 일종의 착시현상에 불과하다는 것을 확인할 수 있다. 지난 50여 년 간 영남권의 GRDP 비율이 25~30% 수준에서 일정하게 유지되어 온 반면 호남권의 GRDP 비율은 지속적으로 감소해왔다는 점에서 영남권에 비해 호남권이 상대적으로 성장으로부터 소외돼 왔다는 점은 사실이다. 하지만 영남권 또한 GRDP 비율이 일정 범위 내에서 안정적으로 유지되어왔다는 점에 주목할 필요가 있다. 이는 그나마 영남 지역이 국민경제 전체의 성장률만큼 안정적으로 성장해왔다는 것을 의미하는 것이지 영남 지역이 경제 전체의 성장에 비해 예외적이거나 이례적인 성장을 해왔다는 것을 의미하지는 않는다. 〈그림 5-1〉에 따르면 1970년대 이후 영남권을 제외한 모든 지역의 GRDP 비율이 감소할 때 예외적이거나 이례적으로 그 비율이 빠르고 지속적으로 증가해온 지역은 수도권이 유일하다. 따라서 한국사회 내 지역 간 경제적 격차의 문제는 수도권과 비수도권의 문제로 정의되어야 하며, 이처럼 수도권과 비수도권 사이에 존재하는 경제적 격차의 문제는 한국경제의 산업화 초기인 1970년대에 이미 한국사회의 한 특징으로서 구조화 되었다고 할 수 있다.

1990년대는 경제개발기 이후 성장으로부터 소외되었던 비수도권 지역, 특히 충청권과 호남권을 중심으로 다양한 지역개발 요구가 한꺼번에 표출된 시기이기도 하다. 이러한 지역의 요구를 반영하듯 1987년 대통령 선거에 출마해 당선된 노태우 대통령의 경우 선거운동 기간에 '서해안 시대'를 공약으로 내걸고 서해안 고속도로 조기 착공, 시화공단과 아산만 기지 및 신항만 건설, 군산 및 군장기지와 신항만 건설, 전주권 T벨트, 대불기지 건설 및 목포항 개발, 광양항 개발, 청주국제공항 건설, 영동선 및 호남선 전철화, 광주 첨단공대 설립 등 주로 충청권과 호남권에 집중된 지역개발 정책을 약속하기도 했다. 이처럼 1990년대에는 각종 선거와 대선 공약에 지역의 개발요구를 반영하려는 지역으로부터의 압력이 강하게 작용하였고 실제 이러한 정치적 공약들 가운데 많은 것들이 이후 지역개발 정책으로 구체화되기도 했다. 그 결과 1993~1998년 기간 동안 충청권과 호남권의 성장률이 1960년대 이후 처음으로 전국 성장률을 상회하는 등 수도권의 경제력 집중 문제가 상당히 완화되는 효과가 나타나기도 했다(서민철, 2007: 54).

하지만 비수도권 지역의 개발과 이를 위한 집중투자를 원했던 지역의 요구와는 달리 당시 자본의 요구는 주로 '수도권 정비계획법'과 같은 수도권에 대한 투자규제를 완화하는 것에 맞추어져 있었다. 이 같은 자본의 요구는 당시 김영삼 정부의 규제완화 정책과 맞물리며 정부에 의해 대부분 수용되었다. 그 결과 수도권에 신증설되는 중소기업의 규모와 업종을 제한하고 있던 규제들이 폐지되고 첨단업종이면 대기업도 수도권 내 과밀억제권이나 성장관리권에 공장 증설이 허용되는 등 그간 수도권 과밀화를 억제하기 위해 마련되었던 기존 정책들의 취지와 근간을 크게 훼손하는 조치들이 취해졌다.

1990년대 내내 뚜렷한 완화 추세를 보여주던 수도권과 비수도권 간 지역격차는 1997년 IMF 외환위기를 겪으면서 다시금 심화되는 양상으로 변화하게 된다. 한국경제 내에서 강력한 지배력을 확보하고 있던 30대 재벌 거의 대부분이 해체될 만큼 충격파가 컸던 IMF 외환위기는 지역경제 측면에선 중소기업 가운데 압도적 다수가 몰려 있던 수도권과 중화학산업을 중심으로 대규모 생산설비가 집적되어 있던 영남권에 가장 큰 충격을 주었다. 하지만 IMF 외환위기라는 외적 충격을 극복하는 과정에서 수도권과 영남권의 경제적 위상은 완전히 달라지게 되는데, IMF 외환위기 이후 최근까지 20여 년의 기간을 통해 영남권을 포함한 비수도권과 수도권 사이의 경제적 격차는 불가역적이라 할 만큼 지속적으로 심화되어 왔다. IMF 외환위기를 겪으며 2000년대 들어 나타난 이 같은 수도권으로의 경제력 집중은 사실 위기극복 과정에서 나타난 경제의 구조적 변화들을 반영한 결과라 할 수 있다.

지역 간 소득 유출입 구조와 지역격차

지금까지 한국사회 내 지역 간 경제적 격차와 시대별 변화 양상을 지역내총생산(GRDP)의 변화 추이에 기초해 살펴보았다. 그러나 지역 간 소득의 역외 유출입을 고려할 경우 지역의 생산소득인 GRDP는 지역소득을 정확히 대표하지 못한다 할 수 있으며, 따라서 이에 기초해 지역 간 경제적 격차의 크기를 판단하는 것에는 한계가 있을 수밖에 없다. 예를 들어, 기업의 본사와 공장이 공간적으로 분리되어 있는 경우 생산소득인 GRDP는 공장이 위치한 지역에서 발생하지만 영업잉여의 이전을 통해 공장이 위치한 지역의 GRDP 가운데 상당히 많은 부분이 본사가 위치한 지역으로 이전됨으로써 공장이 위치한 지역의 실제 소득은 GRDP보다 크게 줄어들 수 있다.

따라서 지역 간 경제적 격차 문제를 정확히 이해하기 위해선 생산소득인 GRDP뿐만 아니라 소득의 역외 유출입까지를 고려해 결정되는 일종의 분배소득인 '지역내총소득(Gross Regional Income: GRI)'을 함께 검토할 필요가 있다.

분배소득은 생산소득에서 역외 유출입 소득을 차감한 것으로서 'GRI=GRDP+지역외 순수취 본원소득'으로 결정된다. 따라서 지역외 순수취 본원소득이 (+)값을 갖는 지역은 생산소득인 GRDP보다 실제 소득인 GRI가 더 크게 되고, 반대로 지역외 순수취 본원소득이 (-)값을 갖는 지역은 실제 소득인 GRI가 생산소득인 GRDP보다 작게 된다. 생산소득인 GRDP에 기초해 보자면 지역 간 소득격차는 결국 대규모 공장과 같은 생산시설의 집적과 노동생산성에 의해 결정될 것이다. 그러나 지역의 실제 소득인 GRI에 기초해 보자면 지역 간 소득격차는 생산활동과는 무관한 지역소득의 역외 유출입 구조에 의해 결정된다. 실제 최근의 연구들에서 노동생산성뿐만 아니라 지역소득의 역외 유출입과 그에 따른 GRDP와 GRI의 차이가 지역 간 소득격차와 경제력 격차에 매우 중요한 요인으로 작용하고 있음이 확인되고 있다(박경, 2011: 정준호 외, 2012).

지역 간 소득의 역외 유출입을 보여주는 '지역 외 순수취 본원소득'은 통계청이 운영하는 통계정보시스템(KOSIS)에서 2000년부터 2018년까지의 기간에 걸쳐 지역별로 확인이 가능한데, 이에 기초해 크게 서울, 인천, 경기도를 포함한 수도권과 다른 모든 지역이 포함된 비수도권으로 구분해 같은 기간 지역외 순수취 본원소득이 지역별로 어떻게 변화해왔는지를 보여주고 있는 것이 다음의 〈그림 5-2〉이다.

〈그림 5-2〉에 따르면 통계가 작성된 2000년 이후부터 최근에 이르기까지 수도권은 소득의 순유입이 발생한 반면 비수도권은 소득의 순유출이 발생했다. 2014년 이후 수도권으로의 소득의 순유입 규모와 비수도권으로부

〈그림 5-2〉 2000~2018년 수도권과 비수도권의 지역 외 순수취 본원소득

(단위: 백만원)

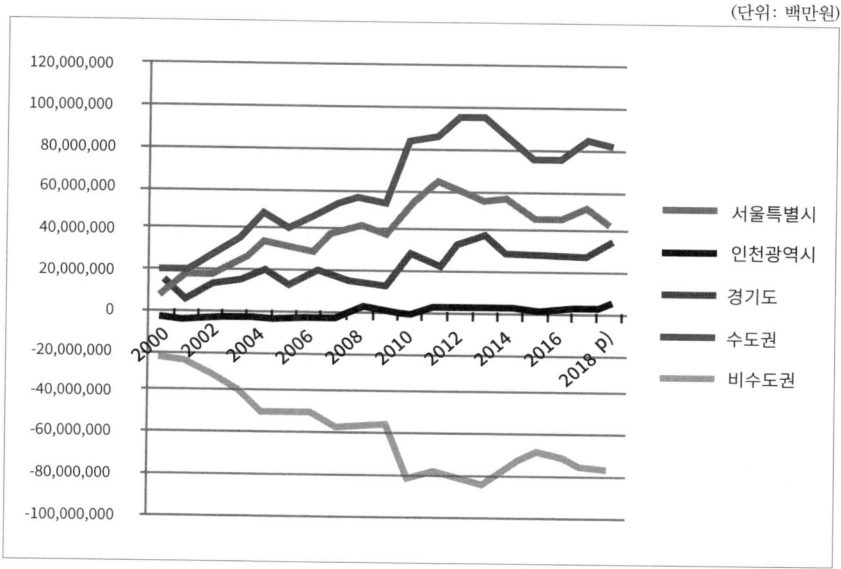

자료: 통계청 KOSIS.

터의 소득의 순유출 규모가 다소 줄어들기는 했지만, 2000년 이후 비수도권 생산소득의 일부가 지속적으로 수도권으로 유출되는 추세가 일관되게 나타나고 있으며 그 규모 또한 증가하는 추세에 있었음을 알 수 있다.

비수도권에 속하는 지역에서의 소득 유출입 구조는 좀 더 흥미로운 양상을 보이고 있는데, 2000년 이후 매년 소득 순유출이 나타나고 있는 울산광역시를 제외하면 모든 광역시들에서 매년 소득 순유입이 나타나고 있는 반면, 수도권에 속하는 경기도를 제외한 모든 광역도에선 매년 소득 순유출이 나타나고 있다. 이는 곧 비수도권에 속하는 지역들 사이에서도 수도권과 비수도권 사이에 형성되어 있는 소득 유출입 구조와 마찬가지로 지역에서 광역시로의 일방향적인 소득 유출구조가 형성되어 있음을 의미하는데, 이처럼 지역 → 광역시 → 수도권으로 이어지는 역외 소득 유출입 구조

〈그림 5-3〉 **역외 소득 유출입의 공간적 흐름(2000~2016년)**

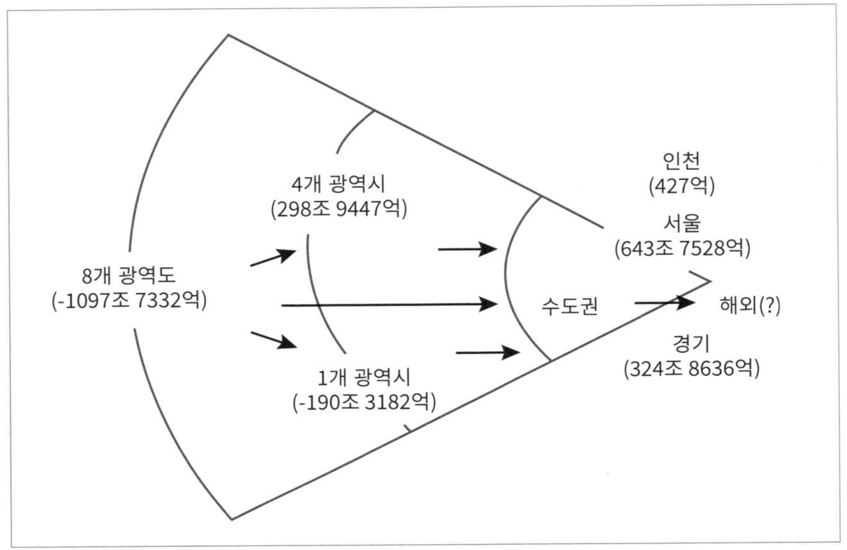

주: 2010년 불변가격 기준.

자료: 정준호(2018), p.23.

를 통해 소득의 수도권 집중을 가져오는 공간적 구조를 시각화 하면 다음의 〈그림 5-3〉으로 나타낼 수 있다.

〈그림 5-3〉에 따르면, 2000~2016년 기간에 광역도에 속하는 지역에선 총 1,097조원의 소득 순유출이 나타났다면, 울산광역시를 제외한 4개 광역시엔 299조원, 서울을 비롯한 수도권에 968조원의 소득 순유입이 나타났다. 이로부터 2000년 이후 지역 간 소득의 유출입 흐름에는 서울을 정점으로 한 비수도권으로부터 수도권으로의 소득 집중이 구조화 되었으며, 또한 비수도권 내에서도 지역으로부터 광역시로의 소득 집중이 구조화됨으로써 같은 지역 내 도시와 농촌 간 경제적 격차를 심화시키는 주된 요인으로 작용해왔음을 알 수 있다.

지역균형발전과 지방분권

지역균형발전의 의미

1960년대 경제개발기 이후 누적되어 온 서울을 중심으로 한 수도권으로의 경제력 집중과 그로 인해 나타난 수도권과 비수도권 사이의 지역격차 문제는 한편으론 수도권 과밀화에 따른 경제적 비효율성의 문제와 함께 또 다른 한편으론 지역의 과소화로 인한 '지방소멸'의 문제를 걱정해야 하는 양극단의 문제를 한국사회에 제기하고 있다.

2016년을 기준으로 국토의 12%를 차지하고 있는 서울과 수도권에 인구의 50%, 100대 기업 본사의 95%, 전국 20대 대학의 80%, 의료기관의 52%, 공공청사의 80%, 정부투자기관의 89%가 몰려 있고, 예금의 70%, GRDP의 49%, 총 사업체 가운데 47%가 서울과 수도권에 집중되어 있다. 반면 한국고용정보원(2016) 추정에 따르면 향후 30년 내 전국 226개 시·군·구 가운데 37%인 85개 자치단체가 적정 인구와 자립적인 경제적 기반을 갖지 못해 결국 소멸할 것으로 예상되고 있다. 수도(首都)의 기능을 담당하고는 있지만 2020년 현재 서울시에만 970만 명의 인구가 거주하고 있는 반면 서울시와 면적이 비슷한 강원도 양양군에는 고작 2만 7천 여 명의 인구만이 거주하고 있다는 사실은 현재 한국사회가 직면한 지역격차의 문제를 가장 상징적으로 드러내주는 현상이라 할 수 있겠다.

'지역균형발전'의 사전적 의미는 "지역 간 사회-경제적 제반 여건과 삶의 질의 균등상태"를 말하며, 여기서 지역이 균등한 상태에 있다는 것은 지역별 소득 및 복지수준과 실업율 등과 같은 정태적 현상의 균등화와 함께 산업과 경제성장, 소득 증가 및 인구 성장 등 동태적 현상까지를 포괄한다(김현호, 김도형, 2017:177). 지역균형발전이 갖는 이 같은 의미에 따르면 결국 지역균형발전정책이란 지역 간 인구 및 자원의 배분과 개별지역 간 발전 격차를 줄이기 위한 일체의 공간정책을 의미한다고 할 수 있다.

기존 지역균형발전정책의 문제점과 한계

2000년 이전까지의 지역정책은 주로 서울을 비롯한 수도권 과밀화의 문제를 시정하기 위한 수도권 과밀화 억제정책이 주를 이루었을 뿐 지역의 자립적이고 내생적인 발전을 이끌어내고자 하는 정책은 사실상 부재했다. 하지만 1995년 지방자치제가 부활되어 시행되면서 지역의 자립적인 경제적 기반을 확보하는 문제가 중요해지면서 김대중 정부 이후부터 지역 간 균형을 고려한 지역발전정책이 중요한 국정과제들 가운데 하나로 등장하기 시작했다. 그럼에도 불구하고, 2000년대 들어서도 수도권과 비수도권 간 경제적 격차는 좀처럼 줄어들지 않았으며 오히려 심화되는 양상을 보여왔다. 심지어 지역균형발전을 '국가균형발전' 개념으로 격상시키고 이를 최고의 국정과제로 제시하면서 수도 이전을 포함해 역대 어느 정부보다도 가장 강력하게 지역으로의 수도권 기능 분산정책을 폈던 노무현 정부의 집권기에도 수도권과 비수도권 간 경제적 격차는 줄어들지 않고 확대되는 양상을 보였다. 결국 그간 국정과제 차원에서 과거 정부들의 많은 노력과 투자가 있었음에도 불구하고 지역 간 불균형 문제는 좀처럼 해결되지 않았다.

기존 지역균형발전정책의 문제점과 한계들을 고려했을 때 지역발전을 위한 정책적 패러다임 자체가 근본적으로 변화해야 한다는 점은 분명해 보인다. 지역균형발전의 궁극적 목적이 지역 간 사회-경제적 제반 여건과 삶의 질의 균등상태를 확보하는 것은 물론 지역 스스로 발전을 추구할 수 있는 내생적이고 자립적인 발전 기반을 마련하는 데 있다면, 사실 지금까지역대 정부에서 추진되었던 지역정책이나 지역균형발전정책은 이 두 가지 목적을 달성하는 데 성공적이지 못했다. 중앙정부의 지원 없이 거의 대부분의 광역자치단체나 기초자치단체가 스스로 독자적이고 자립적인 발전을 모색하는 것은 현재의 제반 여건 상 거의 불가능에 가까운 일일 뿐만 아니라 발전을 위한 지역의 혁신역량 또한 충분히 갖추어지지 못했다는 점 또한 사실이다. 어느 지역이나 대규모 자본 유치를 통해 지역 내 생산기반을 확보하고 안정적인 일자리를 확충하고 싶어 하지만, 이미 다국적화 되어 국내 투자보다는 글로벌 가치사슬의 형성 및 유지가 훨씬 더 중요해진 국내 대자본의 축적방식은 대규모 자본유치를 원하는 지역의 바람과 큰 괴리를 보일 수밖에 없다. 또한 앞의 〈그림 5-3〉을 통해 확인했듯이 지역에 대규모 자본을 유치한다 하더라도 현재와 같은 지역 간 소득 유출입구조가 존재하는 한 지역에서 창출된 소득의 많은 부분이 지역에서 순환되지 않고 서울 및 수도권 등으로 유출됨으로써 지역 간 경제적 격차를 더욱 확대하는 요인으로 작용할 수밖에 없다. 결국 대규모 자본 유치가 지역경제를 위해 바람직한 일이라 할 수는 있지만 그 자체가 수도권과 비수도권 사이에 존재하는 현재의 지역 간 격차 문제 모두를 해결해줄 수 있는 유일한 대안이 될 수는 없는 것이다.

분권적 지역균형발전정책과 지역자치

지방분권은 중앙정부로부터 지방정부로 권력을 이동시키는 것과 동시에 정부에서 주민으로 권한을 이동시키는 것을 포함하는 개념이다(김현호, 김도형, 2017:21). 즉, 중앙과 지역 간 수직적 권력분립 관계에서 더 많은 권한과 권력을 지역으로 이양시킴과 동시에 주민들의 실질적 생활공간인 지역에서도 지자체나 지방정부 중심이 아닌 주민 중심의 지역자치를 실현함으로써 입법-사법-행정 간 수평적 권력분립 및 대의제가 갖는 한계를 넘어 주민들의 직접적 정치참여를 통해 민주주의를 심화, 확장하고자 하는 것이 지방분권의 핵심이다. 지방분권은 그 내용에 따라 중앙정부와 지방정부가 정책을 수립하고 결정할 수 있는 권한의 정도를 보여주는 정치적 분권화, 행정적 수단이나 규제수단을 통해 중앙정부와 지방정부가 정책을 집행할 수 있는 권한의 정도를 보여주는 행정적 분권화, 그리고 세입과 세출을 포함한 재정상태 관리를 위해 지방정부가 갖는 권한의 정도를 보여주는 재정적 분권화로 구분할 수 있다. 또한 지방분권은 그 형태에 따라 중앙정부가 권한의 이전 없이 지방정부나 지방기관으로 특정 공공서비스의 공급을 분산시키는 탈집중화, 중앙정부가 지방정부로 공공서비스 제공에 관한 정책결정이나 관리업무를 이전시키는 위임(delegation), 그리고 중앙정부가 지방정부로 정책결정, 재정, 행정업무에 관한 권한을 이전하는 이양(devolution)으로 구분할 수 있다.

한국의 경우 1995년 지방자치제가 부활, 시행된 이후 탈집중화와 위임의 형태로 지방정부의 자율성이 점차적으로 신장되어 왔다. 노무현 정부에서 추진된 행정수도 이전 및 혁신도시 건설을 포함한 국가균형발전정책은 탈집중화를 통해 지방분권을 강화하고자 했던 대표적 사례였다 할 수 있으며, 지방자치제 부활 이후 중앙정부의 행정사무 가운데 상당히 많은 부분이 지방정부에 위임되어 왔다. 그럼에도 불구하고, 중앙정부로부터 지방정부로의 권한 이양이란 측면에선 한국의 지방자치는 여전히 매우 미흡한 편이며, 특히 〈표 5-1〉에서 보는 바처럼 2019년 현재 전국 광역자치단체의 재정자립도가 평균 44.9%에 불과하고 2018년 현재 전국 226개 기초자치단체 가운데 76개 자치단체가 자체수입만으로는 인건비조차 충당하기 어려운 상황에서 완전한 지방자치의 실현이란 요원한 일이 될 수밖에 없다.

이런 측면에서 보자면, 지방정부의 자율성 강화와 진정한 의미의 지방

〈표 5-1〉 2019년 광역자치단체 재정자립도

(단위: %)

광역자치단체	재정자립도	광역자치단체	재정자립도
서울특별시	76.5	강원도	23.5
부산광역시	50.0	충청북도	28.7
대구광역시	45.9	충청남도	33.0
인천광역시	57.7	전라북도	20.4
광주광역시	40.8	전라남도	19.1
대전광역시	43.9	경상북도	24.9
울산광역시	53.7	경상남도	33.4
경기도	60.5	제주특별자치도	33.0
전국평균 = 44.9			

주: 재정자립도=(지방세+세외수입)/자치단체일반회계세입

자료: 통계청 KOSIS.

자치 실현을 위한 전제조건으로서 현재 조세수입 가운데 국세(8)와 지방세(2)가 차지하는 비중을 지방정부의 재정권을 강화하는 방향으로 조정하는 것은 물론 새로운 지방세원의 발굴 등 중앙정부와 지방정부 간 재정분권을 강화하기 위한 노력들이 우선적으로 선행되어야 할 것이다.

지방분권의 강화가 지역균형발전에 과연 긍정적 결과를 가져올지 혹은 부정적 결과를 가져올지에 대해선 여전히 다양한 견해들이 존재하고 있다(김승태, 전용주, 2017: 36-37). 우선 긍정론은 지방분권의 강화가 지역주민들에게 정책결정 과정에 참여할 수 있는 기회를 부여함으로써 민주주의를 확장하고, 지방정부로의 책임 이양을 통해 중앙집권화 된 관료제의 약점을 극복할 수 있는 것은 물론 지역의 필요에 직접적으로 상응하는 수준 높은 공공서비스를 제공할 수 있으며, 또한 지역적 다양성에 기초한 창조적이고 혁신적인 정책들이 생산될 수 있다는 점에서 지역균형발전에 유리하다는 것이다.

반면 부정론은 지방분권의 강화가 중앙권력의 통제로부터 벗어난 지

역 엘리트의 권한을 강화함으로써 오히려 민주주의를 훼손하고 부패의 가능성을 높일 수 있으며, 지방정부의 능력이 부족한 상태에서 중앙으로부터의 통제와 감시조차 부재하다면 공공서비스의 질은 오히려 악화될 수 있으며, 또한 지방정부가 능력 이상의 공약과 프로그램을 제시함으로써 재정적 낭비와 비효율성을 초래하는 것은 물론 지역적 창의성과 혁신마저 억압할 수 있다는 점에서 지역균형발전에 결코 유리하지 않다고 주장한다. 특히 앞의 〈표 5-1〉에서 확인할 수 있듯이 수도권과 비수도권 사이에 자치단체 간 상당한 수준의 재정적 격차가 이미 존재하고 있는 상황에서 지방분권을 강화하는 것은 오히려 지역 간 불균형을 더욱 가속화 할 것이란 지적은 상당한 설득력을 얻고 있다.

이처럼 지방분권과 지역격차 사이의 상관성에 관해선 다양한 주장들이 존재하고 실제 여러 국가들을 대상으로 한 다양한 실증분석의 결과 또한 어느 하나의 주장을 지지하는 것이 아닌 각각 다른 주장들을 지지하고 있기 때문에 이 문제에 관한 명확한 결론을 내리는 것은 쉽지 않은 일이다(김현호, 김도형, 2017: 34-38; 김승태, 전용주, 2017: 39-46). 따라서 이 문제는 선험적이고 이론적인 문제라기 보다는 사회가 어떤 가치를 지향할 것인가와 관련된 규범적이고 실천적인 문제라 할 수 있다. 이런 관점에서 보자면 지방분권과 지역균형발전의 관계를 어느 하나가 완성되기 위해선 반드시 다른 하나가 선행하거나 전제되어야 하는 관계로 인식하기보다는 여전히 실질적 지방자치가 실현되지 않은 채 지역 간 격차가 심화되고 있는 한국적 현실을 고려해 지방분권과 지역균형발전이 서로를 강화하면서 또한 동시에 달성되어 갈 수 있도록 보다 실용적인 관점에서의 접근이 필요하다 할 수 있겠다.

지역경제의 자립적 발전과 지역화폐

지역경제의 자립적 발전을 위한 조건

지역 스스로 충분한 발전역량과 발전을 위한 수단들을 갖고 있지 못하다면 지역의 운명을 결정하게 되는 것은 결국 국가로부터의 지원과 자본의 투자가 될 것이다. 이런 이유 때문에 지금껏 대부분 자치단체의 지역발전 전략이란 주로 외부로부터 더 많은 지원과 투자를 유치하는 것에 맞추어질 수밖에 없었다. 그러나 이처럼 외부의 지원과 투자에 의존하는 발전전략은 결국 중앙정부와 자본에 대한 지역의 종속성을 강화하면서 자립적이고 내생적인 발전을 이끌어 낼 수 있는 지역적 역량을 오히려 제약해왔다고 할 수 있다. 물론 이것이 지역에 대한 중앙정부의 지원과 기업투자가 지역발전에 부정적이라거나 상충된다는 것을 의미하는 건 아니다. 하지만 자본의 자유로운 이동 그 자체가 지역의 경제적 안정성을 약화시키고 경우에 따라선 지역 공동체를 위기에 빠뜨릴 수도 있기 때문에 전적으로 대규모 기업투자에만 의존하는 성장이 지역이 추구해야 할 유일한 발전전략이 되어선 안 된다는 점 또한 분명하다.

과거 경제개발기에는 산업정책과 경제개발계획을 통한 정부의 투자배분이 지역 간 격차를 낳는 가장 중요한 요인이었다면 경제의 개방화와 자유화가 진전되어 자본의 자율성과 이동성이 강화된 1980년대 이후에는 기업투자가 지역 간 격차를 낳는 가장 중요한 요인으로 작용해왔다. 기업투자에 따라 성장 지역과 낙후 지역 간 격차가 발생하게 되고, 자본의 이동 그 자체는 필연적으로 노동력의 이동을 가져오기 때문에 낙후 지역으로부터 성장 지역으로의 노동력을 비롯한 또 다른 경제적 자원의 유출을 가져옴으로써 두 지역 간 경제적 격차는 누적적으로 증가하게 된다. 하지만 성장 지역에 투자된 자본 또한 언제든 다른 지역으로 옮겨 가거나 철수할 수 있기 때문에 성장 지역 역시 자본철수와 더불어 언제든 낙후지역으로 전락하게 될 위험성이 상존한다. 또한 자본을 유치하기 위한 지역 간 경쟁과정에서 노동조건 및 환경이 악화됨으로써 지역경제는 성장하지만 지역주민의 전체적인 삶의 질은 오히려 악화되는 역설적 현상이 나타날 수도 있다.

그러나 무엇보다도 중요한 것은 지역에서 창출된 소득을 지역 내에서 순환시킬 수 있는 지역 내부의 경제적 생태계가 존재하지 않는다면 기업활동 그 자체는 지역주민의 삶을 실질적으로 개선시키지 못한 채 지역을 단지 자본의 생산기지로 전락시키게 될 가능성이 있다는 점이다. 실제 한국의 경우 2000~2016년 기간 동안 다른 광역지자체에 비해 유독 재정자립도가 낮은 충북, 충남, 전남, 경북, 경남 등의 지역이 생산소득인 1인당 GRDP에 있어선 오히려 서울을 포함한 수도권 지역보다 훨씬 높았으나 분배소득인 1인당 GRI에 있어선 수도권 지역과 비슷해지거나 낮아지는 역전현상이 일관되게 나타났다(정준호, 2018:19-21). 이러한 사실은 비수도권 지역이 수도권 지역에 비해 지역 내부의 생산기반이 결코 취약하지 않으며 생산성과 같은 생산에 대한 기여도 또한 결코 열등하지 않음을 의미한다. 하지만 100대 기업 본사의 95%가 서울을 비롯한 수도권에 집중되어 있는 공간적 불균형 속에서, 앞의 〈그림 5-3〉이 보여주고 있듯이, 지역에서 창출된 소득의 상당히 많은 부분이 다양한 소득의 유출입구조를 통해 수도권으로 집중되고 있으며, 그 결과 1인당 생산성이 훨씬 높은 지역들이 수도권에 비해 오히려 재정자립도가 가장 낮은 낙후지역으로 전락하게 되었다.

이처럼 지역 내 생산활동을 통해 창출된 소득이 지역 외부로 유출되는 경우는 크게 다음의 세 가지 유형으로 구분할 수 있다(유기환, 2015: 113). 첫째, 생산과정에서 창출된 소득이 이자, 배당, 임금, 기업의 영업이익 등의 형태로 유출되는 것인데, 특히 본사가 타지역에 존재하는 경우나 거대 유통업체가 지역 유통을 장악하고 있는 경우 이러한 유출은 더욱 커질 수 있다. 둘째, 지역기업이나 주민의 (소비)지출을 통해 유출되는 경우로서 지역 내 산업연관성이 크지 않거나 주변 지역에 거대 상업중심지가 존재하는 경우 이러한 유형의 유출은 더욱 커질 수 있다. 셋째, 지역에서 저축된 자금이 지역에 투자되지 않고 외부로 유출되는 경우로서 이는 결국 수익성을 추구하는 화폐자본의 운동에 따른 소득 유출이라 할 수 있다.

결국 한국사회 내에서 지역이 직면한 문제의 해결 주체는 지역 자신이 되어야 한다. 그렇다면 지역은 자신의 문제를 해결하기 위해 과연 무엇으로부터 자신이 지닌 자립적 발전의 잠재성을 발견할 수 있을까? 그것은 당연하게도 지금 현재 지역이 가진 경제적 자원과 생산능력을 스스로 효율적으로 조직하고 극대화함으로써 국가와 자본으로부터 독립된 자립적인 지역 공동체를 복원하는 것에서부터 시작할 수밖에 없다. 그리고 이 같은 자립적인 지역 공동체의 복원과 지역이 갖는 발전 잠재성의 발현을 위한 수단으로서 최근 지역화폐 혹은 지역화폐운동이 주목받고 있다.

지역경제의 자립성과 지역화폐

지역화폐는 지역 스스로가 법정통화와 구분해 발행하는 일체의 지불수단을 의미한다. 지역화폐는 지역 내 누구나 발행할 수 있으며, 오직 지역 내에서만 유통되면서 이자가 붙지 않는 특징을 갖는다. 따라서 전국적으로 유통되는 법정화폐와는 달리 지역화폐는 유통 범위가 제한적이며 구매 가능한 상품들 또한 지역 내 상품들로 제한적이다. 하지만 화폐로서 갖는 이러한 불편함에도 불구하고 지역화폐는 법정화폐가 갖는 가치저장 기능이나 이윤 획득 및 가치증식을 위한 자본으로서의 화폐적 기능을 전혀 갖지 않기 때문에 본질적으로 공동체 구성원 간 상호호혜성에 기초한 상품과 서비스의 교환을 목적으로 발행되는 화폐이다.

지역화폐는 지역경제의 내생적이고 자립적인 발전을 이끌어낼 수 있는 강력한 정책적 수단으로서의 의미를 지닌다. 지역화폐는 일정한 지역 범위 내의 상품과 서비스를 교환하기 위해 지역화폐가 발행된 지역 내에서만 유통된다. 지역화폐의 유통이 갖는 이 같은 지역적 제한성은 지불수단으로서 화폐의 기능에선 큰 불편을 초래할 수밖에 없지만, 다른 한편으론 소비로 지출되는 소득의 역외유출을 방지함으로써 지역에서 창출된 소득이 온전히 지역 내에서 순환될 수 있도록 하는, 전국적 범용성을 갖는 법정화폐의 유통을 통해선 기대할 수 없는 매우 강력한 소득보전 효과를 지역화폐는 갖고 있다. 물론 법정화폐의 유통을 통해 역외로 유출되던 소득이 지역화폐를 통해 지역 내에서 순환되는 만큼 지역 내 소비는 더 늘어날 수 있고 이러한 소비 증가는 지역경제를 활성화 하는 데 크게 기여할 것이다.

요약정리

지난 반세기 이상의 경제성장 과정에서 한국사회 내 수도권과 비수도권 간 지역격차는 지속적으로 커져왔다. 그 결과 서울을 비롯한 수도권은 과밀화로 인한 몸살을 앓고 있는 반면 비수도권에 속한 많은 지역들은 인구소멸과 경제적 공동화로 인해 심각한 위기감을 느끼고 있다. 이처럼 지속적으로 심화되어 온 지역격차 문제는 경제적 성과에서 나타나는 산업 간 격차와 기업규모별 격차, 노동자계급 내부의 임금격차, 기업부문과 가계부문 간 소득격차와 더불어 한국사회 내의 사회경제적 양극화를 심화시켜온 주된 요인이었다.

한국사회 내에서 수도권과 비수도권 사이의 지역격차가 지속적으로 심화될 수밖에 없었던 가장 중요한 이유는 경제개발기 이후 한국사회 내에서 지역은 단 한 번도 자기결정권 혹은 자기주도성을 가져보지 못했기 때문이다. 이런 이유 때문에 한국사회 내에서 지역은 누구나 참고할 수 있는 성공의 경험도 없었지만 반대로 실패의 경험 또한 가져보지 못했다. 경제개발이 본격화된 이후 1980년대까지는 경제개발계획을 둘러싼 국가 정책이 지역의 운명을 좌우했다. 한국경제가 본격적으로 자유화와 개방화 국면에 들어선 1990년대 이후엔 재벌을 중심으로 한 대자본의 투자가 지역의 발전과 운명을 결정했다. 이 과정에서 발전을 향한 지역적 욕구는 언제나 국가경쟁력 혹은 기업경쟁력 강화 논리에 종속되었으며 지역은 자립적이고 내생적인 발전을 위한 자신의 경제적 기반은 물론 이를 위한 경제적 수단조차 가질 수 없게 되었다. 이처럼 지역이 배제된 국가주도형 성장과 자본주도형 성장을 통해 한국경제는 결국 대자본과 수도권 중심의 단극형적 성장모델로 특징지을 수 있는 기형적이고 불균형적인 경제로 귀결되었다.

지역이 가진 잠재성을 적극적으로 개발해야 할 필요성에도 불구하고 과거 국가 중심의 중앙집권적 지역개발 방식이 지역 스스로의 자발성과 창의성을 충분히 이끌어내지 못함으로써 뚜렷한 한계를 가질 수밖에 없었다는 점 또한 분명하다. 따라서 지역개발 방식과 지역정책의 패러다임 자체가 바뀌어야 할 필요가 있다. 지역정책의 목표는 단순한 물량적 균형을 맞추기 위한 낙후지역에 대한 일방적 지원이 아닌 발전의 주체로서 스스로 자립적 발전을 모색할 수 있는 지역 내 발전역량과 혁신역량을 강화하는 것에 맞추어져야 한다. 따라서 이를 위한 지역의 자율성과 책임성이 최대한 보장되어야 한다는 측면에서 기존 중앙정부 중심의 중앙집권적 방식으로부터 지역 중심의 분권적 방식으로 지역정책의 패러다임 자체가 근본적으로 바뀌어야 한다. 물론 지역정책의 이러한 전환을 위해선 지방분권의 강화를 통해 실질적 지방자치가 실현되어야 하는 것은 당연하다. 따라서 지역이 주도하는 자립적 지역경제의 구축과 이를 기반으로 한 지역주도형 성장이라는 새로운 성장방식으로의 전환은 지역으로 경제력의 분산뿐만 아니라 권력의 분산까지를 포함한 한국사회 전체의 근본적 변화를 요구하는 과정이 될 수밖에 없다.

자립적이고 내재적인 발전을 추구해야 할 지역의 발전전략이 과거 대규모 투자를 전제로 한 국가주도형 성장전략을 지역적 수준으로 축소해 이식하거나 혹은 단순히 대자본의 투자를 유치함으로써 지역의 문제를 일거에 해결하려는 수준에 머물러선 안 될 것이다. 지역적 자립성의 토대가 되는 지역 내부의 경제적 네트워크와 경제적 생태계의 구축 없이 외부 자본의 대규모 투자에만 의존하는 이러한 발전방식은 결국 지역을 단순한 자본의 생산기지로 전락시키거나 지역 공동체의 삶을 시장의 경쟁논리와 이윤 획득을 목적으로 하는 자본의 논리에 종속시킬 것이기 때문이다. 내재적 발전이란 발전의 동인과 잠재성을 지역 내부에서 발견하고 이를 통해 지역경제가 성장해가면서 지역 내부의 발전 잠재성을 더욱 확장해가는 과정을 의미한다. 따라서 지역이 추구해야 할 자립적 발전 역시 근본적으로는 지역 외부의 시장과 자본으로부터 독립된 하나의 완결된 경제적 생태계를 끊임없이 추구해가는 과정이다. 이런 측면에서 보자면 지역의 자립적이고 내재적 발전을 위해 가장 중요한 것은 지역이 가진 발전 잠재성을 실현할 수 있는 지역의 고유하고 독립적인 경제적 생태계를 구성해가는 것이라 할 수 있으며, 바로 이러한 이유 때문에 지역의 자립적 발전을 위해 지역 스스로의 자발성과 창의성, 그리고 혁신성이 발휘되는 것이 무엇보다 중요해진다.

지역화폐는 지역의 공동체성을 강화함으로써 지역 스스로 발전을 위한 자발성과 창의성, 그리고 혁신성을 발휘하도록 하는 강력한 수단이 될 수 있다. 또한 지역화폐의 도입은 궁극적으로 발전을 위한 지역 내부의 사회적 자본을 창출하는 것을 목적으로 한다는 점에서 지역화폐가 갖는 효과를 단지 몇 가지 양적 성장지표로 환원해서도 안 될 것이다. 하지만 지역화폐가 갖는 이러한 본질은 반대로 지역화폐를 발행하는 공동체나 지자체가 지역 내 풀뿌리 경제에 기초한 풀뿌리 민주주의의 확장을 통해 지역의 자립적 공동체성을 어떻게 강화해갈 것인가에 관한 구체적 방향성을 갖지 못할 경우 지역화폐의 도입 그 자체는 지역발전에 매우 제한적 의미만을 갖게 될 것이란 사실을 함축하고 있다.

한국사회에선 이미 지역의 다양한 실험들이 시작되었다. 지역에서 시작된 이러한 변화가 한국사회 전체의 변화로까지 이어질지를 판단하려면 훨씬 더 오랜 시간을 기다려야 할 것이다. 그러나 한 가지 분명한 것은 지금껏 국가나 자본이 가지 않았던 길을 지역이 가고 있으며, 따라서 미래에 있어 한국사회가 좀 더 바람직한 상태로 고양되어 가기 위한 가장 강력한 대안은 지역에 있다는 점이다.

6

지역화폐와 금융지원

이기송

지역화폐와 금융지원의 범위

금융권에서 수행하고 있는 지역화폐와 관련된 지원으로는 크게 금전적 지원과 정책적 지원으로 나누어진다. 우선, 금전적 지원이란 금융회사가 온누리 상품권이나 지역화폐를 직접 구입하여 지역 내 침체된 경제 활성화와 어려움에 봉착한 소상공인 지원에 나서는 것을 말한다. 최근 국내 일부 시중은행이 지역화폐를 직접 구입하여 신종 코로나바이러스 감염증(이하 코로나19) 사태 발생으로 인해 지역 경제(지역 내 전통시장 및 골목 상권 등)의 활성화를 통한 소상공인들의 지원에 나서고 있는 것이 이에 해당한다. 다음으로, 정책적 지원은 지역화폐와 관련된 통화정책 지원과 지역금융정책 지원, 그리고 전자금융정책 지원 등을 들 수 있다.

통화정책 지원이란 지역화폐가 「여신전문금융업법(신용카드)」과 「전자금융거래법(지역화폐카드)」에 따라 현금과 동일한 성격을 지니게 된다는 점에서 지역화폐의 발행과 유통이 적정 수준으로 유지될 수 있도록 지원에 나서는 것을 말한다.

〈그림 6-1〉 **지역화폐와 금융지원 범위**

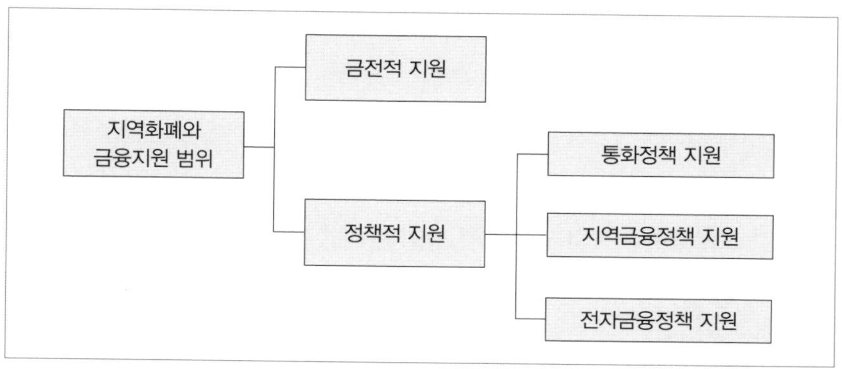

지역금융정책 지원이란 지역화폐를 지역 내에서 주로 사용한다는 점에서 사용 빈도의 증가와 사용처의 다양화 등을 통해 지역금융 활성화 정책을 마련하여 지원에 나서는 것을 말한다.

전자금융정책 지원이란 지역화폐가 「여신전문금융업법(신용카드)」과 「전자금융거래법(지역화폐카드)」의 적용을 받는다는 점에서 매장에서 실제로 사용 시 현금과 다른 차별 행위가 발생하지 않도록 정책을 마련하여 지원에 나서는 것을 말한다(〈그림 6-1〉).

지역화폐와 금전적 지원: 임직원 급여의 지역화폐 지급

최근 금융회사에서는 온누리 상품권과 지역화폐를 직접 구입하여 임직원들에게 급여 형태로 지급하고 있다. 특히, 일부 국내 시중은행은 코로나19 사태로 인해 위축된 지역경제 활성화에 도움을 주고, 전국 각 지역 내 전통시장 및 골목 상권을 살리기 위해 전국의 소상공인 지원에 나서고 있다.

대표적으로, 하나금융그룹은 2020년 3월에 온누리 상품권과 지역화폐 총 100억원을 구입하여 어려움에 놓여있는 전국의 소상공인을 지원함으로써 지역경제 살리기에 나서고 있다. 그룹 내 임직원들은 향후 6개월에 걸쳐 본인 급여 등의 일부를 온누리 상품권과 지역화폐로 지급받게 된다.

그러나 소상공인 지원을 통한 지역경제 살리기는 일부 시중은행만의 노력으로 이루어지는 것이 아니기에 다수의 동참이 요구되는 상황이다. 따라서 앞으로 금융회사의 급여지급 방식은 지금껏 현금 위주의 지급 방식에서 벗어나 보다 다양화된 형태로 변화를 도모할 필요가 있다.

이를 위해서는 금융회사 내부 규정 중에서 급여지급방식 관련 정책[1]의 변화가 우선적으로 시도되어야 할 것이다. 즉, 임직원들이 지급받는 급여는 현금뿐만 아니라 현금에 준하는 주식, 기타 온누리 상품권이나 지역화폐 등도 가능하도록 다양성 포괄방식으로 변화되어야 할 것이다. 급여의 일정 부분(약 20% 수준)을 지역화폐로 지급한다면 지역화폐 보유자들은 일정 지역 내에서 소비하여 지역경제 활성화에 기여할 수 있을 뿐만 아니라 내수경제 활성화에도 도움을 줄 것이다. 단기적으로 지역화폐를 가지고 은행 부채상환이나 주식·부동산 등에 투자할 수 없기에 개인들의 부채상환능력은 저하되어 빚에 의존한 투자는 줄어들게 될 것이다. 장기적으로 가계부채율도 낮아져 국가경제 역시 건강해 질 것이다.

결국, 지역화폐 지급은 기간에 제한을 두어 일시적·한정적인 이벤트성으로서가 아닌 지속적인 형태로 운영되는 가운데 또 다른 급여문화로 정착되도록 사회적 분위기 확산에 힘써야 할 것이다.

---

1 근로기준법에는 급여를 지급하는 방법이 규정되어 있다. 그 중의 하나가 '통화지급원칙'이다. "임금은 물품 등이 아닌 통화로 지급해야 한다. 다만, 법령 또는 단체협약에 특별한 규정이 있는 경우에는 통화 이외의 것으로 지급할 수 있다."고 규정되어 있다. 이 규정대로 급여를 지급하지 않은 자는 3년 이하의 징역 또는 2,000만원 이하의 벌금에 처해 진다.

〈그림 6-2〉 **금융회사의 소상공인 지원을 위한 급여지급 방식의 변화**

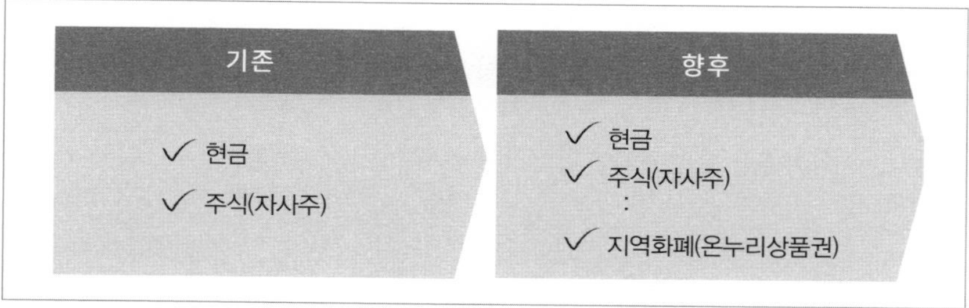

지역화폐와 정책적 지원

지역화폐의 현금성과 통화정책 지원

지역화폐는 기능상 '현금(cash)'과 동일한 성격을 지니고 있다. 그러나 우리가 통상적으로 '현금(cash)'이라고 일컫는 화폐와는 다르다. 현재 국내에서 발행되는 지역화폐 중에서 블록체인 기반의 시흥시 지역화폐(시루)와 김포페이·울산페이·성남화폐·영주화폐 등은 현금과 태환(兌換: conversion)이 가능하다는 점에서 현금과 동일한 기능을 수행하고 있다.

현금은 한국은행에서 법에 근거해 발행하는 은행권 화폐로, 지역적인 제한 없이 전국에서 두루 사용할 수 있다.

이에 비해 지역화폐는 해당 지역의 지자체장 권한으로 발행하게 되며 해당 지역 가맹점에서만 사용 가능하기에 다르다고 하겠다. 즉, 각 지자체가 지역화폐를 발행하게 되면 이를 해당 지자체 내 가맹점에서 현금처럼 사용할 수 있는 것이다. 이러한 지역화폐는 「여신전문금융업법(신용카드)」과 「전자금융거래법(지역화폐카드)」에 따라 현금과 동일한 성격을 지니게 된다.

〈표 6-1〉 **국내 지역화폐 유형**

지역화폐 유형					
목적별 유형	지역 공동체 활성화		지역 공동체 & 지역경제 활성	지역경제활성 & 골목상권	
블록체인 연계	블록체인 무관	블록체인 기반	블록체인 기반	블록체인 무관	블록체인 기반
대표 사례	대전 한밭레츠	노원화폐 (NOWON)	시흥화폐 (시루)	경기도 기타 지역화폐	김포페이/울산페이/성남화폐/영주화폐
현금과 태환 여부	태환 안됨	태환 안됨	태환 가능	태환 가능	태환 가능
특징	소규모 지역단위 물물교환	봉사/기부 등의 사회적 가치에 경제적 가치로 전환	민관이 협치하여 지역경제 활성화와 지역 공동체 활성화 위한 시도	기존 지류형 지역화폐나 최근 모바일 화폐로 발급	조폐공사/KT 지역화폐 전문 플랫폼 기반으로 지역화폐 발행
장/단점	• 정부/지자체 지원 예산과 별개 • 지속 가능 지역화폐 • 구성원간 신뢰 문제 • 활성화 구현이 어렵고 생태계 조성 어려움		• 정부/지자체 지원 예산에 의존 • 지역화폐 설계 및 추가적인 서비스 확장을 통해 지역 생태계 조성	• 정부/지자체 지원 예산에 100% 의존 • 정부/지자체 예산에 따라 영향 • 정부 예산 기반 정책 효과가 직접 나타남	

자료: 정책연구(2019), "블록체인 수용 및 융합 사례 [지역화폐 사례]", 비움소프트 주식회사

그러나 현재 「전자금융거래법」에서는 지자체의 지역화폐 발행 근거와 관련하여 지역화폐를 전자형태로 발행하는 것에 대해서 허용하는 규정이 따로 없다. 그래서 법률에 새로운 근거를 마련하거나 전자금융업자와의 제휴를 통해 발행해야 한다.

지자체의 지역화폐 발행은 정책적 발행과 일반적 발행으로 나누어 살펴볼 수 있다. 지역화폐의 정책적 발행은 정책상 필요한 지역에서 지역화폐를 발행하는 것을 의미한다. 예를 들어, 코로나19 사태가 발생하자 지자

체에서 지역화폐를 긴급재난지원금 또는 아동·저소득층 등에게 각종 복지 수당으로 제공하는 것이 이에 해당한다.

지역화폐의 일반적 발행은 누구나 구매 가능한 지역화폐로, 지자체가 제공하는 앱이나 지정된 은행 지점에서 실제 현금가치보다 더 할인된 금액으로 구입하는 것을 말한다. '지역사랑 상품권'으로 불리는 종이 상품권, 모바일 상품권을 위시해서 최근에는 QR 코드나 모바일 앱을 통한 간편결제 방식이 이에 해당한다.

지자체의 지역화폐 발행은 자치사무로 해석, 조례로 규율하는 것이 가능하나 화폐 수용성과 실질적 영향력 측면에서 '준 법정통화(準-法定通貨: quasi-legal tender)'[2]에 해당할 수도 있어 법률적 근거 마련이 바람직하다고 하겠다. 이에 지역화폐 발행 시 규제대상으로서가 아닌 지원대상으로 접근하여 지역화폐 활성화를 위한 법률 제정에 나설 필요가 있다. 지역화폐는 선불전자지급수단, 채권채무증서, 유가증권으로서의 성질을 지니게 된다. 이런 점에서 볼 때, 지역화폐 참가자들의 내부 법률관계는 기본적으로 대물변제계약 관계로 이해할 수 있다.

중앙은행이 지니고 있는 독점적 화폐발행 권한은 화폐 수용성, 화폐 디자인, 화폐 단위 명칭 등에 기초한 외양의 유사성 등을 중시하여, 이에 따라 침해 여부를 결정짓게 된다.

따라서 지역화폐가 엄청난 규모로 발행되지 않는 한 화폐유통 질서나 법정화폐의 신뢰성을 저해할 가능성은 그만큼 낮다고 볼 수 있다.

결국, 지역화폐의 발행·유통을 통해 지역에 돈이 돌게 되면 침체된 지역경제는 되살아나게 되고, 지자체의 조세 수입은 자연스럽게 늘어나게 될

2 '준-법정통화'는 법률상 강제통용력과 지불능력이 부여된 법정통화에 준하는 통화로서, 줄여서 '준-법화'로 불리기도 한다.

것이다.

한국지방행정연구원에서는 전국의 지역화폐 발행액과 승수효과에 기초한 다양한 유발액(인원)을 계산해 냈다. 동 연구원이 추산한 바에 의하면, 2019년 8월까지 전국에서 발행한 지역화폐 총 1조 8,000억원에 따른 생산 유발액은 약 3조 2,000억원, 취업 유발인원은 약 3만명, 부가가치 유발액은 약 1조 4억원으로 나타났다. 지역화폐의 승수효과는 부가가치 유발액 기준 0.76배, 생산 유발액 기준으로 1.78배에 달했다.

2019년 지역화폐 발행 지자체는 172곳으로서 2018년의 66곳에 비해 약 160% 이상 증가했다. 발행 규모 역시 3,700억원에서 3조 2,000억원으로 늘어났다. 문재인 정부는 '소상공인·영세 중소기업 지원정책'을 국정과제로 추진하고 있으며, 이의 하나로 지역상품권 발행을 권장하고 있다. 지방정부가 지역상품권을 복지정책과 연결하면서 지역화폐는 농어촌 지자체에서 서울, 수도권 등의 대도시로 확산되고 있다. 특히, 경기도의 경우 산후조리비, 청년배당 등 정책수당을 지역화폐로 지급하기로 하자 31개 모든 시·군에서도 지역화폐 발행에 착수했다.

행정안전부는 2020년 지역화폐 발행 지자체가 229곳으로 늘어날 것으로 예상하여 3조원 규모의 지역화폐를 발행하고자 4%대(1,200억원)의 발행비용 지원액을 편성했다. 코로나19 사태 발생 이후 어려움에 놓여 있는 지역경제를 활성화하고자 2020년 3월 추가경정을 통해 각 지자체에서는 4개월 동안 총 3조원 규모에 이르는 지역화폐를 추가 발행하도록 했다. 이에 따라 2020년 지역화폐의 최종 발행금액은 2020년 3월 30일 정부의 긴급재난지원금 발행 발표 등에 힘입어 10조원을 넘어설 것으로 예상된다.

이와 같이 코로나19가 장기화되는 상황에서 경기침체가 계속되자 각 지자체에서는 지역화폐의 할인율을 확대해 발행하고 있다. 특히, 긴급재난지원금을 지역화폐 등으로 지급하면서 자연스럽게 지역화폐가 활성화의

〈그림 6-3〉 **국내 지역화폐 발행규모 및 발행 지자체 수 추이**

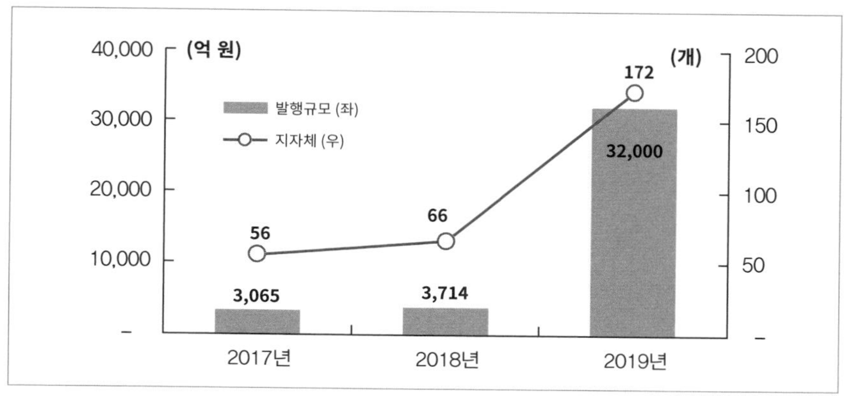

자료: 행정안전부

길로 접어 들고 있다.

특히, 경기도의 경우 지역내 도민 모두에게 재난기본소득을 10만원씩 지원하기로 발표한 이후 경기도 지역화폐의 발급 신청자 수는 60배 이상 증가했다. 이에 따라 신청 홈페이지가 다운되는 일이 벌어지기도 했다. 경기 시흥시에서는 '시루' 가맹점과 이용자 수가 폭발적으로 늘어났다. 가맹점 신청 건수는 일평균 50~100개 정도로 증가했으며, 지역화폐 앱 설치자 수는 2020년 4월 8일 기준으로 10만 명을 넘어섬으로써 전체 인구의 20% 수준에 이르게 되었다.

2020년 9월 6일 코로나19로 피해가 심한 소상공인이나 자영업자,[3] 실업자 등 취약계층에 대해서 2차 긴급재난지원금을 선별하여 지급하기로 최종 확정, 발표됨에 따라 추후 경기도 지역화폐의 발급 신청자 수는 더욱 빠

3 소상공인과 자영업자의 경우 집합금지 명령에 따라 고위험시설로 분류된 12개 업종이 우선 지원대상이다. 매출 급감 정도에 따라 차등화하여 지원금을 지급하는 방식을 적용할 예정이다. 가령, 최근에 사용한 신용카드 매출 감소 폭에 따라 등급을 정해 지원금을 지급하는 방식이다.

르게 늘어날 것으로 보여진다.

그러나 지역 내 소상공인 지원 등을 통해 지역경제 활성화를 도모하고자 만들어진 지역화폐는 장기 플랜 미흡에 의한 급격한 발행량 확대, 발행비용 증가에 따른 예산 부족, 저조한 사용 빈도 등으로 문제가 발생할 수도 있다. 지자체는 이러한 문제 해결을 통해 소득 재분배 효과를 달성시키기 위해 다음과 같은 지역화폐 정책을 추진해 나갈 필요가 있다.

지자체에서는 무엇보다도 먼저 무분별한 지역화폐 발행으로 세금 낭비가 발생하지 않도록 해야 함은 물론이고 적정량 사용을 유도하여 지역경제의 활성화라는 목표를 달성하도록 노력해야 한다. 이를 위해서는 첫째, 정확한 수요 예측으로 적정 수준의 발행량 확보에 나서야 할 것이다.

둘째, 지역화폐의 사용처를 확대해야 할 것이다. 사용 가능 점포 확대와 함께 온-오프라인 결제가 모두 가능하도록 해야 하며, 모바일 결제 방식에 의한 포인트 형태로의 전환 등도 고려해야 할 것이다.

그렇다면 과연 금융권에서는 어떻게 「여신전문금융업법(신용카드)」과 「전자금융거래법(지역화폐카드)」에 따라 현금과 동일한 성격을 지닌 지자체의 지역화폐 발행과 유통이 적정 수준으로 유지될 수 있도록 지원할 수 있을 것인가?

이 질문에 대한 해답은 지역화폐가 지자체간 무리한 경쟁으로 인해 과도하게 발행되지 않도록 유도할 수 있는 금융권의 '지역화폐 평가시스템' 구축에서 찾을 수 있을 것이다. 즉, 금융권에서는 지자체 간 지역화폐의 발행 정도와 유통 속도 등을 비교 분석하여 지역화폐가 적정수준에서 유지될 수 있도록 유도하는 평가시스템 구축이 필수적이라고 할 수 있다. 평가시스템 구축 시, 지자체의 지역 내 거주 인구 수와 사업체 수, 경제 상황 등의 주요 고려요소를 두루 반영하여, 지역화폐의 적정성과 유용성 등에 대해 객관적으로 측정·평가할 수 있어야 할 것이다.

결국, 금융권에서는 객관적이고 타당성을 지닌 '지역화폐 평가시스템' 구축을 통해 지자체의 지역화폐 발행과 유통이 적정수준에 머물 수 있도록 유도함으로써 지역경제의 활성화에 기여할 필요가 있다고 하겠다.

지역화폐와 지역금융정책 지원

지역금융정책 지원이란 지역화폐를 지역 내에서 주로 사용한다는 점에서 사용 빈도의 증가와 사용처의 다양화 등을 통해 지역금융이 활성화될 수 있도록 유도하는 것을 말한다. 추후 금융권에서는 1) 지역화폐의 운영 대행업무를 직접 수행하거나 2) 지역화폐 대행사와의 업무제휴를 통한 간접 지원사업 추진 등으로 지역금융 활성화에 더욱 적극적으로 나서야 할 것이다.

지역화폐의 운영 대행업무 직접 수행

우선, 금융권에서 기존 고객의 이탈 방지와 신규 고객의 유치·확보 등을 통해 지역 내 영업력을 강화할 수 있다는 점에서 코로나19 사태 이후 지역화폐의 운영 대행업무 직접 수행에 나서고 있는 것을 그 예로 들 수 있다.

DGB대구은행은 2020년 7월에 출시된 대구광역시 지역화폐 '대구행복페이'의 운영을 대행하고 있다. '대구행복페이'는 모바일 앱 기반 충전식 선불카드로서 지역 자금의 역외유출 방지 및 지역경제 활성화 차원에서 대구지역에서만 사용할 수 있다. '대구행복페이'의 연 발행 규모는 1,000억원에 이르며, 시민은 대구은행 지점이나 모바일 앱을 통해 충전식 선불카드를 구입하여 이용할 수 있다. 만 14세 이상이면 주소지에 상관없이 누구나 구입하여 1인당 월 50만원까지 충전할 수 있다. 이용 시 7~10%의 할인율을 적용받을 수 있다. 특히, 발행 후 4개월 동안(2020. 6~9월) 10%의 특별할인율이 적용됨으로써 충전 및 구매 시에 10%의 선 할인이 가능하다. 10월 이후부터는 7%의 일반할인율이 적용된다.

또한, 하나은행도 공개 입찰 경쟁에서 코나아이, NH농협은행, KIS정보통신 등의 타 업체를 제치고 대전광역시의 지역화폐인 '온통대전'의 운영 대행사로 선정되었다. '온통대전'은 2020년 5월 14일에 출시된 이후 불과 일주일 만에 62억원 가량 판매됨으로써 양호한 실적을 달성하였다. '온통대전'은 하나은행 지점이나 모바일 앱을 통해 신청하면 이용 가능하다. 동 지역화폐의 발행 규모는 5,000억원이다. 1인당 월 100만원까지 충전할 수 있으며, 두 달동안 최대 15%의 캐시백 혜택을 제공한다. 백화점·대형마트, 사행·유흥업소, 타 지역에 본사를 둔 직영점 등을 제외하고 대전시의 모든 점포에서 발행일부터 5년에 걸쳐 사용할 수 있다.

지역화폐 대행사와의 업무제휴를 통한 간접 지원사업 추진

또한 금융권에서는 지역화폐 대행사와의 업무제휴를 통해 간접적으로 지역화폐를 지원하는 사업에 나서고 있다. 하나카드, NH농협카드 등 카드사는 부산(동백전), 익산(다이로움), 세종(여민전)[4] 등의 지역화폐를 대행하는 KT와 업무협약을 체결, 운행 대행을 수행 중이다. KT의 운영 대행 지역에서 오프라인으로 지역화폐를 발급받기 위해서는 하나은행, NH농협은행 지점을 방문하여 신청과정을 거치면 된다.

이와 같이 금융회사들이 지역금융정책 지원사업을 통해 지역화폐 시장으로의 진입을 서두르는 이유는 무엇일까? 그 이유는 정부의 자영업자 매출 증대를 위한 지역화폐 발행 확대 분위기[5]에 힘입어 지역 영업력을 강

4 세종시 여민전의 경우, 2020년 6월 판매분(60억원)이 불과 3시간만에 종료되는 상황에 이르렀다.

5 정부는 2018년 말에 자영업자의 매출을 증대하고자 2022년까지 18조원 규모의 지

화하기 위해서이다. 지역화폐는 선불카드, 체크카드 등의 방식으로 지급되며, 충전된 잔액이 모두 소진된 후 초과 사용한 금액에 대해서는 개인 계좌를 통해 결제가 이루어지게 된다. 체크카드 연결 계좌는 대부분 은행에 개설되어 있어, 은행 입장에서는 체크카드 연결 계좌[6]를 통해 지방 영업력의 약세를 일부 보완할 수 있다. 카드사에서도 지역화폐와 연계된 체크카드 사업 추진을 통해 회원을 유치하기 위한 채널 확보 및 지방에서의 사업 다각화를 도모할 수 있다.

요컨대, 지역화폐는 선불카드, 체크카드 등의 방식으로 지급되는 데다 주로 동일 계열은행 계좌와 연결되어 있다 보니 이용고객을 해당 금융회사에 락인(lock-in: 묶어두기)시키는 효과를 지니게 된다.

지역화폐와 전자금융정책 지원

전자금융정책 지원이란 지역화폐는 「여신전문금융업법(신용카드)」과 「전자금융거래법(지역화폐카드)」의 적용을 받는다는 점에서 매장에서 사용 시 현금과 다른 차별 행위가 발생하지 않도록 정책을 마련하여 지원에 나서는 것을 말한다.

그러나 지역화폐를 실제로 매장에서 사용하는 경우 현금과 달리 부가세나 수수료 명목으로 웃돈을 요구하거나 동일한 물건에 더 높은 가격을 요구하는 등 차별 행위가 발생[7]할 수 있다.

역화폐를 발행하겠다고 발표했다.

6 같은 계열은행 계좌 연결은 하나카드이면 하나은행, 국민카드이면 국민은행 계좌와 연결하는 형태를 지닌다.

7 일례로 경기도의 수원·용인·화성 지역에서는 신용카드로 받은 재난기본소득으로 결제한 시민들에게 현금과 달리 부가세 명목으로 10%를 더 요구, 수수료 명목으로 5~10%의 웃돈을 요구, 동일한 물건에 더 높은 가격을 요구하는 등의 사례가 실제

이러한 행위는 작은 이익을 얻기 위해 소비자를 우롱하는 처사로서 소상공인과 자영업자에게 도움을 주기 위한 지역화폐제도 존립의 정당성을 훼손하는 불법 행위[8]이기도 하다. 따라서 '새롭고 공정한 세상'을 구현하기 위해서는 선량한 다수의 자영업자와 소비자들을 기본적으로 보호할 필요가 있다고 하겠다.

이런 점에서 최근 코로나19 사태 발생으로 위기에 처해 있는 소상공인을 살리고 경제에 숨통을 틔워주기 위해 지급한 지역화폐를 중고시장에서 할인(깡)을 시도하는 행위[9]는 문제가 아닐 수 없다. 이와 같이 지역화폐의 할인 행위가 발생하게 되면 재난기본소득 지급의 정당성 훼손과 정책적 불신 초래는 물론 지역화폐나 기본소득을 반대하는 입장에 서 있는 사람들에게 정치적 공격의 논거를 제공해 주게 된다.

코로나19의 위기를 넘어 모든 사람들이 '더불어 행복한 삶'을 누리기 위해서는 어떤 형태로든지 지역화폐의 할인 매매행위는 반드시 근절되어야 한다고 할 수 있다.

지역화폐의 부정행위를 방지하기 위한 하나의 방법으로 블록체인에 기반한 지역화폐 발행을 생각해 볼 수 있다. 이런 점에서 시흥시의 지역화폐인 '시루'는 우리에게 시사하는 바가 크다고 하겠다.

시흥시에서는 2018년에 지류형 지역화폐인 '시루'를 발행하여 사용했으나 지류형 화폐의 문제점(지류형 화폐 발행 및 운영비가 발행액의 10% 수준, 위변조 방지를 위한 방지기술, 화폐 깡 문제, 지역화폐에 대한 데이터

로 발생하여 세무조사에 착수

8 행안부에서는 '지역사랑상품권 이용활성화법'을 제정, 불법적으로 지역사랑상품권을 되판 사람에게 2,000만원 이하의 과태료를 부과하고 있다. 동 관련법은 2020년 7월 2일부터 시행 중이다.

9 이는 전자금융거래법 제 6조 및 49조 4항 1호(양도나 양수) 및 4호(양도·양수를 위한 광고)에 따라 최고 징역 3년과 벌금 2,000만원을 부과하는 처벌을 받게 된다.

〈그림 6-4〉 **국내 지역화폐의 블록체인 적용 여부**

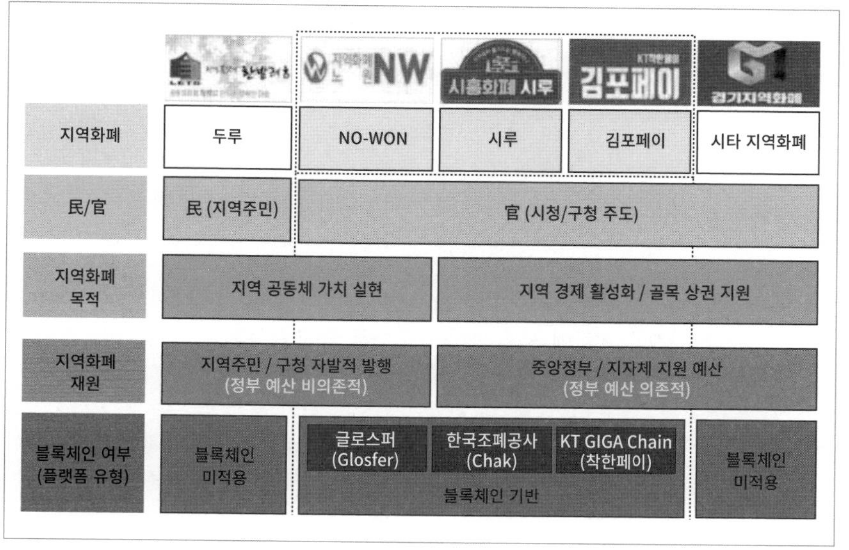

김포페이
시흥화폐 시루
경기지역화폐
지역화폐
두루
NO-WON
시루
김포페이
시타 지역화폐
民/官
民 (지역주민)
官 (시청/구청 주도)
지역화폐 목적
지역 공동체 가치 실현
지역 경제 활성화 / 골목 상권 지원
지역화폐 재원
지역주민 / 구청 자발적 발행 (정부 예산 비의존적)
중앙정부 / 지자체 지원 예산 (정부 예산 의존적)
블록체인 여부 (플랫폼 유형)
블록체인 미적용
글로스퍼 (Glosfer)
한국조폐공사 (Chak)
KT GIGA Chain (착한페이)
블록체인 기반
블록체인 미적용

수집 및 통계 어려움 등)이 계속 제기되자 이러한 한계를 극복하기 위해 블록체인 기반의 모바일 화폐를 발행하게 되었다.

지류형에서 Digital 방식으로 바뀌면서 발행 및 운영 비용이 크게 절감되고, 위변조 방지 및 부정 유통 문제(깡 문제 등)를 해결하게 되었다. 블록체인 기술을 서비스(인증 등)에 활용하여 다양한 파생 서비스로의 확장도 가능해 졌다. 예를 들어, 동네에서 직접 만나 시루로 결재하는 지역상품 쇼핑몰, 사회적 기업제품, 중고거래 플랫폼을 탑재해 시루를 통해 구매하도록 하는 등 '시루' 앱에 공동체적 성격을 강조한 다양한 기능을 탑재하였다.

그러나 지역화폐 기반 운영 플랫폼(Chak)이 외부 업체(조폐공사)에 의해 이루어지고 있어, 플랫폼 통제 및 서비스 확장에 한계를 지니고 있는 것도 사실이다. 지역화폐의 발행 및 운영은 전통적인 시스템 방식을 유지하면서, 트랜잭션의 해쉬(Hash) 값만 블록체인에 올려 위변조 확인용으로 활

〈표 6-2〉 **블록체인에 기반한 시흥 지역화폐(시루)의 문제점 및 해결방안**

구분	도전	문제점	해결방안
기술 (Technology)	• 기존 지류형 지역화폐 발행 시 위변조 방지 기술 (홀로그램, 위변조 방지 잉크) 도전 및 관련비용 • 기존 지류형은 인증 기능이 없어, 지류형 지역화폐 기반 추가적 서비스 확장에 한계	• 외부업체(조폐공사) 플랫폼 운영에 따른 통제 및 서비스 확장에 한계 • 블록체인 인프라 활용의 한계성(트랜잭션의 Hash 값을 Anchoring 방식으로 처리, 위변조 여부 확인용으로만 활용)	• 자체적인 플랫폼 구축 시 초기비용 발생 및 시의회 승인여부 미지수 • 트래잭션 Hash값 만을 블록체인에 올려 위변조 여부 및 블록체인 기반 인증 서비스 이용, 서비스 확장 예정
경영 (Business)	• 시흥시 주변 대형 상권 도시(서울, 부천, 안산, 광명) 영향으로 지역경제 및 골목상권의 심각한 경제침체 • 지자체 예산에 기반한 지역화폐로 지속 유지에 한계 • 기존 지류형 화폐 발행 및 운영상 높은 비용및 비효율성(위조, 깡 등)	• 지자체 예산 기반 한계성 및 부가가치 창출 및 활용에 어려움 • 시흥시의 행정관련 업무만 담당, 조폐공사의 플랫폼 및 인프라 운영에 따른 운영상 한계 • 가맹점 선정 대상 범위의 어려움(편의점도 가맹점 대상 희망하지만 제외)	• 새로운 부가가치 창출을 위해 지역화폐 플랫폼에 지역상품 쇼핑몰 연계 방안 검토 • Chak 플랫폼 확장 방안에 대해 지속적 협의(발행위 분과 활동) • 민관 협의체인 '발행위원회'에서 충분한 심의 논의 과정을 거쳐 가맹점 선정 대상 결정
정책 (Policy)	• 시흥시 60%가 아직 그린벨트로 묶여 있어, 지역경제 활성화에 정책 한계 • 기존 지류형 지역화폐 통계 및 이력정보 수집이 어려워 지역화폐 관련 효과성 분석 및 정책 설정 곤란	• 기존 지역화폐의 중앙 및 자자체의 예산 지원 여부 및 규모에 전적으로 의존하는 구조적 한계로 사업의 지속성에 대한 고민 • 지역화폐의 효과성 분석 부재에 따른 정책 개선방향 연결 미흡	• 민관 공동 의결 기구인 발행위원회 산하 분과 활동 (공동체 분과, 지역경제 분과)을 통해 생태계 조성 방안 강구 • 1년간 데이터 기반 효과성 연구 용역을 진행후, 향후 3년간 시행 효과성 분석 (사회연결망 분석 시도)

용[10]되고 있다. 이에 블록체인 플랫폼 기반으로 다양한 부가 서비스 창출 및 활용에 한계가 나타나고 있다.

조폐공사의 경우, 시흥시 지역화폐뿐만 아니라 성남화폐, 영주화폐 등 추가적인 지역화폐를 모두 서비스하고 있어 지역별로 차별화된 서비스 및 기능 확장에 한계를 지니고 있다. Chak에서 제공하는 기반 서비스, 기능 활용 및 기타 서비스 등은 다른 지역화폐에도 동일하게 서비스되고 있다. Chak은 LG CNS의 모나체인(Monachain)에 기반하고 있어, 조폐공사의 입장에서도 플랫폼 운영에 한계점이 내포되어 있는 것이다. 시흥시는 신뢰보장 기술인 블록체인을 지역화폐에 다각도로 활용하기 위해 '블록체인 기반 인증' 기능[11]을 구축하여 지역화폐의 부가가치 서비스 확장에 활용할 계획이다.

한국에서 블록체인 기술은 지속적인 연구를 통해 성숙단계에 접어 들었으나, 법과 제도는 아직도 초기단계에 머물고 있다. 블록체인에 기반한 국내 지역화폐의 도입 사례를 법·제도 측면에서 살펴보면, 기존법과 충돌되거나 근거법이 부족하거나 새로운 규제에 가로막히거나 국제법 제재 대상이다. 한마디로, 법과 제도 개선의 필요성을 논의하면서도 정확하게 어떤 법들이 어떻게 충돌되고 있는지, 직간접적으로 어떻게 영향을 주고 받는지 등에 대한 이해가 부족[12]한 상황이다. 따라서 금융권에서는 전자금융거래법과 전자서명법이 블록체인과 관련하여 현행법과의 충돌내용이 어떻게 달라지는지 예의 주시함으로써 향후 개인정보 보호 및 보안·인증 업무 등에서 저촉 사항이 발생되지 않도록 만전을 기해야 할 것이다.

---

10 시흥시는 행정관련 업무만 시흥시청에서 관리할 뿐, 지역화폐 플랫폼 및 인프라는 모두 외부의 조폐공사 클라우드 및 Chak을 활용하며, 위탁운영에 따른 지역화폐발행액 대비 일정금액을 위탁업체인 조폐공사에 지급하고 있다.

11 사용자별 인증기능이 블록체인에 추가될 경우, 쇼핑몰 등의 상업 서비스뿐만 아니라 공공서비스 업무도 가능하게 된다.

12 기존법과 충돌, 근거법 부족, 새로운 규제 방안, 글로벌 규제/법 등

〈표 6-3〉 금융회사의 블록체인과 관련 법률 충돌 내용

구분	현행 법률	블록체인과 현행법 충돌 내용
전자금융 거래법	'전자금융거래법' 22조 2항: 금융회사 등은 제1항에 따라 보존하여야 하는 기간이 경과하고 금융거래 등 상거래 관계가 종료된 경우에는 5년 이내에 전자금융거래기록(신용정보의 이용 및 보호에 관한 법률에 따른 신용정보는 제외한다. 이하 이 항에서 같다)을 파기하여야 한다. 다만, 다음 각 호의 경우에는 그러하지 아니하다.	전자금융거래법뿐만 아니라 개인정보보호법,정보통신망법은 개인정보를 사용한 이후에는 폐기해야 한다고 규정하고 있지만 블록체인은 기술적 특성상 블록체인에 일단 등록된 Data는 삭제가 불가능하다.
전자서명법 효력	'전자서명법' 2조 3항: 공인전자서명'이라 함은 다음 각목의 요건을 갖추고 공인인증서에 기초한 전자서명을 말한다. 가. 전자서명 생성정보가 가입자에게 유일하게 속할 것 나. 서명당시 가입자가 전자서명 생성정보를 지배·관리하고 있을 것 다. 전자서명이 있은 후에 해당 전자서명에 대한 변경 여부를 확인할 수 있을 것 라. 전자서명이 있은 후에 해당 전자문서의 변경 여부를 확인할 수있을 것	전자서명법에 따른 공인전자서명으로 인정받기 위해서는 "서명 당시 가입자가 전자서명 생성정보를 지배·관리하고 있어야 하는데, 블록체인기술을 이용한 전자서명이 위 요건에 해당하는지 논란이다.

자료: 전자금융거래법

지역화폐와 지자체의 금융 지원책

한편 각 지자체에서는 지역 내수경제의 활성화를 위해 지역화폐 발행 시 다음과 같은 금융 지원책 마련에 중심을 두어야 할 것이다.

지역화폐는 지역 내에서 주로 사용한다는 점에 착안하여 사용 빈도의 증가와 사용처의 다양화에 목표를 둔 지역금융 활성화 정책을 마련, 이를 추진해 나가야 할 것이다. 즉, 지역자금의 유출 최소화, 소비와 유통의 촉진 등으로 지역경제를 활성화할 수 있도록 금융 지원책을 마련해야 할 것이다.

이러한 정책 추진 하에서 지속적인 피드백을 통해 실용성 강화에 주력하는 가운데 지역사회와 국가 경제에 기여하도록 해야 할 것이다.

지역금융정책은 지역 내 거래, 생산 및 소비를 증가시켜 지역의 일자리를 창출하고, 이것이 다시 지역 내 소비를 유발하여 확대 재생산과정을 거치는 선순환 구조 형성에 초점을 맞추어야 할 것이다.

결국, 각 지자체에서는 지역화폐와 지역사회에 필요한 금융정책을 함께 활용하는 방안을 강구함으로써 경제적 측면과 비경제적 측면에서 다양한 긍정적 효과를 도모하도록 해야 할 것이다.

지역화폐의 금융 서비스 경쟁력 제고방안[13]

편리성 측면

현금을 대신해서 지역화폐를 사용하더라도 지역 내 소비가 급격하게 늘어나는 것은 아니다. 더군다나 '현금 없는 사회(cashless society)'를 목전에 두고 있는 현 상황에서 하루가 다르게 '새로운 지불결제(new payment settlements)' 서비스가 등장하고 있다.

요즘 같은 시대에 지역화폐가 보관과 사용이 불편한 종이(지류형) 상품권 형태로 발행되어, 제한된 권역 내에서 오프라인 구매만을 허용한다면 금융 경쟁력 제고는 사실상 요원하다고 하겠다.

Non-Digital 형태인 기존 지류형 지역화폐의 경우 종이 형태로 발행되다 보니 발행 및 유통과정에서 다양한 데이터 수집과 이력관리에 어려움이

13 http://it.chosun.com/site/data/html_dir/2019/05/27/2019052703088.html

발생하게 된다. 이러한 문제점으로 인해 지류형 지역화폐는 관련 데이터 축적이 부족할 뿐만 아니라 활용 역시 어려운 상황이다.

바로 이런 점으로 인해 지역화폐의 기능과 역할에 대한 근본적인 변화가 요구된다. 지역화폐의 금융 서비스 경쟁력 제고를 위해서는 무엇보다도 먼저 지불결제 서비스로써 현금이나 카드결제가 지니지 못한 지역화폐만의 장점을 보유해야 한다. 그러기 위해서는 추후의 지역화폐 형태는 지류형에서 디지털 형태로 바꿔 웹(온라인)과 앱(모바일)에서 모두 이용할 수 있도록 설계하는 게 관건이라고 할 수 있다.

디지털 형태의 지역화폐는 휴대와 이용이 간편해서 분실 우려가 없는 데다 결제 편의성도 보장받을 수 있다. 추가 구매를 하더라도 모바일 지갑에 바로 적립할 수 있는 데다, 잔액 확인과 할인 적용 등 각종 부가서비스도 한꺼번에 적용되어 상당히 쉽게 이용할 수 있다.

게다가 지역화폐를 디지털 방식으로 전환하면 발행 비용도 지류형에 비해 절반 이하로 낮출 수 있다. 지역화폐의 전체 사용 이력 역시 실시간(real time)으로 추적할 수 있어 관리도 용이하다. 이를 달리 해석하면, 지역화폐가 언제(when)·어디서(where)·어떻게(how) 사용되었는지를 실시간으로 파악할 수 있어 지역화폐의 정책효과 분석과 문제점을 용이하게 파악할 수 있다는 장점도 있다.

아울러 지역화폐 사용량의 정확한 데이터에 근거해 발행 규모를 적절하게 관리할 수 있게 된다.

확장성 측면

지역화폐가 확장성을 지니려면 디지털 형태로의 발행은 필수적이라고 할 수 있다. 왜냐하면 미래의 지역화폐는 오프라인뿐만 아니라 온라인에서도 자유롭게 이용할 수 있어야 하기 때문이다.

미래의 지역화폐는 해당지역의 지방세 및 범칙금을 비롯한 각종 편의시설과 문화시설 이용 시에도 사용할 수 있도록 역내 통합 결제화폐로 기능을 확대해야 한다. 이렇게 되어야만 지역화폐를 통해 지역 내 순환경제를 구축할 수 있다. 게다가 지역화폐에 기반한 지방행정 서비스 이용료 결제 시 각 지자체의 행정 서비스도 가격 경쟁력을 지닐 수 있게 된다. 특히, 블록체인 인증 서비스와 연계한 플랫폼(platform)이 구축될 경우 훨씬 다양한 서비스를 이용할 수 있다.

다음으로 해결해야 할 과제는 다양한 지역화폐를 연결해 줄 수 있도록 통합플랫폼 구축을 통한 온라인 공간의 마련이 필요하다. 현행 지역화폐의 가장 커다란 문제점의 하나는 유통권역이 지역 내에 국한되어 물리적으로 사용 공간이 협소하다는 데 있다. 권역 안과 밖 모두에서 사용할 수 있도록 지역화폐의 공간을 전국으로 확장하는 것은 지역화폐 활성화에 가장 중요한 핵심요소라고 할 수 있다.

이 때, 해당 권역 지역화폐를 이용할 경우 상품권 구매과정에서 제공했던 일정 수준의 할인은 결제 단계에서 제공하는 방식으로 추진하면 된다. 예를 들어, 특정지역의 지역화폐를 정해진 지역 내에서 이용할 경우 1만원권 상품을 9,000원에 구매할 수 있도록 할인해주는 것이다. 해당 지역을 벗어나게 되면 할인 없이 정액 그대로 결제하도록 하면 된다.

그러기 위해서는 전국의 모든 지역화폐를 등가 교환할 수 있는 디지털 지역화폐의 통합플랫폼 구축이 반드시 선행되어야 한다. 할인율을 적용받고자 하는 이용자는 동 플랫폼에서 방문지역의 지역화폐를 구매하거나 교환할 것이다.

결국, 미래의 디지털금융시대에 부합하는 화폐는 교환가치와 교환방식을 함께 제공해야 할 것으로 보여진다. '지불 결제 서비스를 장착한 돈', 그

〈그림 6-5〉 **지역화폐의 편리성 및 확장성 측면의 해결 방안**

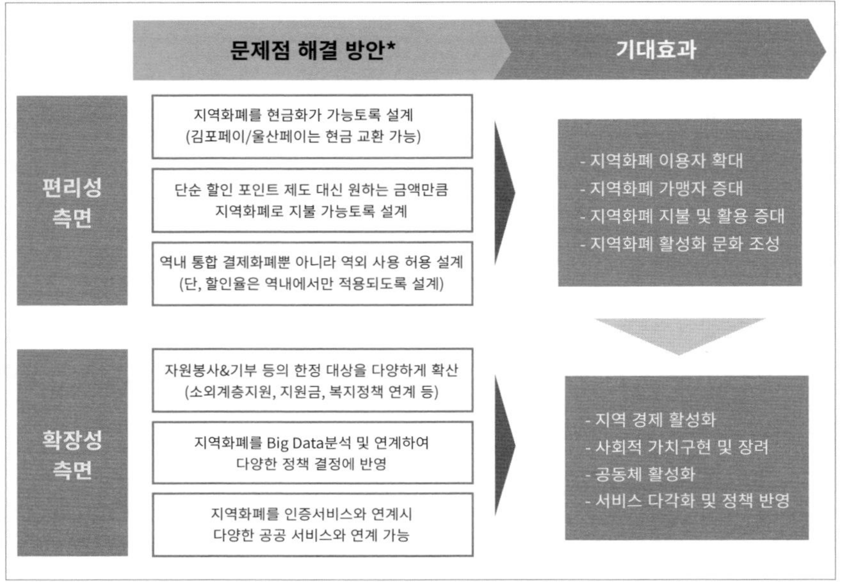

자료: IT조선 '최화인의 디지털경제'(http://it.chosun.com/site/data/html_dir/2019/05/27/2019052703088.html)

것이 미래 화폐의 기본적인 모습이라고 정의한다면 지역화폐도 여기서 예외일 수 없을 것이다.

따라서, 우리에게 다가올 미래의 지역화폐는 금융 서비스 경쟁력을 기본적으로 제고해야 하며, 이는 지불결제의 편의성과 확장성을 동시에 제공해야만 가능하다고 하겠다.

요약정리

금융권에서 수행하고 있는 지역화폐와 관련된 지원으로는 크게 금전적 지원과 정책적 지원으로 나누어 살펴볼 수 있다.

우선, 금전적 지원이란 금융회사가 온누리 상품권이나 지역화폐를 직접 구입하여 지역 내 침체된 경제 활성화와 어려움에 처해 있는 소상공인 지원에 나서는 것을 말한다. 최근 국내 일부 시중은행이 지역화폐를 직접 구입하여 신종 코로나바이러스 감염증(코로나19) 사태 발생으로 인해 지역경제(지역 내 전통시장 및 골목 상권 등)의 활성화를 통한 소상공인들의 지원에 나서고 있는 것이 이에 해당한다.

다음으로, 정책적 지원은 지역화폐와 관련된 통화정책 지원과 지역금융정책 지원, 그리고 전자금융정책 지원 등을 들 수 있다. 통화정책 지원이란 지역화폐가 「여신전문금융업법(신용카드)」과 「전자금융거래법(지역화폐카드)」에 따라 현금과 동일한 성격을 지니게 된다는 점에서 지역화폐의 발행과 유통이 적정수준에서 유지될 수 있도록 지원에 나서는 것을 말한다.

지역금융정책 지원이란 지역화폐를 지역 내에서 주로 사용한다는 점에서 사용 빈도의 증가와 사용처의 다양화 등을 통해 지역금융 활성화 정책을 마련하여 지원에 나서는 것을 말한다.

전자금융정책 지원이란 지역화폐가 「여신전문금융업법(신용카드)」과 「전자금융거래법(지역화폐카드)」의 적용을 받는다는 점에서 매장에서 실제로 사용 시 현금과 다른 차별 행위가 발생하지 않도록 정책을 마련하여 지원에 나서는 것을 말한다.

한편 각 지자체에서는 지역 내수경제의 활성화를 위해 지역화폐 발행 시 다음과 같은 금융 지원책 마련에 중심을 두어야 할 것이다.

지역화폐는 지역 내에서 주로 사용한다는 점에 착안하여 사용 빈도의 증가와 사용처의 다양화에 목표를 둔 지역금융 활성화 정책을 마련, 이를 추진해 나가야 할 것이다. 즉, 지역자금의 유출 최소화, 소비와 유통의 촉진 등으로 지역경제를 활성화할 수 있도록 금융 지원책을 마련해야 할 것이다.

지역화폐의 금융 서비스 경쟁력 제고를 위해서는 무엇보다도 먼저 지불 결제 서비스로써 현금이나 카드 결제가 지니지 못한 지역화폐만의 장점을 보유해야 한다. 그러기 위해서는 추후의 지역화폐 형태는 지류형에서 디지털 형태로 바꿔 웹(온라인)과 앱(모바일)에서 모두 이용할 수 있도록 설계하는 게 관건이라고 할 수 있다.

이러한 설계 하에서 우리에게 다가올 미래의 지역화폐는 지불 결제의 편의성과 확장성을 동시에 제공함으로써 금융 서비스 경쟁력을 제고할 수 있다고 하겠다.

지역화폐의 운용사례

양준호

세계 지역화폐의 유형별 운용현황

공동체 활성화형

LETS(지역화폐의 원형, 캐나다)

LETS에 관한 내용은 이점순·양준호(2020) 논문의 내용을 수정, 보완한 것이다. LETS(Local Exchange Trading System)는 오늘날 전 세계에 퍼져있는 지역화폐의 대표적 모델로, 1983년 캐나다 브리티시 컬럼비아 주에 있는 코목스밸리에서 마이클 린튼(Michael Linton)에 의해 시작되었다. 당시 경기침체로 지역 내에서 법정화폐의 유동성이 크게 부족한 상황에서 법정화폐를 통하지 않은 재화와 서비스 거래를 통해 실업자 등에게 도움을 주기 위해 도입되었다(양준호, 2019a).

단위는 녹색달러(Green Dollar)이며, 녹색달러 1달러는 1 캐나다 달러와 등가를 가진다. 녹색달러는 법정화폐로 교환할 수 없으며, 각자의 잔액은 참가자 상호 간의 거래에 따라 변동한다. 거래 시에 제품을 제공한 자는

〈그림 7-1〉 LETS 화폐의 순환 구조

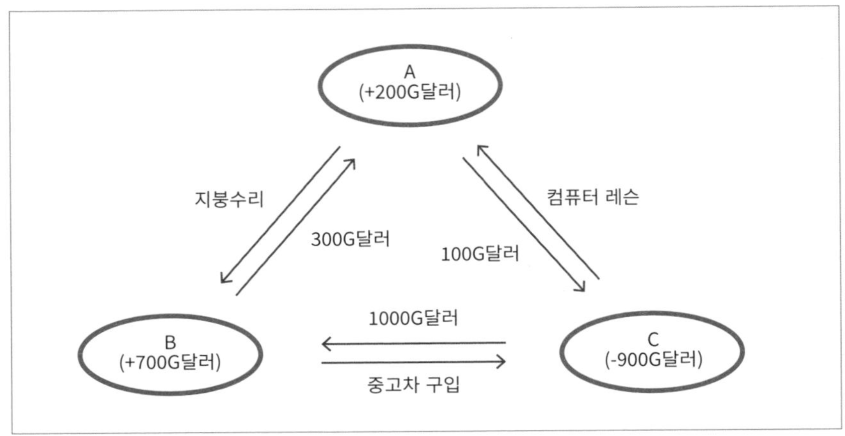

자료: 西部(2001: 50) 자료를 근거로 필자작성.

자신의 계좌에 플러스(+)로 기장하고, 제공받은 자는 자신의 계좌에 마이너스(−)로 기장한다. 쌍방 거래로 인해 시스템의 계좌 총합은 항상 '0'이 되는 구조이며 '−'포인트에 대해서는 이자가 부과되지 않고 상환의무도 없어 회원 간 신뢰가 필수적으로 요구된다.

〈그림 7-1〉은 LETS 화폐의 순환 구조를 나타낸 것이다. 〈그림 7-1〉에 나타냈듯이 A, B, C 3명의 참가자 전원은 모두 잔액이 제로 상태에서 시작한다. A가 B에 대해 어떤 제품과 서비스를 제공하면 B는 A에 대해서 그 답례로 지역화폐를 건네준다. 만일 그 값이 300이었다고 하면 그 시점에서 A는 +300, B는 −300이 기록된다. 이후 수차례에 걸쳐 참가자 간 거래가 이루어졌다고 해도 참가자 전원의 잔액 합계는 항상 제로가 되는 구조이다.

또한 LETS에서는 자원봉사 활동이나 상호 부조에 대한 대가를 법정화폐로 환전해서는 안 된다는 인식이 강했으며, 각자의 계좌 잔액은 어떤 집단 내에서의 자신과 타인의 대차(貸借)관계를 나타낸 것이었다. 이처럼 주고받는 대차관계는 단기적으로는 당사자 간 일방적인 대차관계라고 하더라도 장기적으로 인간관계상의 너무 빌리고 빌려주는 불균형 상태를 시정하려는 행동원리가 작동한다(藤森, 1983: 13). 그렇지만 시장경제 시스템 하에서의 행동 원리는 균형화를 도모하기보다는 이익의 극대화를 목표로 하고 있어 경제적 가치관과 사람들 간의 호혜적 관계에 의한 가치관은 이질적인 것이다. 따라서 종래대로 법정화폐를 사용하면서 어떤 집단 내에서의 특정 거래에 LETS를 활용하고자 한 것이다.

그 후 LETS 시스템은 영국, 호주, 미국, 프랑스 등 세계 여러 지역으로 확산되었다. 마이클 린튼에 의해 도입된 LETS는 본래 지역경제 활성화를 목표로 한 것이었지만, 영국, 호주, 프랑스에서는 지역공동체의 복원에 그 목적을 두었다.

Time Dollar(시간위탁제도, 미국)

Time Dollar는 1980년 에드가 칸(Edgar Cahn)이 제창한 시간 단위형 지역화폐로서. '이 세상에 도움이 되지 않는 사람은 없다'라는 인식에서 출발하였다. 각 주민들은 자신의 취미 또는 특기에 맞는 봉사활동을 지역주민들을 위해 제공하는 대가로 Time Dollar를 지급받고, 또 이후에는 자신이 적립해 놓은 Time Dollar를 지불하여 자신이 필요한 사회서비스를 구매할 수 있는 지역사회 중심의 네트워크 시스템이다.

Time Dollar는 법정화폐로 교환할 수 없으며, 거래 단위는 1시간 동안의 지역사회 봉사 활동이다. 예를 들어 지역사회 내에서 봉사활동(1시간)을 한 경우 1 Time Dollar를 얻는 방식으로 시간당 노동의 가치는 동일한 것으로 간주한다.

Time Dollar의 특징은 비시장적 상품의 거래가 중심이며, 유통범위도 좁다. 법정화폐의 기능을 보완하기 보다는 시간 단위의 화폐를 이용해 자원봉사나 호혜적 관계의 거래에서 활용한다. Time Dollar는 시간을 축적하는 방식의 지역화폐이다. 실제로 Time Dollar의 보급에 있어서는 활동에 참여해 시간을 축적함과 동시에 그 축적된 시간을 쌓아두기보다 소비하도록 유도하고 있지만, Time Dollar의 본질은 자원봉사 서비스를 다른 시점에서 교환하는 것이며, 화폐 기능면에서는 저축의 기능을 갖는다. 앞서 언급한 LETS형과 비교하면 화폐의 유통속도를 높이겠다는 인식은 낮다. Time Dollar형 지역화폐는 지역경제를 활성화한다는 목적이 아니라 참가자 간에 상품을 유통시킴으로써 장기적으로 서로의 과부족을 해소하는 것과 그 과정을 통해 커뮤니티 내부의 사람과 사람 간의 연대를 심화해 가는 것에 있다.

또한 결제방식에 있어서는 다른 회원에게 1시간의 서비스를 제공한 회원의 경우 '+1' Time Dollar, 서비스를 제공받은 회원은 '-1' Time Dollar가 계좌에 기록되며, '+' Time Dollar의 경우는 본인이 서비스를 제공받을 시 사용할 수 있고 다른 회원 또는 단체에 기부할 수도 있다. 일례로, 미국 국세청에서는 Time Dollar 거래를 사회복지 분야의 프로그램으로 인식해 비과세하고 있으며 이를 통해 Time Dollar의 지역사회 확산에도 기여해 왔다. 이후 명칭을 'Time Bank(시간은행)'로 변경하였다. 미국에서 탄생한 Time Bank의 기본적 원리는 고령자의 개호, 가사 도움, 학습도우미 등 일반적인 경제행위에서 표면화되지 않았던 거래를 만들어 냄으로써 효과를 발휘하여 영국이나 스페인 등 구미 각국으로 확산되었다.

Ithaca Hours(최저임금 지향성, 미국)

Ithaca Hours는 1991년 미국 뉴욕 주 톰킨스카운티의 이타카(Ithaca)시에서 유통되기 시작한 지역화폐이다. Ithaca Hours가 도입되기 이전인 1988년에 이타카시에서는 LETS형 지역화폐가 시도되었다. Ithaca Hours의 창시자인 폴 글로버(Paul Glover)도 이러한 지역화폐 실험에 참여해 왔으며, 그 경험을 통해 관리, 운영상의 부담이 적은 단순한 시스템의 필요성을 느꼈고 컴퓨터 기록 없이 실물형태로 통용되는 지역화폐를 제안하였다.

Ithaca Hours는 지폐방식으로, 2 hours, 1 hour, 1/2 hour, 1/4 hour, 1/8 hour, 1/10 hour 등 6종류가 있으며 법정화폐로의 환전은 불가능하다. 1 Ithaca Hours는 1시간 노동의 가치를 지니며, 1시간 노동은 법정화폐 10달러의 가치를 가진다. 법정화폐 10달러라는 기준은 이타카시가 속한 톰킨스카운티의 시간당 평균임금을 뜻한다. 노동의 질에 차등을 두지 않은 Time Dollar와 달리 의사, 변호사 등 고급 서비스 제공자의 경우 1시간 노동의 가치를 1 Ithaca Hour보다 높은 수준에서 협상을 통해 산정되었다.

Ithaca Hours의 기본 구조는 신규 참가자의 경우는 사무국에 제공 가능한 재화나 서비스를 등록하고 등록 시에는 개인은 1 hour, 사업자는 2 hours를 받으며, 정기적으로 발행되는 회보(Hour Town)에 자신이 제공 가능한 재화나 서비스를 게재할 수 있다. Ithaca Hour로 거래할 수 있는 대상은 1,000여 종을 상회하고 있다.

Ithaca Hours의 발행 권한은 Ithaca Hours 위원회에 있으며, 동 위원회에서 Ithaca Hours의 발행량과 시기, 융자사업 등을 결정한다. 특히 지역 커뮤니티 공헌사업의 경우 무이자 융자도 가능하다. 예를 들어 지역농협(Farmer's Cooperative)은 위원회로부터 지역화폐 기부를 받아 유기농 작물을 선구매하는 프로젝트를 진행함으로써 지역 내 생산 활동과 농가 소득안정에도 기여해 왔다.

Ithaca Hours를 통한 거래횟수는 1991년부터 1998년 사이에 1만 건 이상이었고, 150만 달러의 경제적 효과가 있었다고 알려졌다. 하지만 최근에는 Ithaca Hours가 거의 사용되지 못하고 있는 상황이다. 또한 그 배경에는 ① Ithaca Hours로 광열비, 임대료, 세금 등을 지불할 수 없으며, ② 용도가 한정되어 있어 특정 점포로만 Ithaca Hours 사용이 몰려든다는 점 등을 들 수 있다. 창시자인 폴 글로버가 대표에서 물러나 다른 지역으로 이주하고, 전반적인 지급결제 수단이 기존의 현금 중심에서 신용카드로 변화함에 따라 2015년 7월부터는 전자지역화폐인 'Ithacash'가 통용되고 있다. Ithacash의 홈페이지에 따르면, 2017년 6월 기준으로 가입자 수는 700명, 점포 72개사가 참여한 것으로 나타났다. 특히 법정화폐인 달러로 Ithacash를 구입할 경우에 10%의 프리미엄이 붙는 구조이다.

ATOM(일본)

ATOM에 관한 내용은 이점순·양준호(2020) 논문의 내용을 수정, 보완한 것이다. ATOM은 2004년 4월 일본 도쿄의 와세다(早稲田)·다카다노바바(高田馬場) 지역에서 생겨난 지역화폐로서 2009년부터는 전국 전개를 통해 유통영역의 확대를 꾀하고 있다.

ATOM의 모티브가 된 '우주소년 아톰(鉄腕アトム)'에서 작가인 데즈카 오사무(手塚治虫)씨는 사람과 사람 사이의 인연의 소중함, 아이들의 미래, 지구의 미래를 걱정하는 메시지를 담았는데 이러한 생각이 ATOM의 행동이념으로 정립되었다. 또한 ATOM은 '지구환경에 친화적인 사회', '지역 커뮤니티가 활발한 사회', '국제협력에 적극적인 사회', '교육에 대해 진지하게 임하는 사회' 등 4가지 이념에 근거해 다양한 사회공헌 활동을 지원하고 있다.

단위는 '마력'으로 우주소년 아톰의 힘이 10만 마력이라는 설정에서 나왔으며 1마력은 1엔의 가치를 지닌다. ATOM 화폐는 NPO 법인이나 자원봉사 모임 등 지역단체가 주최하는 다양한 이벤트나 ATOM 화폐 가맹점이 실시하는 프로젝트에 참여한 사람들에게 배포되고 있다. 구체적으로는 지정된 레스토랑에서 개인 젓가락 사용, 쇼핑 시 개인봉투 사용, 공공장소의 청소, 지역축제 참여 등 매우 다양하다. ATOM 화폐는 비매품이며, 현금으

〈그림 7-2〉 ATOM 화폐의 순환 구조

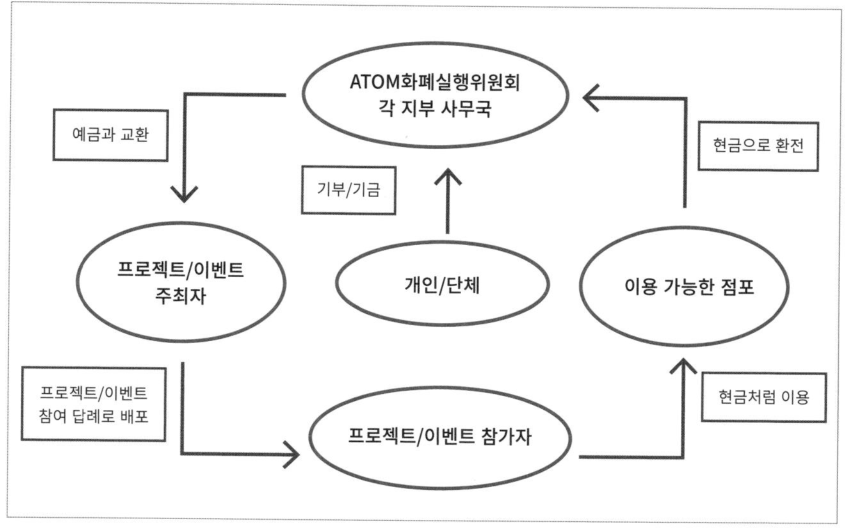

자료: アトム通貨実行委員会(2015) 자료를 근거로 필자 작성.

로 교환할 수 없고 가맹점에서만 이용이 가능하다. 또한 유통기한은 발행일로부터 6개월이었지만, 2009년에 일본 금융청으로부터 선불식 증표에 해당하지 않는다고 인정을 받아 연중 유통이 가능해졌다.

〈그림 7-2〉는 ATOM 화폐의 순환 구조를 나타낸 것이다. 각 지역에 설립된 ATOM화폐 실행위원회의 각 지부를 통해 프로젝트 이벤트 주최자에게 ATOM 화폐를 배포하고, 그것을 프로젝트 행사에 참석한 사람들에게 배포를 하는 구조이다. 참가자는 받은 ATOM 화폐를 지정된 가맹점에서 사용하고, 가맹점은 사무국에서 현금으로 교환받을 수 있는 형태이다.

여기서 ATOM 화폐의 발행규모를 보면, 2004년 200만 마력에서 2015년에는 2,000만 마력(2,000만 엔)으로 증가하였다. 또한 ATOM 화폐의 유통기한이 발행일로부터 6개월임에 따라 법정화폐로 반환되지 않은 금액은 다음해의 운영자금으로 활용되고 있다.

Hanbat LETS(한국형 LETS, 대전시)

Hanbat LETS에 관한 내용은 이점순·양준호(2020) 논문의 내용을 수정, 보완한 것이다. 한국에서는 1997~98년 경제위기 시에 급속히 늘어난 실업자 구제수단의 일환으로 지역화폐에 대한 관심이 높아지기 시작했으며, 대표적인 사례가 1999년 대전에서 시작된 Hanbat LETS이다.

Hanbat LETS는 1999년 10월부터 회원 모집을 시작했으며, 2002년 8월부터 '두루'라는 지역화폐를 발행하기 시작하였다. 지역화폐인 '두루'는 두루두루 도움을 준다는 의미를 담고 있으며, 천 두루는 천원에 해당한다. 특히 Hanbat LETS에서는 공동체 중심의 활동을 지향하고 있어 회원들 간에 다양한 활동을 전개해 오고 있다. 예를 들면, 특별한 시기에 회원들이 만찬을 나누는 품앗이 만찬, 각종 교육과 체험을 진행하는 품앗이 교실, 소모임 활동 등이다.

Hanbat LETS의 기본 원리는 다음과 같다. 첫째, '두루'는 현금으로 사고 팔 수 없으며, 둘째, Hanbat LETS 홈페이지를 이용하여 생산자와 소비자가 필요한 요구를 확인할 수 있고 직접적인 거래가 가능하며, 셋째는 전자결제 방식으로 '두루'의 거래가 이뤄지며 가입과 동시에 기본적으로 일정액의 두루가 부여되고 사용할 때마다 두루가 차감되는 방식이다. 전체 거래액 중 최소 30%까지 두루로 결제하도록 유도하고 있다. 거래가 성사되면, Hanbat LETS가 운영하는 등록소에 보고하고 등록소의 운영을 위해 거래액의 5%를 공제한다. 거래내역은 각 회원들에게 공지하며, 정산 후 개인계좌에 거래액을 이체한다.

2018년 기준으로 Hanbat LETS의 회원 수는 670가구, 거래 건수는 9,663건, 총 거래액은 266백만원으로 나타났으며, 이 가운데 두루를 통한 거래액은 142백만원으로 전체의 53.4%를 차지하였다(제19차 한밭레츠 정기총회 자료집).

하지만 최근 들어서는 두루의 사용 범위가 대전시 법동의 일부 지역, 일부 사람들에게 한정되어 있는 한계를 극복하기 위해 '원도심 LETS'를 설립하고, 다양한 사람들을 포섭하기 위한 노력을 전개하고 있다. 특히 '원도심 LETS'에서는 지역화폐를 매개로 다양한 활동을 전개하고 있으며, 지역 문화예술 단체와 교류네트워크를 조직하고 지원활동을 펼치고 있다.

NOWON(블록체인 기반, 서울시 노원구)

NOWON은 자원봉사, 기부 등 사회적 가치를 실현하여 지역공동체를 복원하기 위해 2016부터 발행되기 시작했다.

〈그림 7-3〉은 NOWON 화폐의 순환 구조를 나타낸 것이다. 아래 그림에 나타냈듯이 NOWON의 작동 메커니즘은 생성, 사용, 재사용 등 3가지로 나뉜다. NOWON 생성은 자원봉사 활동 시 시간당 700 NOWON 보상, 기부시 기부액의 10% 적립, 각종 서비스 활동, 중고물품 기증 등을 통해 생성/적립할 수 있으며, NOWON 사용은 가맹점 별로 '사용 기준율(2~40%)'을 설정하고 해당 사용 기준율만큼 할인해 준다. 마지막으로 수취한 NOWON은 현금화가 안 되며, 다시 NOWON 가맹점과 거래를 통해서만 재사용이 가능하다. 최대 적립가능액은 5만 NOWON(유효기간 3년)이며, 회원 간 선물하기를 통해 NOWON을 자유롭게 거래할 수 있다.

NOWON은 블록체인기술의 적용을 통해 다음과 같은 장점을 가지고 있다. 첫째, 모든 거래는 암호화 후 블록체인 원장에 기록하여 사용에 대한 정확한 집계가 가능하며, 둘째, 거래내역의 위·변조가 불가능하여 관리자의 도덕적 해이, 봉사활동내용 및 봉사시간 조작 등을 방지하여 이중 지불을 방지할 수 있으며, 셋째, 데이터 표준화 및 전산화로 결산 및 감사에 용이하며, 비용절감 및 업무의 효율성 향상을 꾀할 수 있는 점 등이다.

또한 NOWON 발행액을 보면, 2018년 2월부터 2019년 9월까지 1억

〈그림 7-3〉 NOWON 화폐의 순환 구조

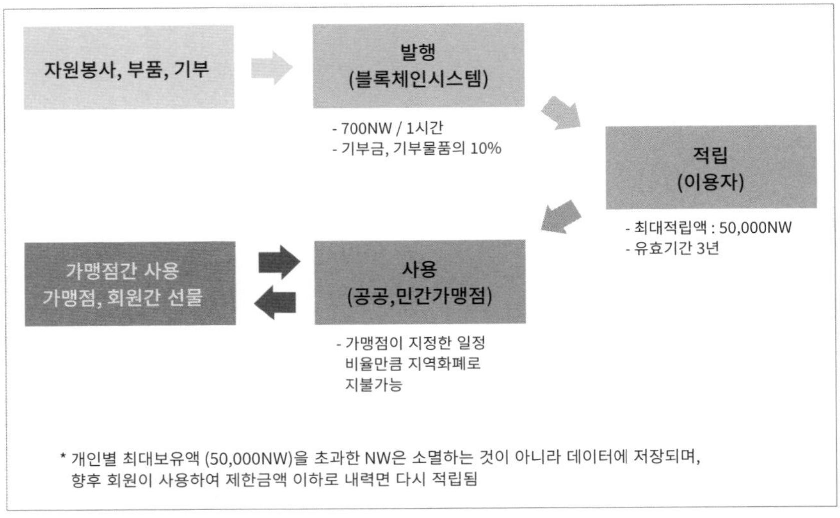

자료: 양준호(2019c: 32).

7,700만 NOWON에 달하였고, 가맹점 수는 약 283개소로 나타났다. NOWON은 지역공동체성 강화를 목적으로 하고 있어 다른 지자체와 같이 유통이 활성화되는 데 한계가 있지만, 지역민들이 자원봉사 활동이나 기부 활동 시 일종의 보상으로 제공함으로써 지역공동체 강화의 유인으로 작용하고 있다.

지역경제 활성화형

Bristol Pound(시민사회 주도형, 영국)

Bristol Pound에 관한 내용은 이점순·양준호(2020) 논문의 내용을 수정, 보완한 것이다. 2012년 9월 영국 브리스톨시에서 시민사회 주도로 자금의 역외유출 완화를 통한 지역 내 소매점 및 시장 활성화 등을 위해 도입되었다.

Bristol Pound는 1, 5, 10, 20BP의 4종류이며, 파운드와 등가의 관계를 가진다. Bristol Pound 전용계좌를 개설하거나 지정된 가맹점을 방문하여 파운드를 동일한 금액의 Bristol Pound로 환전할 수 있다.

결제방식에 있어서는 지폐, 온라인 결제, 문자서비스(SMS)의 3가지가 있다. 지류형은 모두 4종류가 발행되며 사용기한이 정해져 있고, 전자화폐는 브리스톨 신협(Bristol Credit Union)과 연결된 단말기를 통해 온라인으로 결제를 하거나 간단한 모바일 메시지를 통해 결제 주문 및 승인을 받는 방법을 택하고 있다. 특히 온라인 결제 시에 1%, SMS 결제 시에는 2%의 수수료를 가맹점에 부과하고 모든 가맹점은 Bristol Pound를 법정화폐로 환전 시 3%의 환전 수수료를 지불해야 한다. 지류형은 브리스톨 파운드 사무국(CIC, Community Interest Company)에서, 전자화폐는 브리스톨 신협(BCU, Bristol Credit Union)에서 각각 관리한다. 여기서 브리스톨 파운드 사무국(CIC)은 지역화폐 관련 사업을 추진했던 시민사회 활동가들이 주축이 되어 만든 민간단체이며, 수행하는 업무는 다음과 같다. ① 지폐의 발행 및 관리, ② 지급결제시스템 관리, ③ 가맹점 및 환전소 개설·관리, ④ Bristol Pound 홍보 및 마케팅 등이 그것이다. 브리스톨 신협(BCU)은 가난한 이웃들의 금융소외 문제를 해결하기 위한 대표적인 지역밀착형 금융기관으로, 지역사회 발전에 기여해야 한다는 협동조합 조직으로서의 사명(가치적 측면)과 지역화폐의 사용자가 많아지면 예금액도 증가하게 됨으로 수익성 개선에 도움을 줄 수 있을 것(수익적 측면)이라는 기대감이 작용하여 Bristol Pound 사업에 참여하게 되었다(부산광역시의회 민생경제특별위원회, 2019: 64).

Bristol Pound는 2019년 시점에서 2,000여 개인 및 가맹점에서 사용되고 있고, 브리스톨 지역 내에서 5백만 파운드, 8만여 건의 거래(온라인 거래, 지류형 등)를 기록하며 지역경제를 활성화시키고 있다. 또한 Bristol

〈그림 7-4〉 Bristol Pound 화폐의 순환 구조

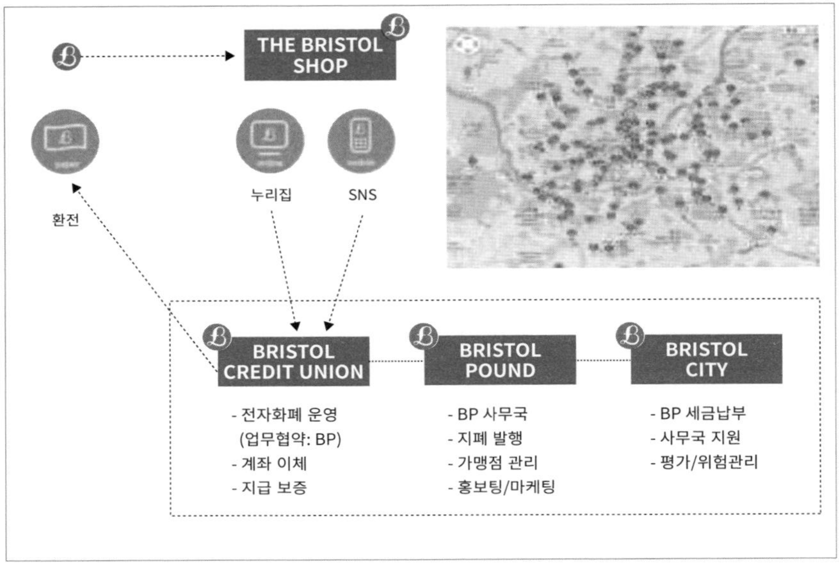

자료: 새로운사회를여는연구원(2014, p.51) 자료에서 인용.

Pound의 전반적 운영에 있어서는 비영리단체인 브리스톨 파운드 사무국(CIC)이 브리스톨 신협(BCU)과 파트너십을 체결하고 시스템을 공동 관리해 오고 있다. 브리스톨시에서는 브리스톨 파운드 사무국과 충분한 소통구조를 갖고 있으며, 시 내부감사팀은 주기적으로 Bristol Pound에 대한 리스크를 평가하고 있다.

최근 들어서는 지역화폐를 세금과 연계시키려는 정책, 즉 사업소득세의 일부를 Bristol Pound로 수령하는 것과 대표적인 지방세인 주민세를 Bristol Pound로 받기 위한 시스템을 정비하였고, 세수로 거둬들인 Bristol Pound를 간호 요양, 복지 지원금 등 다양한 공공서비스 영역에 활용하는 방안을 마련해 시행하고 있다(부산광역시의회 민생경제특별위원회, 2019: 62).

Chiemgauer(독일)

Chiemgauer에 관한 내용은 이점순·양준호(2020) 논문의 내용을 수정, 보완한 것이다. Chiemgauer는 독일 바이에른 주 뮌헨 인근의 소도시들인 프리엔, 로젠하임, 트라운슈타인 등에서 유통되는 지역화폐로서, 2003년에 프리엔의 발도르프 학교 학생과 교사의 아이디어에서 출발하였다.

Chiemgauer는 1, 2, 5, 10, 20, 50의 6종류로 발행되며, 유로화와 등가의 관계를 가진다. Chiemgauer 사무국에서는 100 Chiemgauer를 97 유로로 지역의 비영리단체에 판매하고 지역의 비영리단체는 100 Chiemgauer를 97 유로에 사서 100 유로에 되팔 수 있다. 반면에 비영리단체는 5%의 수수료를 지불해야 하며, 5% 수수료 중 2%는 지역화폐의 운영경비로, 3%는 유치원·스포츠클럽, 음악 교실 등 지역의 비영리단체에 기부된다. 또한 참가자들은 Chiemgauer와 제휴를 맺은 250개 정도의 비영리단체 중에서 하나를 선택하고, 100 Chiemgauer를 97 유로에 구입해 필요한 재화나 서비스 구입에 사용하고 3 유로를 비영리단체에게 기부하고 있다.

Chiemgauer의 가장 큰 특징은 사용금액의 3%를 지역의 공익단체에 기부하는 것 외에도 화폐가치가 3개월마다 2%씩 떨어진다는 점이다. 즉, 사용하지 않으면 화폐 가치가 떨어지기 때문에 유로보다 거의 2.5배 빠른 속도로 화폐순환이 이루어졌으며, 나아가 자신이 응원하는 단체를 지정할 수 있으므로 사용 유인도 계속 이어진다. 2011년에는 5만 Chiemgauer가 지역 내 200개 이상의 학교나 복지시설 등에 기부되는 등 Chiemgauer는 경제뿐만 아니라 지역문화와 교육 등을 지원하는 공익적 성격도 갖고 있다.

또한 Chiemgauer의 발행규모를 보면, 2016년 말 기준으로 3,036명의 시민과 593개의 현지 기업이 참여하고 있으며, 연간 74만 Chiemgauer 매출액을 기록했다. 최근 들어서는 지역카드(Regiocard)를 도입해 Chiemgauer

〈그림 7-5〉 Chiemgauer 화폐의 순환 구조

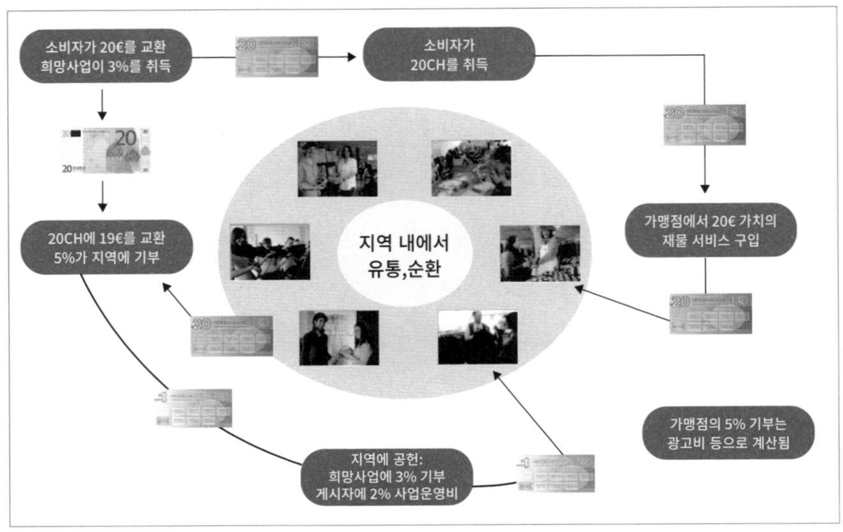

자료: Chiemgauer 홈페이지 참조(http://www.chiemgaure.info).

의 교환을 용이하게 하였다. 나아가 Chiemgauer는 기업대출도 실시하고 있으며, 기한 내 전액 상환한 기업에게는 이자를 돌려주는 서비스도 실시하고 있다. 특히 무이자 소액 신용대출에 있어서는 Regios Bank, European Social Fund 등과 연대하여 지역화폐의 발행량을 늘리는 수단으로도 활용하고 있다.

Toronto Dollar(캐나다)

Toronto Dollar에 관한 내용은 이점순·양준호(2020) 논문의 내용을 수정, 보완한 것이다. Toronto Dollar는 1998년 조이 코가와(Joy Kogawa)에 의해 고안되었고, 토론토의 세인트로렌스 시장을 중심으로 지역사회에서의 공헌활동을 촉진하기 위해 도입되었다.

Toronto Dollar는 1, 5, 10, 20 Toronto Dollar의 4종류가 있고, 소비자

〈그림 7-6〉 Toronto Dollar 화폐의 순환 구조

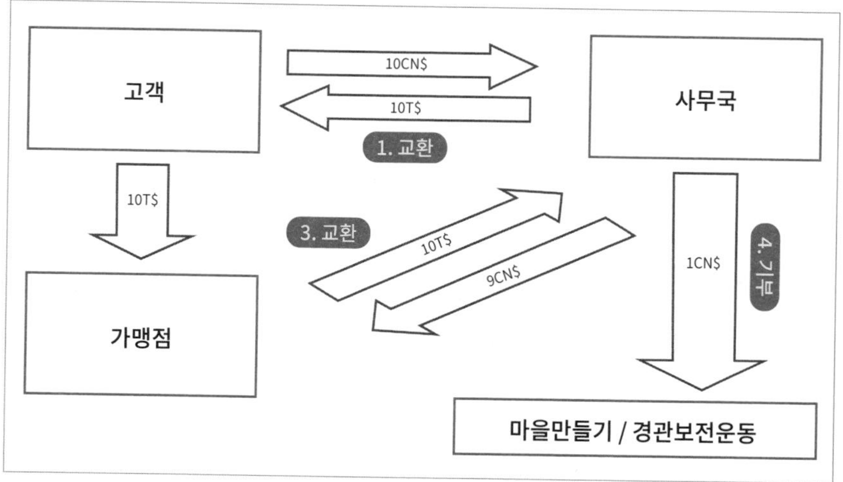

자료: 日本政策投資銀行(2002: 25) 자료를 근거로 필자 작성.

는 대형상업은행 지점에서 캐나다 달러와 Toronto Dollar를 교환할 수 있다. 그 때 캐나다 달러와의 교환비율은 10대 9로, 소비자가 Toronto Dollar를 얻기 위해 캐나다 달러로 교환 시 10%를 비영리단체에 기부하는 방식이다. 또한 Toronto Dollar의 사용을 촉진하기 위해 유효기간을 설정하고 해당 기간에 상환하지 않거나 Toronto Dollar로 교환되지 않은 것은 무효 처리하였다.

〈그림 7-6〉 Toronto Dollar의 순환 구조에 따르면, ① 소비자가 캐나다 달러와 Toronto Dollar를 교환한다. 이때 교환비율은 캐나다 달러(CN$): 토론토 달러(T$)=100:100이 되며, 수령한 Toronto Dollar는 액면 그대로의 가치를 가진다. ② Toronto Dollar는 세인트로렌스 시장을 중심으로 Toronto Dollar의 가맹계약을 맺은 점포에서 사용이 가능하며 점포에 따라서는 이용 제한을 두는 곳도 있다. ③ 점포측이 받은 Toronto Dollar는 Toronto Dollar Community Project社에 반입되어(점포→세인트로렌스 시장 사무국)

캐나다 달러로 다시 교환된다. 이때 교환비율은 CN$:T$=90:100이며, 사용금액의 10%는 Toronto Dollar Projects Fund社에 기금으로 적립되어 지역사회 단체를 돕기 위한 자금으로 사용된다.

여기서 Toronto Dollar의 발행규모를 보면, 1998년 개시 이래 2003년까지 약 600,000 Toronto Dollar를 기록했다. 이처럼 Toronto Dollar는 지역 상점가로 구매력을 끌어올리고 그 과정에서 화폐 회전율을 높임과 동시에 비영리단체 활동에 소비자가 쉽게 기부할 수 있도록 하여 지역경제 활성화뿐만 아니라 지역 내 비영리단체 활동에도 기여하고자 의도되었다. 하지만 2003년 들어 환전시설 부족 및 사업 진행을 위한 자원봉사자 부족을 이유로 통용이 중단되었다.

시루 지역화폐(민관협치형, 시흥시)

시흥시 지역화폐인 '시루'는 지역경제 활성화 및 지역공동체 역량 강화를 위해 2018년에 도입되었다. 이러한 시루의 추진 배경에는 시흥시 지역의 60%가 그린벨트로 묶여있고, 부천, 안산 등 주변도시의 대규모 상권 조성으로 지역소득의 역외 유출이 심화되고 있는 상황에서 침체된 지역 상권을 살리고 지역공동체를 복원시키기 위함이었다. 여기서 '시루'란 시흥을 묶는 경제 공동체(좋은 일이 있으면 시루떡을 돌리듯이 시흥경제의 나눔과 소통의 도구가 되고자 함)를 의미한다.

여기서 '시루'의 특징을 간략히 정리하면 다음과 같다(양준호, 2019d: 72-73). 첫째, 지역민과 소상공인들이 지역경제 활성화에 대해 먼저 고민하고 시에 지역화폐의 필요성을 제안하고 시루 지역화폐의 발행 및 운영 전반을 관리하는 '민관 협의체'를 운영해 오고 있다는 점이다. 즉, 민관이 협력하여 '시흥화폐 추진회'를 구성하였고, 거기에 시흥화폐발행위원회를 두어 지역화폐 관련 모든 정책을 시흥시가 아니라 민관 협의체가 검토하고 결정하는 구조로 되어 있다.

최근 각 지자체에서 도입하고 있는 지역화폐의 대부분은 '관' 주도로 지역경제 활성화에 초점이 맞춰진 반면에 시루의 경우는 민간 영역에서 지역화폐의 필요성이 제안되었고 지역공동체 강화 측면에서 주안점을 두고 설계되었다. 둘째, 시흥시의 지역화폐 플랫폼인 'Chak'은 할인된 금액으로 충전하고 1회성으로 소비되고 끝나는 구조로 정부의 예산에 기반한 보조금 성격이 강하다는 점이다. 시흥시에서는 지역화폐 발행액 대비 일정 비율의 수수료를 위탁비용으로 조폐공사에 지급해 오고 있다. 셋째, 모바일 시루 앱에 공동체성을 강화할 수 있는 다양한 기능을 지원해 오고 있는 점이다. 구체적으로는 지역 기반 중고거래 플랫폼이나 사회적 기업 제품 및 지역상품 쇼핑몰을 지역화폐 앱과 연계시켜 사용토록 하였다.

여기서 시루의 누적 사용량을 보면, 2019년 10월 기준으로 508억원으로 시흥 전체 GRDP 규모의 약 0.42%에 달했으며, 가맹점 수는 5,390개소로 나타났다. 총금액을 가맹점수로 나누면 1개 가맹점당 평균 7,331,505원의 매출이 시루에 의해 나타난 것으로 분석되었다(양준호, 2019d: 32). 또한 시루 지역화폐를 통해 1.5배 정도의 승수효과가 있는 것으로 나타났으며, 시루의 재유통율 증가로 인해 소상공인의 매출증대, 고용증대 효과, 소상공인 간의 지역 내 조달 증가 등 지역경제의 선순환 구조가 만들어지고 있다. 특히 시루의 경우는 민관이 협력하여 '시흥화폐 추진회'를 구성하고 시루의 운영 전반을 맡고 있으며, 정부 및 지자체 예산으로 운영되는 현행 지역화폐 제도의 한계를 극복하기 위해 지역공동체 생태계 조성에도 힘쓰고 있다.

부천페이(전자지역화폐, 부천시)

부천페이는 부천지역의 자금이 역외로 유출되는 것을 방지하여 역내 유통을 증가시켜 소상공인의 매출액 증대와 지역경제 활성화에 기여하고자 2019년 5월부터 도입되었다.

부천페이의 전반적인 운영과 관리는 '부천페이 지역화폐발행위원회'에서 맡고 있으며, 동 위원회는 위원장인 부시장을 포함해 시의원, 시민사회단체, 소비자단체, 변호사 등 총 10명으로 구성된다.

여기서 부천페이를 통해 제공되는 서비스의 혜택내용을 보면, 소비자의 경우 일반구매시 인센티브(명절 10%, 평상시 6%)를 제공하고 있으며, 월 구매한도는 50만원이다. 연말 세액공제 30%가 있으며, 카드 연회비도 무료이다. 반면에 가맹점이 받는 혜택으로는 가맹비가 무료이다. 최근에는 복지 정책 수당(청년수당, 산후조리비 등)을 지역화폐로 지급하는 등 복지정책과의 연계를 도모하고 있다.

부천페이의 구입은 스마트폰 '경기지역화폐 앱'이나 NH농협은행 지점에서 현금으로 구입이 가능하며, 카드 단말기가 설치된 곳이라면 어디든지 사용이 가능하다. 다만, 백화점, 대형마트. 유흥업소, 사행성업소, 연매출액 10억 초과 사업체(전통시장 매출제한 없음), 주유소 등은 사용이 제한된다. 부천시 생활경제과 경제정책팀에 따르면, 부천페이는 주로 일반음식점과 편의점·슈퍼마켓에서의 사용이 높게 나타났으며, 이어서 음료·식품(정육·제과 등), 의류·잡화, 미용, 학원·서점, 병원·약국 등으로 순으로 나타났다.

또한 부천페이의 발행액을 보면, 2020년 7월 기준으로 1,014억원(일반판매 427억원, 정책발행(재난기본소득 등 지원금) 573억원)에 달했으며, 이는 부천시가 코로나19 등으로 인한 심각한 경기 침체 우려 속에서 선제적인 인센티브의 상향 조치와 구매 한도 상향 근거를 마련해 판매액 한도를 상향 조치한 데 따른 것으로 분석된다. 부천페이의 성과에 대해 분석한 양준호(2019a)의 연구에 따르면, 부천페이의 사용 확대로 인해 역내 소비가 늘어나면서 골목상권 매출 증대에 기여한 것으로 나타났다. 특히 부천페이 사용을 통해 확보한 캐시백이 다시 부천 내에서 소비되는 추가소비가 발생하면서 부천페이가 소비 진작에 크게 기여한 것으로 분석됐다(양준호, 2019a: 22).

서로e음(한국판 브리스톨 협치체제, 인천시 서구)

서로e음은 인천시 서구 지역 내의 역외 자금유출을 막으면서 지역 내 소비를 촉진시켜 지역경제를 살리고, 소상공인을 보호하기 위한 정책의 일환으로 2019년 5월부터 도입되었다. 서로e음의 시초는 2016년에 연희심곡 상인연합회(연심회)가 만든 지류화폐이며, 지역화폐를 활용한 지역경제 활성화와 지역 공동체성의 복원을 목표로 설계되었다.

서로e음의 전반적인 운영과 관리는 '민관운영위원회'가 맡고 있다. 본 위원회의 구성은 총 16명으로, 위원장인 구청장을 포함해 지역상인, 시민단체, 여성단체, 전문가 등으로 구성된다. 특히 서로e음의 경우는 지역화폐 사업에 대한 서구 구청장의 강력한 실현의지에 더해 구청의 행정적 지원, 서구 지역사회 단체들의 적극 참여 등 민관 협치를 통해 서로e음의 성공적 운영을 뒷받침해주고 있다.

여기서 서로e음의 특징을 간략히 정리하면 첫째, 다른 지역 지역화폐와 달리 10%의 캐시백 적립 혜택을 제공한다는 점이다. 즉, 이 카드로 1만원을 쓸 경우 1,000원을 돌려받아 다시 사용할 수 있으며, 그때의 보전재원은 정부가 4%, 인천시가 2%, 서구가 4%를 각각 나눠 맡고 있다. 예컨대, 문재인 정부는 2018년 12월에 '자영업 성장·혁신 종합대책'을 마련하였고, 지역화폐 발행을 2조원으로 확대하고 지자체의 지역화폐 발행에 소요되는 비용의 일부(발행액의 4%)를 지원하고 있다(중소벤처기업부, 2018: 15). 둘째, 서로e음 이용의 효율성을 높이기 위한 다양한 노력이 전개되고 있다.

사용자는 모바일 앱에서 카드를 등록한 후 현금을 충전해 체크카드처럼 사용하면 되며, 카드 단말기가 설치된 곳이면 어디든지 사용이 가능하다. 또한 서로e음 플랫폼 상에 음식배달 주문에서 결제까지 가능한 '배달서구' 서비스도 최근 개시하였다. 셋째, 인천 내 다른 지역에서도 사용이 가능하다는 점이다. 다만, 서구 지역 밖에서 사용할 경우는 캐시백의 적용비율이 6%로 제한된다. 넷째, 기부 플랫폼인 '서로도움'을 운영하고 있는 점이다. 캐나다의 Toronto Dollar 사례에서처럼 지역화폐 사용액의 일정부분을 기금화해 지역화폐로부터 소외된 계층을 지원하는 방식이라 볼 수 있다.

또한 서로e음의 발행규모를 보면, 2020년 3월 기준으로 7,340억원에 달하였고, 그 간의 발행비용(누적 캐시백 적립액)은 386억원으로 전체 발행액의 약 5.3% 정도이며, 서구 역내 연료판매점, 일반 휴게음식, 보건위생 업종에서 가장 많이 결제된 것으로 나타났다. 서로e음의 성과에 대해 분석한 양준호(2020a)의 연구에 따르면, 서로e음의 인센티브 제도 및 혜택 플러스를 통한 할인정책 등으로 서로e음 소비자의 가처분 소득이 증가하며, 이로 인해 증가하는 소비가 지역 내 소상공인들의 매출 증대로 이어지고 있으며, 서로e음을 통한 소비의 증대는 해당 업종에만 그치지 않고 산업연관에 따라 관련 업종으로 부가가치가 파급, 유발되고 있다. 또한 서로e음을 통해 발생한 캐시백은 순수하게 지역 내에서의 소비로만 사용될 수 있기 때문에 결과적으로 가처분 소득의 증대로 볼 수 있다. 더 나아가 지역화폐의 발행은 필연적으로 지역의 사회적 자본에 영향을 주고 있다. 특히나 서구의 경우 서로e음 운영을 민관거버넌스를 통한 협치로 운영하는 만큼 사회적 자본의 축적에 크게 기여하고 있다. 지역화폐 '서로e음'을 통한 지역경제 선순환 구조는 〈그림 7-7〉과 같다.

〈그림 7-7〉 **지역화폐 '서로e음' 유통을 통한 지역경제 선순환 구조**

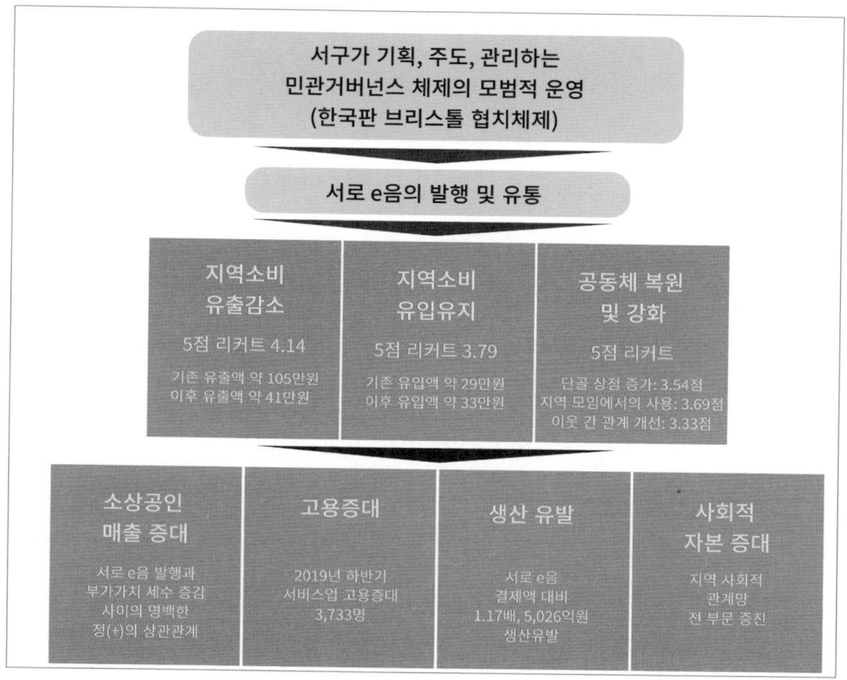

자료: 양준호(2019d, p. 96)

세계 지역화폐의 유형별 특성

이상에서 살펴보았듯이 지역화폐는 다양한 영역에서 전 방위적인 실천운동으로 나타나고 있다. 여기서 지역화폐를 본래의 발행 목적별로 보면, ① 공동체 활성화형, ② 지역경제 활성화형의 크게 두 가지로 나눌 수 있다.

첫째, 공동체 활성화형은 지역과 커뮤니티의 상호 부조를 촉진시키기 위해 발행하는 지역화폐로서, 일본의 ATOM, 미국의 Time Dollar, 한국의 Hanbat LETS 등이 대표적이다. 먼저 ATOM의 큰 특징은 '지구환경에 친화적인 사회', '지역 커뮤니티가 활발한 사회', '국제협력에 적극적인 사회', '교육에 대해 진지하게 임하는 사회' 등 4가지 이념에 근거해 다양한 사회 공헌 활동을 지원하고 있는 점이다. 또한 앞서 살펴본 Time Dollar의 경우 참가자 간에 상품을 유통시킴으로써 서로의 과부족을 해소하는 것과 그 과정을 통해 커뮤니티 내부의 사람과 사람 간의 연대를 심화해 가는 것에 중점을 두었다.

둘째, 지역경제 활성화형은 지역·커뮤니티 내에서의 소비촉진을 목적으로 발행된 것이며, 영국의 Bristol Pound, 독일의 Chiemgauer, 일본의 Turetette Card, 한국의 서로e음, 시루 등을 들 수 있다. 먼저 독일 Chiemgauer의 큰 특징은 3개월마다 화폐가치가 2%씩 줄어든다는 점이다. 즉, 사용하지 않으면 가치가 떨어지기 때문에 축장되지 않고 화폐 사용이 촉진되어 지역경제가 활성화되는 효과를 낳고 있다. 또한 시민사회 주도형 지역화폐로 유명한 영국의 Bristol Pound의 경우 최근에 지역화폐를 세금과 연계하는 정책을 펴고 있으며, 또한 세수로 거둬들인 Bristol Pound를 간호 요양, 복지지원금 등 다양한 공공서비스 영역에서 지역화폐를 활용해 오고 있다. 한편, 국내 지역화폐의 성공사례로 꼽히는 서로e음의 경우에는 사용액의 6%(정부 4%, 인천시 2%, 서구 4%)를 현금으로 되돌려 주는 '캐시백 서비스' 도입을 통해 이용자 수의 확대와 거래액 증가 등 가시적인 성과를 내고 있다. 특히 서로e음의 경우는 지역화폐 사업에 대한 서구 구청장의 강력한 실현의지에 더해 구청의 행정적 지원, 서구 지역사회 단체들의 적극적인 참여 등 민관 협치를 통해 서로e음의 성공적 운영을 뒷받침해주고 있다.

〈표 7-1〉은 세계 지역화폐의 운용실태를 근거로 각 유형별 특징을 간략히 정리한 것이며, 〈그림 7-8〉과 〈그림 7-9〉는 국내외 지역화폐의 위치 설정과정을 도식화한 것이다.

〈표 7-1〉 세계 지역화폐의 유형별 특징 비교

구분	지역화폐 명칭	개시 년도	발행주체	발행 방법	유통규모	법정통화로의 환전여부	다른 지역화폐와의 차이점
공동체 활성화형	LETS (캐나다)	1983년	민간 운영사무국	계좌거래		불가	- 적자한도 존재 - 국세청에 거래내역 보고
	Time Dollar (미국)	1986년	민간 운영사무국	계좌거래		불가	- 자원봉사은행의 성격 - 노동의 질에 관한 차등을 두지 않음
	Ithaca Hours (미국)	1990년	Ithaca Hours inc. (NPO)	지폐	8,500Hours (2002년 기준)	불가	- 노동의 질에 따라 차등 설정 - 2015년 7월 'Ithacash' 전자화폐 도입
	ATOM (일본)	2004년	ATOM화폐 실행위원회 각 지부	지폐	2000만 엔 (2015년 기준)	가맹점만 가능	- ATOM화폐의 전국 전개
	Hanbat LETS (대전시)	2000년	민간 운영사무국	계좌거래	20.3억 두루 (2000.02~2018.12)	불가	- 지역공동체성 복원 - 등록소 운영을 위해 거래액의 5% 공제
	NOWON (서울시 노원구)	2018년	노원구청	모바일형	1억 7,700만 NW (2018.02~2019.09)	불가	- 사회적 가치 실현을 통한 적립방식 - 블록체인 기반
지역경제 활성화형	Bristol Pound (영국)	2012년	Community Interest Company	지폐, SMS, PC	100만 파운드 (2018년 기준)	가맹점만 가능	- '시민사회' 주도 - 브리스톨市의 대대적인 측면 지원 - 지역화폐로 지방세 납부 가능
	Chiemgauer (독일)	2003년	비영리단체(NPO)	지폐, 카드	74만 CH (2016년 기준)	가능 (5% 수수료)	- 감가화폐 방식 - 기부를 통한 지역문화와 교육 지원
	Toronto Dollar (캐나다)	1998년	Toronto Dollar Community Project	지폐	2~3만 T$ (2004년 기준)	가능 (10% 할인)	- 법정화폐로 환전시 10%를 기금 적립 - 운영 정지 (2013년)
	시루 (시흥시)	2018년	시흥화폐 추진회	모바일형	217억 원 (2019년 10월 기준)	가맹점만 가능	- 민관협치형 - 조폐공사의 블록체인 서비스 'Chak' 활용 - 지역화폐와 복지정책과의 연계
	부천페이 (부천시)	2019년	부천시 지역화폐발행위원회	모바일형	1,024억 원 (2020년 7월 기준)	가맹점만 가능	- 캐시백 혜택 제공 (6%) - 복지 정책 수당(청년수당, 산후조리비 등)과 지역화폐와의 연계
	서로e음 (인천시 서구)	2019년	서로e음 민관운영위원회	모바일형	6,525억 원 (2020년 3월 기준)	가맹점만 가능	- 민관협치형 (한국판 브리스톨 협치체제) - 캐시백 혜택 제공 (10%) - 기부 플랫폼인 '서로나눔' 운영

자료: 저자 작성

요약정리

현재 세계 3,000여 개 지역에서 다양한 형태의 '지역화폐(Local Currency)'가 통용되고 있다. 전 세계 지역화폐를 발행목적별로 보면 커뮤니케이션형(지역공동체 활성화형)과 소비촉진형(지역경제 활성화형)으로 크게 구분할 수 있다. 첫째, 커뮤니케이션형은 지역과 커뮤니티의 상호부조를 촉진시키기 위해 발행하는 지역화폐로서, 캐나다의 LETS, 일본의 ATOM, 한국의 Hanbat LETS 등이 대표적이다. 일본 도쿄의 다카다바바 지역에서 운영 중인 ATOM의 경우 지역사회, 환경, 국제협력, 교육 등 4가지 원칙에 맞는 프로젝트나 이벤트에 시민들이 참여토록 유도하고 다양한 사회공헌 활동을 지원하고 있다. 또한 한국형 LETS인 Hanbat LETS의 경우는 지역의 소상인 및 NPO 등을 연계하여 지역 내 자원봉사 등을 포인트화하여 해당 지역 내 소비를 촉진하는 선순환을 만들어내고 있다. 둘째, 소비촉진형은 지역상품권과 유사하며 재화나 서비스의 구매 시 그 수단으로 이용하는 지역화폐로서, 독일의 Chiemgauer, 영국의 Bristol Pound, 일본의 Turetette Card, 한국의 경기, 인천, 군산 등의 지역사랑상품권이 대표적이다. 독일 Chiemgauer의 가장 큰 특징은 3개월마다 화폐가치가 2%씩 줄어든다는 점이다. 즉, 사용하지 않으면 가치가 떨어지기 때문에 축장되지 않고 화폐 사용이 촉진되어 지역경제가 활성화되는 효과를 낳고 있다. '시민사회 주도형' 지역화폐로 유명한 영국의 Bristol Pound의 경우는 최근에 지역화폐를 세금과 연계시키고, 세수로 거둬들인 Bristol Pound를 간호 요양, 복지지원금 등 공공서비스 영역에서 지역화폐를 활용해 오고 있다. 국내 지역화폐의 대표적 성공사례로 꼽히는 경기페이 및 인천e음의 경우는 사용액의 6%(인천지역 전체)를 현금으로 되돌려 주는 '캐시백 서비스' 도입을 통해 이용자 수의 확

〈그림 7-8〉 **국내외 지역화폐의 위치설정(1)**

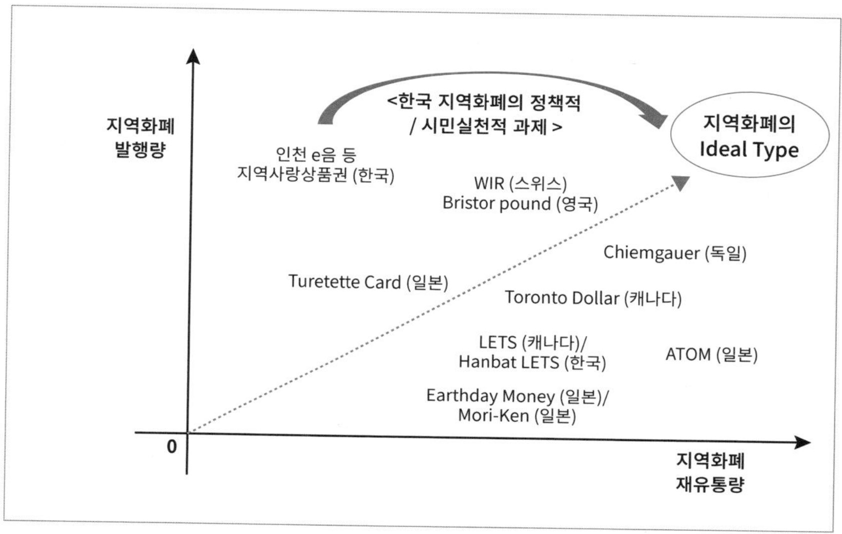

〈그림 7-9〉 **국내외 지역화폐의 위치설정(2)**

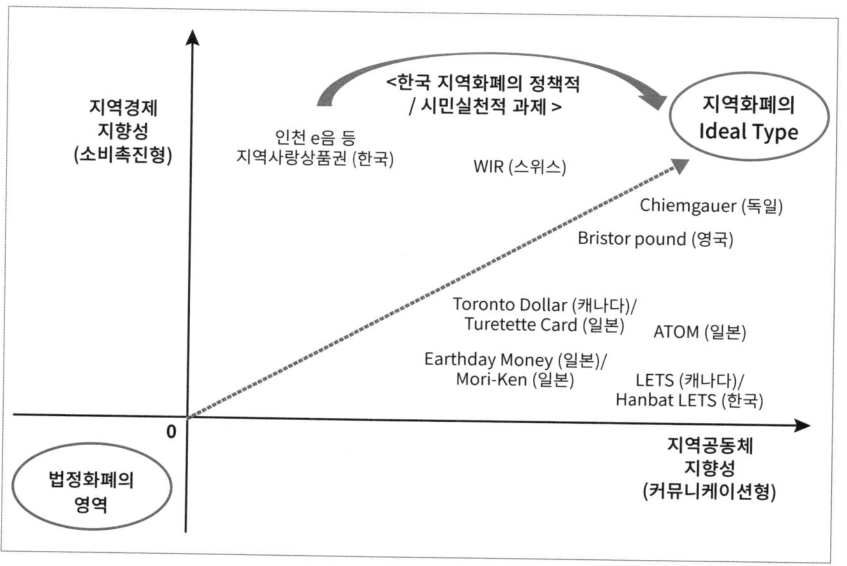

자료: 저자 작성

대와 거래액 증가 등 가시적인 성과를 내면서 시민들의 호응을 이끌어내고 있다.

세계 지역화폐의 목적 또는 형태를 통해 알 수 있듯이, 지역사회의 지속가능성을 확보하는 차원에서도 지역화폐의 다양성을 추구할 필요가 있어 보인다. 오늘날 지역화폐는 기존 법정화폐와 달리 경제적 거래행위를 위해서만 사용하는 것이 아니라 상호부조나 지역사회공헌 활동에 활용되고 있다. 최근 우리 사회에서 전개되는 경제 활성화 중심의 획일화된 지역화폐의 확산 움직임 속에서 다양한 지역화폐의 실험이 시도될 필요가 있다. 법정화폐가 아닌 지역화폐를 중심으로 상품 및 서비스가 거래되는 대안적 경제사회의 폭과 가능성을 늘리는 것이다. 이는 결국 지역화폐가 법정화폐를 완전히 대체할 수 있는 화폐로, 즉 대안화폐(Alternative Currency)로 발전할 수 있도록 해주는 공동체적 토양으로 작용하게 될 것이다.

Part 3

경기도 지역화폐의 효과와 모형

8

경기지역화폐의 소상공인 매출효과

유영성·윤성진

경기도는 경기도 내 지역경제 활성화 차원에서 지역화폐를 발행해 왔다. 여기서 지역경제는 지역내 골목시장, 전통시장 등에서 영업을 하는 소상공인들에 의해 형성된 상권에서의 경제활동 전반을 의미한다. 이런 지역경제의 활성화는 여러 가지 측면에서 평가할 수 있지만 일차적으로 지역내 소비 진작을 통한 소상공인들의 매출 증대를 통해 가능하다는 것을 전제한다. 그런 맥락에서 일차적으로 경기도가 지역화폐를 통해 달성하려고 한 목적인 지역경제 활성화는 지역경제 내 소상공인의 매출의 증감을 통해 판단하는 것이 합당하다. 추가적으로 지역 상권내에서 고용이 증가했는지 여부도 중요한 평가 지표가 될 수 있고, 이러한 양적인 크기만이 아니라 지역상권 내 매출이나 고용이 발생하는 업종의 분포가 어떠한지도 질적인 측면에서의 좋은 평가지표가 될 수 있다.

본 장에서는 경기지역화폐가 지역경제에 어떤 영향을 미쳤는지를 밝혀내고자 한다. 그런 만큼 경기지역화폐 발행·사용이 경기도 지역경제에서의 소상공인 매출에 어느 정도 영향을 주었는지를 양적으로 분석하게 될 것이다.

양적분석을 위해 소상공인을 대상으로 한 미시 서베이 자료를 확보할 필요가 있다. 2019. 1. 1.부터 2020년 8. 31.까지 소상공인을 대상으로 한 서베이가 실시되었고, 분기별 월평균 자료를 구할 수 있었다. 이 자료들이 패널분석에 합당한 자료의 특성을 보이므로 본 연구에서는 패널계량분석을 시도하였다. 일반적으로 정책효과 분석을 위해 이중차분법(Difference-in-Difference)을 사용하는데 본 연구에서는 경기도 내 31개 시·군이 일괄적으로 경기지역화폐 사업을 실시한 2019년 4월 1일을 기점으로 그 직전 분기(2019년 1~3월)와 직후 분기(2019년 4~6월)에 한정하여 매출 등의 효과를 이중차분법으로 보고자 하였다. 이는 경기지역화폐 제도의 도입에 따른 효과를 보는데 이중차분법 적용이 적합하다고 보았기 때문이다. 이중차분법을 쓸 수 있는 것은 처치집단으로 지역화폐 가맹점을 설정하고, 통제집단으로 지역화폐 비가맹점을 설정할 수 있어서이다.

물론 경기지역화폐가 2019년 4월 1일에 본격 도입되고서 시간이 충분히 지난 다음의 어느 시점(예, 2020년 8월 31일)에서 소상공인 매출 등의 효과가 어떠했는지를 보는데도 이중차분법을 쓸 수 있다. 그런데 본 연구에서 이중차분법을 쓰지 않고 패널분석법을 쓴 이유는 엄밀히 말해 지역화폐 사업 실시 초창기와 달리 시간이 충분히 지난 다음, 경기도 내 소상공인들 대부분이 비가맹점에서 가맹점으로 변했다는 점에서 비가맹점인 비교집단의 경우 대상에서 큰 변화를 동반하고 있어 이중차분법의 적용이 적절치 않을 수 있다고 보았기 때문이다.

본 연구는 연구분석에 적용하는 기간을 크게 세 기간으로 구분한다. 첫 번째 기간은 2019. 1. 1.~2019. 6. 30.(6개월 기간)으로 2019년 4월 1일을 기점으로 직전 분기와 직후 분기이다. 이 기간동안에 이중차분법을 써서 소상공인 매출에 나타난 지역화폐 제도 도입효과를 보고자 한다. 다음으로 두 번째 기간은 2019. 1. 1.~2019. 12. 31.(12개월 기간)으로 2019년 일년 동안의 지역화폐 효과를 보기에 적합한 기간이다. 이 기간동안 지역화폐 사용(및 결제)에 따른 매출효과가 어떠했는지 보고자 한다. 마지막으로 세 번째 기간으로 2019.1.1.~2020.8.31.(20개월 기간)으로 경기지역화폐 사업이 실시되기 직전 분기와 실시된 이후부터 2020년 상반기와 추가 2개월까지의 기간에 해당한다. 이 기간은 사업의 全기간(최근까지)으로 경기지역화폐가 경기도 소상공인들로 구성된 지역경제에 미친 영향을 종합해서 판단하기에 적합한 기간이 될 것이다. 본 연구에서 이 기간 동안 경기지역화폐가 경기도 소상공인 매출에 얼마만큼 영향을 주었는지 살펴보고자 한다.

2019 경기지역화폐의 소상공인 매출효과[1]

조사 자료

지역화폐의 매출효과를 분석하기 위하여 2019년 4개의 분기에 걸쳐 경기도 31개 시·군에 분포되어있는 소상공인 약 3,500개(목표치) 점포를 대상으로 매 분기 조사가 실시되었다. 이 조사사업은 조사주체의 입장에서 볼 때 크게 두 가지로 구분된다.

첫 번째는 2019년 1분기(1~3월) 실태를 파악하기 위한 1차 조사(2019. 4.10.~19)와 2분기(4~6월) 실태를 파악하기 위한 2차 조사(2019.7.1.~19)의 경우로 경기도 소상공인과가 경기도 31개 시·군에 의뢰하여 각 시·군이

1 제2절 내용은 본 연구와 관련하여 수행된 연구내용의 일부를 다른 연구보고서 형식, 즉 '정책브리프'를 빌어 기발표한 것과 내용이 중복된다. 해당 보고서의 서지사항: 유영성 외(2020), "지역화폐의 경기도 소상공인 매출액 영향 분석"(2019년 1~4분기 종합), GRI 정책브리프 2020-10, 경기연구원.

자체 시·군에 소속된 조사원(마케터)을 활용하여 시·군 내 지역상권의 소상공인들을 조사한 것에 해당한다. 각 시·군별로 50~193개 표본이 추출되었다.

경기도 지역화폐는 당시 정착 초기 상태라 응답자는 예상과 효과 및 기대를 혼재하여 응답함으로써 응답이 매우 불안정한 특성을 보였으며, 데이터 클리닝 과정에서 많은 자료 손실이 발생하였다.

두 번째로 이후 3차, 4차 조사사업은 조사주체가 변하게 되어 경기도와 31개 시·군이 아닌 경기도 시장상권진흥원이 맡아서 하게 되었다. 이 기관의 주관 하에 조사전문업체가 2019년 3분기 실태를 파악하기 위한 3차 조사(2019. 10. 10.~25)와 2019년 4분기 실태를 파악하기 위한 4차 조사(2020. 1. 15.~30)를 실시하였다. 3차와 4차 조사도 1차 및 2차 조사 때와 비슷하게 표본의 목표치(3,500개)를 설정하였다. 3차와 4차 모두 다 실제 표집된 표본수는 각 시·군별로 55~210개였다. 1차와 2차 때보다 표본수가 전체적으로 다소 늘어난 이유는 기존 표본 중 폐업, 매출액 상한 초과, 업종 변경, 1차 및 2차 조사 때 지정된 업체의 불명 등에 의한 패널 감소에 대응하는 차원에서 대체 표본을 늘려 잡았기 때문이다. 3차와 4차 조사에서 추출된 표본들의 응답 데이터 상태는 1차, 2차 조사 때에 비해 많이 개선된 상태였지만 그럼에도 불구하고 데이터 클리닝 과정에서 많은 자료가 손실되지 않을 수 없었다. 여기에는 응답자 자체의 응답 상의 문제도 있었기 때문이다.

1차 조사(사전조사) 때는 2019년 1분기 상황과 향후 지역화폐 도입 후 예상 상황을 질문하였고, 2차 조사(사후조사) 때부터는 2, 3, 4분기 상황과 지역화폐 도입에 따른 변화 상황을 주로 질문하였다. 질문지에서 설계한 소상공인의 매출액(전체 및 지역화폐) 조사는 분기별 월평균에 맞추었다. 이렇게 조사된 자료(유효표본)는 패널 성격을 띠고 있다. 전체자료는 '19 Q1(2,607개), '19 Q2(2,512개), '19 Q3(3,386개), '19 Q4(3,400개)인 불균형패널이다. 일반적인 설문 내용은 이를 기반으로 점포 사정 및 조사상의 이유로 패널 이탈과 충원을 감안하고, 결측치와 이상치를 제거한 값을 사용하였다. 이는 문항마다 다소 차이가 있을 수 있다. 2019년 패널조사의 경우 최종적으로 3,650개 점포에 대한 자료를 유효표본으로 삼아 패널모형에 입각한 경기지역화폐 정책효과 분석에 사용하였다.

경기지역화폐 제도 도입 효과(단기적 접근)

경기지역화폐 제도 도입 효과는 경기지역화폐 도입 직전인 2019년 1분기와 도입 직후인 2019년 2분기의 매출액 비교를 통해서 파악할 수 있다. 이는 이중차분법을 적용해 밝힐 수 있다. 구체적으로 지역화폐 도입 이전인 2019년 1분기에 조사한 사전조사와 도입 이후인 2019년 2분기의 사후조사 결과를 바탕으로 $Y_i = \alpha + \beta_1 D_{treatment} + \beta_2 D_{treattime} + \beta_3 (D_{treatment} \cdot D_{treattime}) + \epsilon_i$ 의 이중차분법 회귀식을 추정하면 된다. 여기서 Y_i는 총매출액, $D_{treatment}$는 지역화폐 이용 고객 여부를 나타내는 가변수, $D_{treattime}$은 지역화폐 도입 이전(1분기)과 이후(2분기)를 구분하는 가변수이다.

2분기 기준 지역화폐 이용점포 1,654개를 처치집단으로 비이용점포 746개를 통제집단으로 설정하여 이중차분법을 시행하였다. 지역화폐 도입이 매출에 미치는 효과는 β_3의 값으로 추정되며, β_1의 값은 실제 효과와 상관없이 실험집단과 통제집단 포함 여부가 매출에 미치는 효과, β_2의 값은 지역화폐 도입 전후 시간흐름에 따른 추세효과를 의미한다.

〈표 8-1〉은 경기지역화폐 제도 도입 효과에 대한 이중차분법 회귀분석 결과를 보여준다. 이 결과에 의하면, β_3의 값이 1,043,155로 나타난다. 제도 도입 효과가 양(+)의 값을 보이고 있다. 따라서 경기지역화폐를 도입함에 따라 지역상권 소상공인 매출액이 2분기 월평균 1,043,155원의 증가를 야

〈표 8-1〉 경기지역화폐 제도 도입 효과에 대한 이중차분법 추정결과

```
. xi: reg q3_1 i.treat_g*i.time_12
i.treat_g         _Itreat_g_0-1       (naturally coded; _Itreat_g_0 omitted)
i.time_12         _Itime_12_1-2       (naturally coded; _Itime_12_1 omitted)
i.tre~g*i.ti~12   _ItreXtim_#_#       (coded as above)

      Source |       SS       df       MS              Number of obs =    4386
-------------+------------------------------           F(  3,  4382) =   31.95
       Model |  4.5097e+16     3  1.5032e+16           Prob > F      =  0.0000
    Residual |  2.0620e+18  4382  4.7056e+14           R-squared     =  0.0214
-------------+------------------------------           Adj R-squared =  0.0207
       Total |  2.1071e+18  4385  4.8053e+14           Root MSE      =  2.2e+07

------------------------------------------------------------------------------
        q3_1 |      Coef.   Std. Err.      t    P>|t|     [95% Conf. Interval]
-------------+----------------------------------------------------------------
  _Itreat_g_1 |    6374680   979058.9     6.51   0.000      4455230     8294130
  _Itime_12_2 |  -687721.8    1165838    -0.59   0.555     -2973353     1597909
_ItreXtim_1_2 |    1043155    1410039     0.74   0.459     -1721234     3807544
        _cons |   1.40e+07     812389    17.23   0.000     1.24e+07    1.56e+07
------------------------------------------------------------------------------
```

기해 효과가 있었다고 할 수 있다. 다만, 이 값이 통계적 유의성을 확보하지 못하고 있다는 점에서 경기지역화폐 제도 도입의 효과를 인정하기 어렵다고 할 수 있다.

결론적으로 말하면 경기지역화폐 제도 도입은 소상공인 매출액 증가에 유의미한 영향을 주지 않는 것으로 나타났다. 다만, 여기서는 경기지역화폐 제도 도입 효과를 단기적 접근으로 판단하였다는 점을 상기할 필요가 있다. 단기적 접근에서 볼 수 있는 것은 일종의 컨벤션 효과이니만큼 이 결과는 제도가 안정적 단계에 들어섰을 때 나타나는 제도 도입 효과를 보여주지는 못한다. 그런 면에서 단기적 접근에 의한 결과에 전적으로 의존하는 것은 판단 착오를 일으킬 여지가 크다. 중장기적인 시계열 자료를 적용한 다음, 제도 도입 효과를 판단하는 것이 대안적 방법이다.

경기지역화폐가 소상공인 매출에 미친 영향 분석(2019년 1년 기간)

분석모형 및 패널분석 개요

본 장에서는 지역화폐 발행과 소상공인 매출액의 관계에 대해 '지역화폐의 이용 경험'과 '결제액'으로 나누어 패널분석을 진행하였다. 첫째, 해당 분기 내 해당 점포에 지역화폐 이용 고객이 존재하였는가에 대한 가변수(dummy variable)를 주요 독립변수로 설정하고 매출액을 종속변수로 삼았다. 둘째, 해당 분기 내 해당 점포의 지역화폐 결제액(분기별 월평균)을 주요 독립변수로 삼고 매출액(분기별 월평균)을 종속변수로 설정하였다.

분석자료는 점포 특성과 시기별 특성을 함께 고려할 수 있는 패널데이터로 이를 효과적으로 분석할 수 있는 패널분석이 요구된다. 그런데 해당 데이터로 Pooled OLS 분석을 할 수도 있다. 일반적으로 Pooled OLS는 개체의 이질성과 시기적 특성을 고려하지 못하는 한계가 존재한다는 지적이 있다. 그럼에도 불구하고 여전히 유용한 분석방법일 수 있다. 따라서 Pooled OLS 분석과 패널분석 간 우월성을 판가름하기 위해 F-test와 LM test를 해보아야 한다(〈그림 8-1〉).

Pooled OLS와 고정효과 패널모형(Fixed Effects Model)의 결과를 비교하는 F-test를 실행한 결과, 모든 모형에서 1% 수준에서 유의하여 고정효과모형의 추정치가 상대적으로 우수한 것으로 분석되었다. 다음으로 Pooled OLS와 확률효과 패널모형(Random Effects Model)을 비교하는 LM test(Breush and Pagan Lagrangian Muliplier Test) 결과, 모든 모형에서 1% 수준에서 유의하여 확률효과모형이 상대적으로 효율적인 추정임을 확인할 수 있었다. 이러한 결과에 근거하여 본 장에서는 Pooled OLS 분석 대신 패널분석을 하고자 한다.

확률효과모형(Random Effects Model)은 개체 간 변동(between variation)

〈그림 8-1〉 **분석 흐름도**

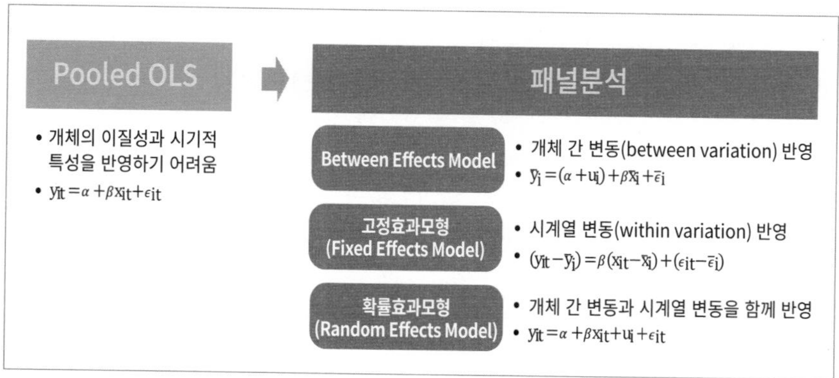

자료: 저자 작성

과 시계열 변동(within variation)을 동시에 반영하여 독립변수의 효과를 종합적으로 드러낸다. 패널분석의 장점인 개체 간 정보와 개체 내 시계열적인 정보를 함께 사용하여 효율적이고, 개체 간 나타나는 효과와 시계열적으로 나타나는 효과를 종합적으로 볼 수 있는 것이다. 다만, 본 연구의 모형에서는 Hausman test를 통과하지 못하여 확률효과모형 결과를 그대로 채용하기 곤란한 점이 있다. 대신에 고정효과모형(Fixed Effects Model)과 Between Effects Model의 결과를 함께 제시하여 개체 간 효과와 시계열 효과를 나누어 살펴보고자 한다.

고정효과모형(Fixed Effects Model)을 통해 지역화폐의 이용 여부나 결제액의 변화가 동일 점포 내에서 시간의 변화에 따라 나타나는 효과를 분석한다. 시계열 변동(within variation)은 본 연구에서 동일 점포에서 시간의 변화에 따라 나타나는 차이를 의미한다. 한편, 개체변동모형(Between Effects Model)을 사용하여 동일 시점에서 지역화폐 이용 고객이 존재한 점포와 존재하지 않은 점포 등을 비교한다. 여기서 개체 간 변동(between variation)은 점포 사이의 차이를 의미한다.

본 연구의 분석모형은 모형의 특성(Between Effects Model, Fixed Effects Model, Random Effects Model)과 상호작용항 포함 여부를 기준으로 설정된다. 고정효과모형에서는 시계열 변동만을 분석하므로 소재지역과 같이 시간에 따라 변화하지 않는 값은 모형에서 제외된다. 점포직원 수, 업종, 상권유형, 점포 유형, 소재 지역 등을 통제변수로 삼았으며, 연속변수인 점포직원 수를 제외한 변수들은 가변수(dummy variable)로 처리하여 분석한다. 상호작용항의 경우 지역화폐 결제 고객 여부와 해당권역 가변수를 곱하여 만들었으며, 이를 통해 주요 독립변수의 지역별 효과를 분석할 수 있도록 하였다.

지역화폐 '이용'의 소상공인 매출효과

분석을 위하여 2019년 4개의 분기에 대한 경기지역화폐 발행 매출 증대 효과조사 자료를 분석에 활용하였다. 매출액 증대 효과에 대해 패널분석 확률효과모형을 활용하여 추정한 결과, 즉 '분기별 월평균 총매출액(단위: 백만원)'을 종속변수로 하고 '해당 분기에 지역화폐로 결제하는 고객이 있었는가'에 대한 가변수를 지역화폐 이용을 분석하는 주요 독립변수로 하는 모형의 분석결과, 경기도 내 소상공인 점포에서 지역화폐 결제 고객이 있는 경우가 결제 고객이 없는 경우에 비해 매출액이 월평균 206만원 상승한 효과가 발생한 것으로 나타났다(통계적 유의성 1% 이내, 〈표 8-2〉).

지역화폐 이용의 매출액 효과는 (모형 4)에서 보는 바와 같이 206만원으로 나타났으며, (모형 5)와 같이 상호작용항을 활용하여 권역별 효과를 분석하면 각각 북부권 487만원, 중부내륙권 278만원, 남부권 182만원, 서부권 89만원, 동부권 79만원 증가하는 것으로 나타났다. (모형 5)에서는 중부내륙권을 기준으로 권역별 효과 차이를 분석하였고, 그 결과 남부권을 제외한 모든 지역에서 유의한 차이를 나타내었다. 북부권을 중심으로 유의성

〈표 8-2〉 지역화폐 '이용'의 소상공인 매출효과 추정결과

(단위: 백만원)

구분		(모형 1) Between Effects	(모형 2) Between Effects	(모형 3) Fixed Effects	(모형 4) Random Effects	(모형 5) Random Effects
상수항		8.205***	8.067***	9.278***	10.349***	9.898***
지역화폐 결제고객 여부 (0=없었다. 1=있었다.)		4.749***	4.934***	1.145***	2.055***	2.780***
점포직원수(명)		4.101***	4.103***	2.798***	3.566***	3.553***
업종 (0=기타)	음식점	−1.711**	−1.705**	0.383	−0.875	−0.755
	커피, 제과	−5.572***	−5.565***	−0.048	−4.317***	−4.196***
	편의점, 슈퍼마켓, 농축수산물	6.751***	6.748***	0.262	6.993***	7.063***
	의류, 잡화, 직물	−1.534*	−1.516***	0.045	−1.728**	−1.673**
상권 유형 (0=전통시장, 1=상점가)		1.694***	1.785***	3.159	2.122***	2.172***
점포 유형 (0=프랜차이즈, 1=일반점포)		−3.338***	−3.365***	−1.480*	−3.053***	−3.090***
소재지역 (0=중부 내륙권)	서해안권	−2.947***	−1.458	−	−2.943***	−1.757*
	동북부권	−5.405***	−4.372***	−	−5.527***	−4.004***
	북부권	−2.565***	−2.480*	−	−3.317***	−3.680***
	남부권	−1.463**	−2.778**	−	−1.870**	−1.360
상호작용항 (지역화폐 고객여부x 지역)	서해안권	−	−2.261	−	−	−1.891**
	동북부권	−	−1.839	−	−	−2.701***
	북부권	−	−0.188	−	−	2.093**
	남부권	−	2.804	−	−	−0.959
Number of observation		10,517	10,517	10,517	10,517	10,517
Number of groups		3,650	3,650	3,650	3,650	3,650
R−sqaure	within	0.045	0.044	0.050	0.048	0.052
	between	0.324	0.326	0.247	0.320	0.319
	overall	0.264	0.266	0.213	0.265	0.266

주: ***, **, *는 각각 1%, 5%, 10% 수준에서 유의함을 의미

을 분석하면 남부권까지 포함한 모든 권역에서 유의한 차이를 나타내어 권역별 효과의 유의성이 확인된다. 본 연구에서는 이후 매출액 증대효과와의 통일성 등을 고려하여 중부내륙권을 기준으로 한 결과를 제시한다.

시계열 변동(within variation)의 경우, (모형 3)에서 보는 바와 같이 115만원의 매출증대 효과가 나타났다(통계적 유의성 1% 이내). 동일 점포 기준으로 시계열 변화에 따라 지역화폐 결제가 없던 점포에서 결제가 생길 경우 115만원의 매출증대 효과가 나타난 것으로 해석할 수 있다. 이는 지역화폐 이용이 기존 소비를 대체하는 것에서 더 나아가 추가적인 소비를 유발하는 것을 말해준다.

개체 간 변동(between variation)은 (모형 2)에서 보는 바와 같이 경기도에서 약 475만원의 매출증대 효과를 보였다. 지역화폐 이용 고객이 있었던 점포의 매출이 이용 고객이 없었던 점포의 매출에 비해 475만원 높다고 해석할 수 있다. 단, (모형 2)에서와 같이 상호작용항을 활용하여 분석한 결과, 권역별 차이는 나타나지 않았다. 이는 지역 골목상권 등을 중점 대상으로 삼고 있는 지역화폐의 사용 특성을 고려했을 때, 지역화폐 이용으로 인해 일종의 지역 점포 발굴 효과가 나타나 이후 매출로 이어졌다는 것을 보여준다.

지역화폐 '결제액'의 소상공인 매출효과

'분기별 월평균 총매출액(단위: 백만원)'을 종속변수로 하고 '해당 분기 월평균 지역화폐 결제액(단위: 백만원)'을 주요 독립변수로 하는 패널분석을 하였다. 모든 모형에서 통계적으로 유의한 결과가 나왔다(〈표 8-3〉).

2019년 분기별 자료를 활용하여 추정한 결과, (모형 4)에서와 같이 지역화폐 결제액이 100만원 높으면 매출액이 145만원 높게 나타났다(통계적 유의성 1% 이내). 매출액 증대 효과가 1.45배 증가하는 것으로 추정된다. 다

〈표 8-2〉 **지역화폐 '이용'의 소상공인 매출효과 추정결과**

(단위: 백만원)

구분		(모형 1) Between Effects	(모형 2) Between Effects	(모형 3) Fixed Effects	(모형 4) Random Effects	(모형 5) Random Effects
상수항		8.205***	8.067***	9.278***	10.349***	9.898***
지역화폐 결제고객 여부 (0=없었다. 1=있었다.)		4.749***	4.934***	1.145***	2.055***	2.780***
점포직원수(명)		4.101***	4.103***	2.798***	3.566***	3.553***
업종 (0=기타)	음식점	−1.711**	−1.705**	0.383	−0.875	−0.755
	커피, 제과	−5.572***	−5.565***	−0.048	−4.317***	−4.196***
	편의점, 슈퍼마켓, 농축수산물	6.751***	6.748***	0.262	6.993***	7.063***
	의류, 잡화, 직물	−1.534*	−1.516***	0.045	−1.728**	−1.673**
상권 유형 (0=전통시장, 1=상점가)		1.694***	1.785***	3.159	2.122***	2.172***
점포 유형 (0=프랜차이즈, 1=일반점포)		−3.338***	−3.365***	−1.480*	−3.053***	−3.090***
소재지역 (0=중부 내륙권)	서해안권	−2.947***	−1.458	−	−2.943***	−1.757*
	동북부권	−5.405***	−4.372***	−	−5.527***	−4.004***
	북부권	−2.565***	−2.480*	−	−3.317***	−3.680***
	남부권	−1.463**	−2.778**	−	−1.870**	−1.360
상호작용항 (지역화폐 고객여부x 지역)	서해안권	−	−2.261	−	−	−1.891**
	동북부권	−	−1.839	−	−	−2.701***
	북부권	−	−0.188	−	−	2.093**
	남부권	−	2.804	−	−	−0.959
Number of observation		10,517	10,517	10,517	10,517	10,517
Number of groups		3,650	3,650	3,650	3,650	3,650
R−sqaure	within	0.045	0.044	0.050	0.048	0.052
	between	0.324	0.326	0.247	0.320	0.319
	overall	0.264	0.266	0.213	0.265	0.266

주: ***, **, *는 각각 1%, 5%, 10% 수준에서 유의함을 의미

만, 이 추정결과는 하우스만 검증을 통과하지 못하여 확정적이라고 말할 수 없다. 따라서 이를 시계열 변동효과(within effects)와 점포간 효과(between effects)로 분해해서 살펴볼 필요가 있다. 한편, (모형 5)에서 제시되듯이 상호작용항을 활용하여 권역별 효과를 분석하면 각각 서해안권 578만원, 북부권 536만원, 동북부권 423만원, 남부권 355만원, 중부내륙권 96만원이 증가하는 것으로 나타났다.

이제 동일 자료에 대해 패널분석을 활용하여 지역화폐 결제액 증가의 시기별 효과(시계열변동, within effects)를 분석하면, 동일 점포 내에서 지역화폐 결제액이 100만원 증가할 경우 소상공인 매출액은 57만원 증가하는 것으로 나타났다(통계적 유의성 1% 이내). 이는 지역화폐 결제액 중 일부 기존 소비를 대체하는 부문이 있더라도 추가적인 소비가 일어나고, 이를 통한 매출액 증가가 나타났다고 해석할 수 있다.

동일 자료에 대해 패널분석을 활용하여 점포 간 효과(between effects)를 분석하면, 지역화폐 결제액이 100만원 높은 점포는 낮은 점포에 비해 매출액이 535만원 높은 것으로 나타났다(통계적 유의성 1% 이내).

이러한 효과는 2020년 들어서 발생한 코로나19에 대한 대응 차원의 각종 재난지원금(중앙정부의 긴급재난지원금, 경기도의 재난기본소득, 이밖에 각종 복지수당 성격의 지원금 등)의 지급 중 상당 부분이 지역화폐 방식으로 이루어졌는데 그 영향을 받지 않은 상태에서의 효과에 해당한다.

〈표 8-3〉 지역화폐 '결제액'의 소상공인 매출효과 추정결과

구분		(모형 1) Between Effects	(모형 2) Between Effects	(모형 3) Fixed Effects	(모형 4) Random Effects	(모형 5) Random Effects
상수항		9.183***	9.927***	9.696***	10.917***	11.298***
지역화폐 매출액(백만원)		5.354***	4.198***	0.565***	1.453***	0.959***
점포직원수(명)		3.846***	3.784***	2.772***	3.544***	3.480***
업종 (0=기타)	음식점	−1.168**	−1.302*	0.335	−0.729	−0.833
커피, 제과	−4.684***	−4.869***	0.027	−4.015***	−4.160***	
편의점, 슈퍼마켓, 농축수산물	6.988***	6.779***	0.059	7.093***	6.859***	
의류, 잡화, 직물	−1.265	−1.310	−0.064	−1.685**	−1.728**	
상권 유형 (0=전통시장, 1=상점가)		1.414***	1.471***	3.429	2.018***	2.111***
점포 유형 (0=프랜차이즈, 1=일반점포)		−3.386***	−3.412***	−1.490*	−3.038***	−2.967***
소재지역 (0=중부내륙권)	서해안권	−1.260	−3.328***	−	−2.399***	−3.445***
동북부권	−4.511***	−5.119***	−	−5.285***	−6.208***	
북부권	−2.238***	−2.709***	−	−3.448***	−4.041***	
남부권	−0.788	−2.158***	−	−1.754**	−2.401***	
상호작용항 (지역화폐고객여부x 지역)	서해안권	−	9.649***	−	−	4.820***
동북부권	−	1.594**	−	−	3.271***	
북부권	−	1.086	−	−	4.397***	
남부권	−	5.463***	−	−	2.591***	
Number of observation		10,517	10,517	10,517	10,517	10,517
Number of groups		3,650	3,650	3,650	3,650	3,650
R-sqaure	within	0.028	0.032	0.037	0.035	0.044
	between	0.391	0.394	0.267	0.379	0.384
	overall	0.298	0.305	0.231	0.305	0.310

주: ***, **, *는 각각 1%, 5%, 10% 수준에서 유의함을 의미

2020 경기지역화폐의 소상공인 매출효과[2]

조사 자료

2019년까지의 기존 조사자료에 2020년 1월 1일부터 8월 31일까지(1분기, 2분기, 3분기 일부)의 분기별 월평균 조사자료를 더하였다. 2020년 1, 2분기 실태조사는 2020.7.22.~8.25.(35일간)에 걸쳐 실시되었고, 2020년 3분기 일부(7, 8월) 실태조사는 2020.9.07.~9.18.(12일간) 기간에 실시되었다. 전체 자료는 '20 Q1(3,500개), '20 Q2(3,500개), '20 Q3의 일부(2,262개)인 불균형패널이다.

2020년 1, 2분기에 조사된 소상공인 가맹점 3,500개 점포의 특성은 〈표 8-4〉와 〈그림 8-2〉와 같다.[3, 4] 샘플링 표본오차는 95%1.65%p이다.

계량모형에 쓰인 응답은 코나아이에서 지역화폐 주별 매출액 자료를 매칭해준 2,781개의 응답 중 모든 문항에 대해 두 기수 이상 응답이 존재하여 패널분석이 가능한 2,769개의 점포를 대상으로 계량분석을 하였다. 코나아이 제공 대상 자료(2,781개)의 기초통계량은 〈표 8-5〉와 같다.

---

2 이 부분은 "유영성·윤성진(2021), 『정책브리프 2021-01』, 경기연구원"에서도 실려 있다.

3 이는 2019년 3, 4분기에 조사된 소상공인 가맹점 점포의 특성에도 대체로 부합한다.

4 특히 2020년 1분기와 2분기 자료는 코로나19라는 사태가 개입되기 전과 후라는 시기적 특징을 반영한다. 2020년 2분기에 대규모의 재난지원금이 정책발행 성격의 지역화폐로 발행 및 사용되었을 것인 만큼 이 기간 사이에 소상공인들의 매출액에서의 차이와 이에 대한 지역화폐의 기여도에서 차이가 나타날 수 있다. 2019.1.1.부터 2020.8.31.까지의 소상공인 조사 자료는 이러한 특징들을 그대로 포함하고 있다 할 것이다.

〈표 8-4〉 소상공인 가맹점 점포의 소재지 및 시·군별 비중(2020.1.1.~6.30 조사기간)

시 군		사례수 (개)	비중 (%)
전 체		3,500	100.0
점포 소재지	가평군	97	2.8
	고양시	100	2.9
	과천시	140	4.0
	광명시	100	2.9
	광주시	92	2.6
	구리시	100	2.9
	군포시	100	2.9
	김포시	150	4.3
	남양주시	100	2.9
	동두천시	100	2.9
	부천시	100	2.9
	성남시	128	3.7
	수원시	100	2.9
	시흥시	102	2.9
	안산시	152	4.3

시 군		사례수 (개)	비중 (%)
점포 소재지	안성시	202	5.8
	안양시	120	3.4
	양주시	100	2.9
	양평군	100	2.9
	여주시	100	2.9
	연천군	100	2.9
	오산시	100	2.9
	용인시	156	4.5
	의왕시	100	2.9
	의정부시	91	2.6
	이천시	100	2.9
	파주시	100	2.9
	평택시	100	2.9
	포천시	100	2.9
	하남시	150	4.3
	화성시	120	3.4

경기지역화폐 '결제액'의 소상공인 매출효과

2019.1.1.~2020.6.30.기간 동안의 조사자료를 사용하여 분기별 월평균 총매출액(단위: 백만원)'을 종속변수로 하고 '해당 분기 월평균 지역화폐 결제액(단위: 백만원)'을 주요 독립변수로 하는 패널GLS(generalized least squares)[5] 분석을 하였다. 추정결과는 〈표 8-6〉과 같다.

5 패널 GSL는 패널 자료의 특성으로 인해 일반적인 회귀모형 OLS에 전제된 동분산성

〈그림 8-2〉 소상공인 가맹점 점포의 업종, 유형, 상권 유형

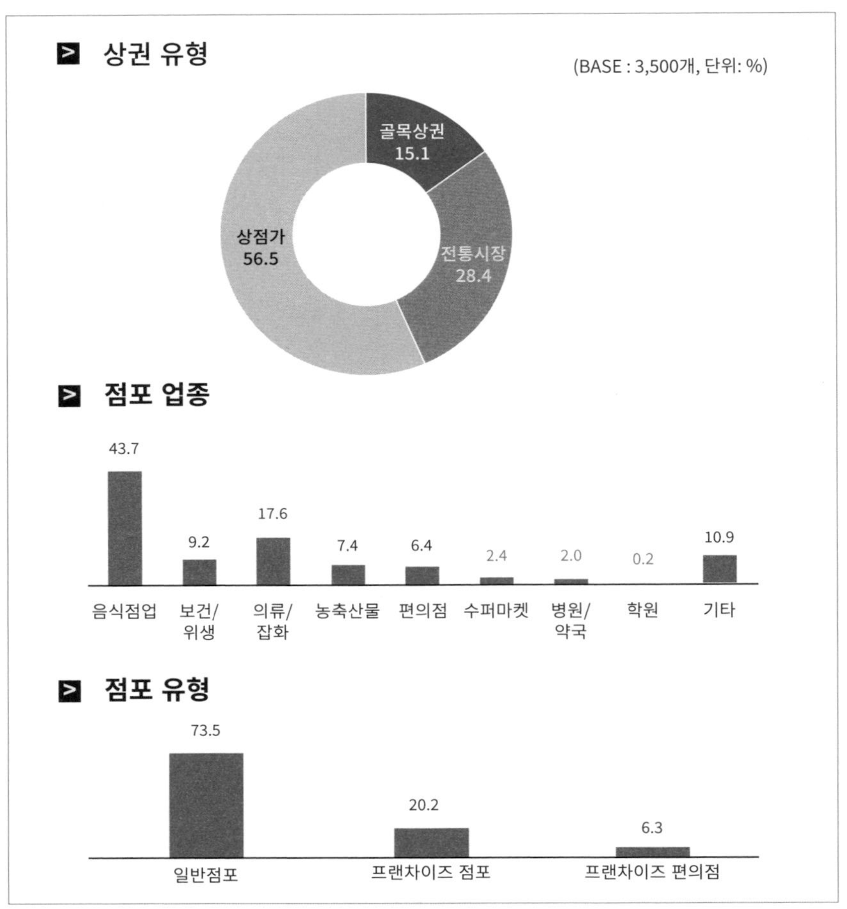

통제변수로 점주업력, 점포유형, 상권유형, 점포업종, 지역, 시점 등을 사용하며, 지역의 경우 지역별 상수항을 갖는 방식으로 통제하였으며, 시

(homoskedasticity)과 자기상관이 없어야한다(no autocorrelation)는 가정을 충족시키지 못하는 경우에 적용하는 방법으로 2019년 1분기에서 2020년 3분기까지 2,769 소상공인 점포를 대상으로 분석하는 본 연구에 적합하다. 여기서는 이분산성(heteroskedasticity)을 가정하고 panel-specific AR(1)의 자기상관계수를 적용하였다.

〈그림 8-3〉 소상공인 응답 결과

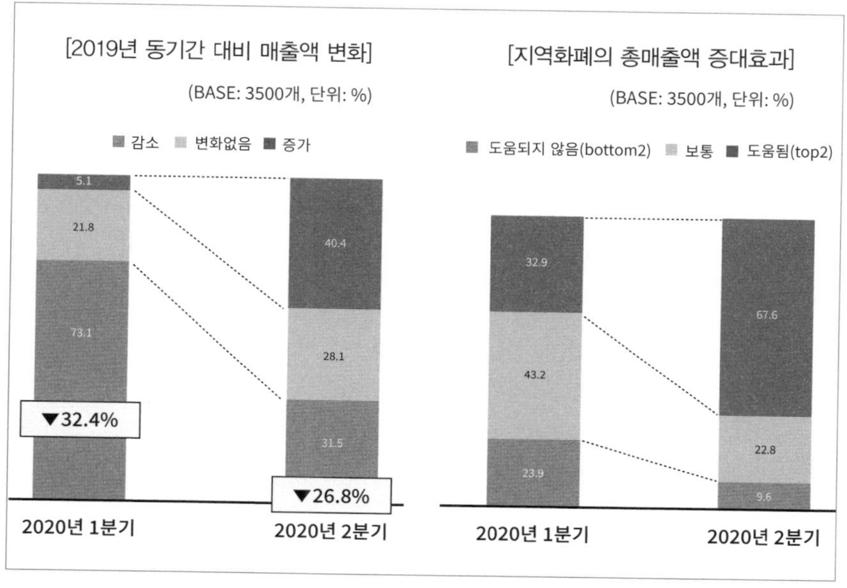

점의 경우 2019년 1분기를 기준으로 그 외 시점에 대한 더미 변수를 활용하여 통제하였다.

〈표 8-6〉에 의하면 지난 18개월 동안에 걸쳐 분기별 월평균 경기지역화폐 결제액(단위: 백만원)이 증가함에 따라 경기도 소상공인의 분기별 월평균 매출액이 94.5만원(94.5%) 증가한 것으로 나타났다(통계적으로 1% 수준에서 유의함). 이는 수많은 변수들(종사자수, 점주업력, 점포유형, 상권유형, 점포업종, 시간차이)을 통제한 상태에서 나온 결과이다. 단, 시·군 지역별 상수항과 시간 더미 등을 활용하여 시간과 지역의 고정효과를 통제하고 점포 특성을 반영하여 편의를 최소화하는 모형을 작성하였으나 관측되지 않는 특성의 영향으로 인해 과소추정되거나 과대추정될 가능성은 존재한다. 이를 통해 볼 때 경기도민들이 지역화폐를 사용함으로써 소상공인 점포에서 소비를 늘렸다고 해석할 수 있다.

〈표 8-5〉 **조사 소상공인(ID 매칭)의 기초통계량**

변수명		관측치	평균	표본오차	최소	최대
지역화폐결제액(백만원)		19,461	0.612	1.945	0	51.658
업종별 지역화폐 결제액 상호작용항 (백만원)	음식점	19,461	0.151	0.652	0	18.967
	스넥(빵, 커피 등)	19,461	0.052	0.378	0	12.548
	농축산물	19,461	0.098	1.043	0	50.334
	편의점	19,461	0.048	0.396	0	13.582
	수퍼마켓	19,461	0.045	0.903	0	51.658
	의류.잡화.직물	19,461	0.108	0.954	0	49.335
	학원(유치원, 유아원 등)	19,461	0.002	0.120	0	9.755
	병원.약국	19,461	0.018	0.369	0	29.188
	보건.위생(미용, 안경, 화장품 등)	19,461	0.046	0.481	0	21.620
	서적, 문구, 사무용품	19,461	0.005	0.151	0	10.250
	가전.주방.가구	19,461	0.004	0.148	0	12.943
	레저.문화.취미	19,461	0.004	0.082	0	6.374
	기타	19,461	0.030	0.364	0	18.766
종사자수(명)		13,368	2.311	1.391	1	31
매출액(백만원)		13,393	16.916	16.688	0.05	185
점주업력(년)		19,467	10.432	9.600	−0.6	63

분석결과 중 흥미로운 것은 시간더미 통제변수의 경우 2020년 1분기의 계수값이 −0.976(1% 수준에서 통계적으로 유의)이며 2020년 2분기는 +1.626으로 나왔다는 것이다. 실제 이 기간 동안의 조사에서 소상공인 조사대상자 3,500명이 지난해 동기간 대비 1분기 매출액에 비해 2분기 매출액이 크게 증가했다고 응답하였다(〈그림 8-3〉). 코로나19와 재난지원금 지급의 영향을 반영하는 것으로 보인다.

한편, 매출액 증가 효과를 업종별로 나누어 분석하면, 학원을 제외한

변수명		빈도	%	변수명		빈도	%
지역더미	가평군	518	2.7	시간더미	2019년1분기	2,781	14.3
	고양시	385	2.0		2019년2분기	2,781	14.3
	과천시	658	3.4		2019년3분기	2,781	14.3
	광명시	546	2.8		2019년4분기	2,781	14.3
	광주시	532	2.7		2020년1분기	2,781	14.3
	구리시	490	2.5		2020년2분기	2,781	14.3
	군포시	630	3.2		2020년3분기	2,781	14.3
	김포시	980	5.0	점포유형	일반점포	14,014	72.0
	남양주시	637	3.3		프랜차이즈	5,453	28.0
	동두천시	546	2.8	상권유형	일반상점가	10,913	56.1
	부천시	567	2.9		전통시장	5,810	29.9
	성남시	749	3.9		골목상권	2,744	14.1
	수원시	665	3.4	점포업종	음식점	6,188	31.8
	시흥시	693	3.6		스넥(빵, 커피 등)	2,226	11.4
	안산시	987	5.1		농축산물	1,463	7.5
	안성시	833	4.3		편의점	1,477	7.6
	안양시	770	4.0		수퍼마켓	581	3.0
	양주시	385	2.0		의류.잡화.직물	3,479	17.9
	양평군	567	2.9		학원(유치원, 유아원 등)	21	0.1
	여주시	637	3.3		병원.약국	385	2.0
	연천군	581	3.0		보건.위생	1,708	8.8
	용인시	735	3.8		서적, 문구, 사무용품	182	0.9
	의왕시	623	3.2		가전.주방.가구	182	0.9
	의정부시	588	3.0		레저.문화.취미	308	1.6
	이천시	581	3.0		기타	1,267	6.5
	파주시	532	2.7				
	평택시	616	3.2				
	포천시	350	1.8				
	하남시	714	3.7				
	화성시	728	3.7				

〈표 8-6〉 경기지역화폐의 소상공인 매출효과(2019. 1. 1.~ 2020. 8. 31.)

시군	상수항	변수명		계수
가평군	0.254*	지역화폐결제액(백만원)		0.945***
고양시	5.532***	종사자수(명)		3.553***
과천시	0.395***	매출액(백만원)		-
광명시	8.389***	점주업력(년)		-0.028***
광주시	5.693***	점포유형 (일반점포=0, 프랜차이즈=1)		2.869***
구리시	-1.432***			
군포시	9.302***	상권 유형 (상점가=0)	전통시장	-1.574***
김포시	5.439***		골목상권	-1.098***
남양주시	5.103***	점포업종 (기타=0)	음식점	2.133***
동두천시	9.913***		스넥(빵, 커피 등)	1.189***
부천시	6.170***		농축산물	5.811***
성남시	5.847***		편의점	15.551***
수원시	0.158		수퍼마켓	17.449***
시흥시	5.340***		의류.잡화.직물	1.138***
안산시	2.619***		학원 (유치원, 유아원 등)	10.933***
안성시	7.242***		병원.약국	15.038***
안양시	4.947***		보건.위생 (미용, 안경, 화장품, 사우나 등)	2.714***
양주시	0.712***			
양평군	5.208***		서적, 문구, 사무용품	1.687***
여주시	0.007		가전.주방.가구	1.823***
연천군	8.998***		레저.문화.취미	0.153
오산시	6.237***	시간 더미 (2019년 1분기=0)	2019년2분기	-0.046
용인시	4.767***		2019년3분기	-0.159
의왕시	3.226***		2019년4분기	-0.229**
의정부시	1.855***		2020년1분기	-1.669***
이천시	1.591***		2020년2분기	0.933***
파주시	13.020***		2020년3분기	-0.693***
평택시	4.719***			
포천시	-4.437***			
하남시	0.704***			
화성시	5.872***			

주: ***, **, *는 각각 1%, 5%, 10% 수준에서 유의함을 의미

모든 업종에서 통계적으로 유의한 정(+)의 상관관계를 나타내어 지역화폐 효과가 특정 업종에 국한되는 것이 아니라 골고루 나타나고 있음을 알 수 있다(〈표 8-7〉 참조). 특히 카페(1.900), 보건·위생(1.503), 가전·주방·가구(1.251) 등의 업종에서 높은 효과를 보이고 있었다.

요약정리

분석결과는 다음과 같이 요약 정리할 수 있다.

첫째, 경기지역화폐 제도 도입 효과는 단기적으로는 유의미한 결과를 보여주지 못하였다. 그렇지만 제도가 안착되는 중장기적인 기간의 시계열 자료를 대입할 경우 제도 도입 효과는 유의미한 결과를 보여줄 수 있는 것으로 추측된다. 이를 2019년 2분기 이후 패널자료 분석 결과가 암시해 주고 있다.

둘째, 2019년 1년 동안 경기지역화폐가 소상공인 매출에 미친 영향 분석 결과, 경기도 내 소상공인 점포에서 지역화폐 결제 고객이 있는 경우가 결제 고객이 없는 경우에 비해 매출액이 월평균 206만원 상승한 효과가 발생하였다. 통계적 유의성이 1% 이내인 만큼 매우 견고한 결과라 할 것이다. 이뿐만 아니라 2019년 1년 동안 지역화폐 결제액이 100만원 높으면 매출액이 145만원 높게 나타나는 통계적으로 1% 이내에서 유의한 결과도 나타났다. 다만 이들 결과는 하우스만 테스트를 통과하지 못하여 채택하지 않고, 대신 시계열 변동효과(within effects)와 점포간 효과(between effects)로 분해해서 살펴보았다. 지역화폐 결제액 증가의 시기별 효과(시계열변동, within effects)를 분석하면, 동일 점포 내에서 지역화폐 결제액이 100만원 증가할 경우 소상공인 매출액은 추가적으로 57만원 증가하였음(통계적 유

〈표 8-7〉 **매출액 증대 효과의 업종별 구분**

변수명		계수 (매출액)
업종별 지역화폐 결제액 상호작용항 (단위: 백만원)	음식점	0.900***
	스넥(빵, 커피 등)	1.900***
	농축산물	1.042***
	편의점	0.900***
	수퍼마켓	0.963***
	의류.잡화.직물	0.684***
	학원(유치원, 유아원 등)	-0.579
	병원, 약국	0.379***
	보건·위생(미용, 안경, 화장품, 사우나 등)	1.503***
	서적, 문구, 사무용품	0.560***
	가전, 주방, 가구	1.251***
	레저, 문화, 취미	0.596***
	기타	0.802***
종사자수(명)		3.523***
매출액(백만원)		-
점주업력(년)		-0.027***
점포유형(일반점포=0, 프랜차이즈=1)		2.868***
상권 유형 (상점가=0)	전통시장	-1.556***
	골목상권	-1.025***
점포업종 (기타=0)	음식점	2.261***
	스넥(빵, 커피 등)	0.693***
	농축산물	5.579***
	편의점	15.782***
	수퍼마켓	17.340***
	의류.잡화.직물	1.424***
	학원(유치원, 유아원 등)	10.056*
	병원, 약국	15.816***
	보건·위생(미용, 안경, 화장품, 사우나 등)	2.407***
	서적, 문구, 사무용품	1.917***
	가전, 주방, 가구	1.880***
	레저, 문화, 취미	0.472***

주: ***, **, *는 각각 1%, 5%, 10% 수준에서 유의함을 의미

의성 1% 이내)을 보여준다. 점포 간 효과(between effects)를 분석하면, 지역화폐 결제액이 100만원 높은 점포는 낮은 점포에 비해 매출액이 535만원 높은 것으로(통계적 유의성 1% 이내) 나타났다.

셋째, 2019.1.1.~2020.8.31. 기간 동안의 조사자료를 사용하여 패널분석을 한 경우, 지난 20개월 동안에 걸쳐 분기별 월평균 경기지역화폐 결제액이 100만원 증가함에 따라 경기도 소상공인의 분기별 월평균 매출액이 94.5만원 증가한다는 결과가 통계적으로 1% 이내에서 유의하게 나왔다. 이는 2020년 들어 코로나19라는 사태가 발생한 시기의 지역화폐 사용과 소상공인 매출 상황을 반영한 결과이다.

결론적으로 이러한 실증결과들에 입각해서 판단하면 경기지역화폐 사업이 지난 2019년 4월 1일부터 실시되고 2020년 8월 31일 현재까지를 종합해 봤을 때 경기지역화폐가 소상공인 매출액 증대에 긍정적인 영향을 일으켰다는 것으로 말할 수 있다.

이러한 결과가 도출됐음에도 불구하고 향후 추가 연구가 남아 있다. 지역화폐가 소비를 얼마나 진작시켰는지를 분석할 필요가 있다. 대체로 현금으로 주면 저축을 하기 마련이고, 지역화폐로 지급하더라도 기존 소비를 대체하기 마련인데, 중요한 것은 이것을 부정하든 긍정하든 그 효과가 어느 정도인가이다. 이를 밝혀 제시할 필요가 있다. 이뿐만 아니라 지역화폐가 지역상권에서 어느 정도 고용효과를 발생시키는지도 연구해야 할 사항이다. 더 나아가 인접지역 소비를 감소시키는 효과와 지역간 불균등 소비쏠림을 방지하는 효과도 함께 검토해 보아야 할 과제이다.

경기도 지역화폐의 적정 운용모형

김병조 · 남춘호

지역화폐 운용지역 유형 분류

경기도의 사회경제적 지역 특성

경기도는 서울특별시를 둘러싸고 있는 지역적 특성을 갖는다. 서울과 함께 '수도권'으로 불리기도 하며, 또한 서울의 외곽 혹은 변방지역으로 위치지워진다. '서울-경기'는 마치 '중심부와 주변부의 관계'(Samir Amin)와 같이 상호간의 대립과 공존, 갈등과 경쟁, 종속과 자립이 병존하고 있다. 그런 맥락에서 경기도는 지역의 균형성장과 관련하여 양가적인 지역적 특성을 가지고 있다. 첫째는 서울-경기도간의 **외부 불균등**이며, 둘째는 경기도의 **내부 불균등**이다. 이 두 가지 지역불균등을 완화·해소하기 위하여 지역화폐의 역할과 운용유형 설정은 매우 중요하다고 할 것이다.

첫째, 서울-경기도 간의 **지역간 외부 불균등**. 경기도는 상대적으로 서울특별시로의 종속성이 강하다. 경기도의 역외소비율은 54.2%(2019년 신한카드 하나카드 기준. 한국은행: 2020)로 타 지자체 대비 상대적으로 높은

〈그림 9-1〉 **경기도 역내외 소비율**

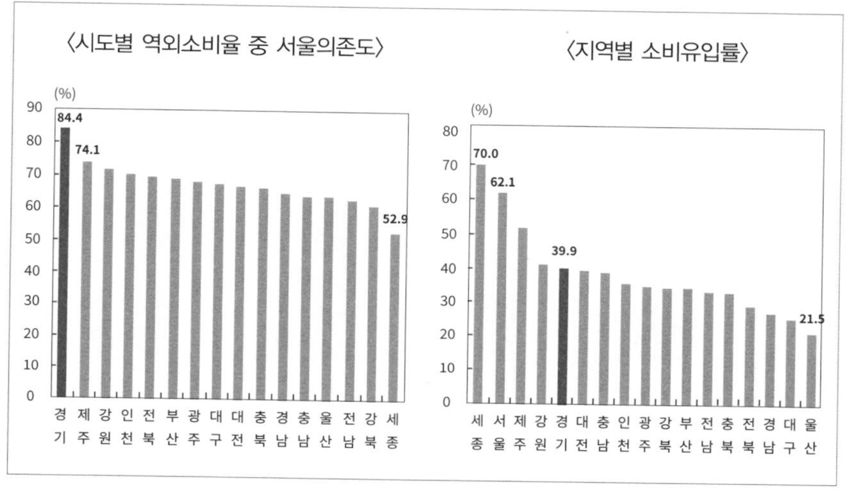

자료: 한국은행, 2020. 신한카드, 하나카드(2019년)

편은 아니다. 그러나 "서울로의 소비비중은 84.5%로 17개 광역시도 중 가장 높은 수준"(한국은행. 2020)을 보여준다(〈그림 9-1〉).

이는 경기도가 지리적으로 인접한 서울에 소비를 의존하고 있으며, 신도시들은 서울의 위성도시로서 직장, 소득, 소비, 의료, 문화 등 전 생활영역에 걸쳐 베드타운의 역할을 하고 있음을 보여준다. 한마디로 경기도가 서울특별시로의 역내소득 유출이 매우 높은 점은 서울특별시로의 경제적 종속성, 지역불균등에 기인하는 원인이자 결과이며, 종국적으로 지역경제 활성화에 심각한 문제를 초래한다고 할 수 있다. 반면에 경기도로 유입하는 역외소비 유입률은 39.9%(전국 지자체 4위)이다. 이는 대전, 충남, 인천과 큰 차이를 보이지 않고 있어 경기도가 가진 수도권, 산업단지, 인구, 면적 등에 걸맞지 않은 수준이다.

또한 경기도에서 서울로의 출퇴근 이동은 교통수단, 도로망의 발전으로 2000년 93만 명에서 2015년 128만 명으로 증가하였다. 이는 주변 지역

〈그림 9-2〉 **경기도의 서울지역으로 출퇴근 인원 추이**

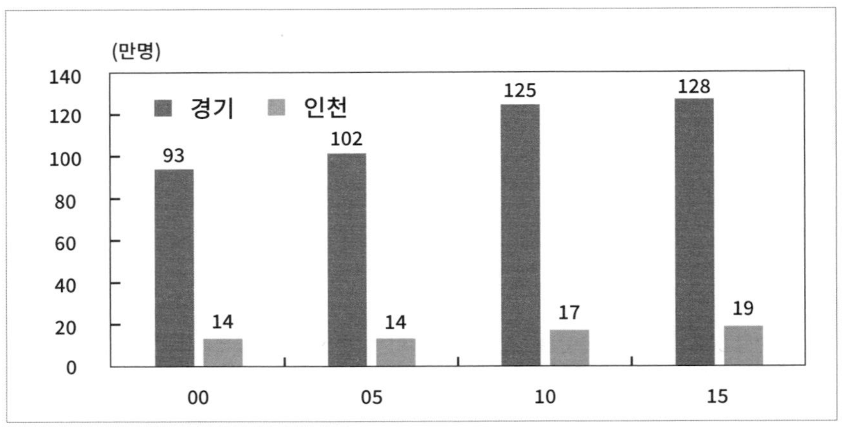

자료: 통계청

인 인천광역시와 비교하여도 통근자 수가 대폭 증가한 것이다. 통근이동자의 증가는 필연적으로 역내 소득유출을 증가시킨다고 할 수 있다(〈그림 9-2〉).

이러한 문제점을 완화·해소하기 위하여 지역내 소득 유출을 방지하고, 지역외 소비유입을 흡수하고, 소비자의 선택권을 보장하는 새로운 지역화폐 운용모형을 검토해 보고자 한다. 이는 경기도 기초지자체 간의 지역연대를 강화하는 것으로 서울로의 소득유출을 감소시키는 시발점이 될 것이다.

둘째, 경기도 **지역내 내부 불균등**. 경기도 내 31개 지자체 간의 불균등이 심하다. 경기도는 단일 행정구역으로 포괄하기에는 상대적으로 많은 31개 시군 기초지자체로 구성되어 있다. 31개 시군은 매우 다양한 특성들을 가지고 있다. 도심, 농촌, 혼합 지역 등이 혼재하고 있으며, 휴전선 접경지역, 서해안, 위성도시(베드타운), 경기남부와 경기북부 간의 경제력 격차 등 매우 복잡다단한 양상을 띠고 있다(〈표 9-1〉).

경기도 지역내 기초지자체 간 사회경제적 격차가 상당하다. 〈표 9-1〉

〈표 9-1〉 **경기도내 기초 지자체간 사회경제적 격차**

	경기도 전체	최대 시군		최소 시군		지역간 격차(배)
인구(명)	13,388,485	수원시	1,188,926	연천군	43,590	27.28
면적(km^2)	10,186.3	양평군	877.7	구리시	33.3	26.4
GRDP (백만원)	372,329,042	화성시	49,951,620	연천군	1,071,485	46.6
1인당 GRDP(만원)		화성시	8,079	남양주시	1,309	6.17

자료: KOSIS e-나라 지표(2020. 10.)

에서 확인되듯이 경기도는 인구 면에서 수원시(1,188,926명)가 연천군(43,590명)의 27.28배, 면적은 양평군(877.7km^2)이 구리시(33.3km^2)의 26.4배, GRDP는 화성시(49.95조원)가 연천군(1.07조원)의 46.4배, 1인당 GRDP는 화성시(8,079만원)가 남양주시(1,309만원)의 6.17배를 보이는 등 격차가 상당하다. 이러한 경기도 내 지역간 불균등은 기초지자체의 지역 침체를 넘어 지역의 공동화와 소멸에 이르게 되는 지역생존의 문제라 할 수 있다.

지역화폐의 새로운 운용유형 검토를 통하여 지역외 유출을 감소시키고, 소상공인의 매출을 증대시키며, 지역내부의 재순환을 촉발하고, 지역 침체를 완화함으로서, 지역경제를 활성화시켜 지역자치, 균등발전, 주민참여의 거시목표를 적극 추진할 수 있다.

지역화폐의 운용지역 재구조화의 가능성

지역화폐는 전국 229개의 지자체에서 발행되고 있으며, 각 지역의 행정 및 특성에 맞게 적합하게 변형되어 운용(또는 유통)되고 있다. 지역화폐의 운용지역과 관련하여서는 〈지역사랑상품권 이용 활성화에 관한 법률〉

에서 다음과 같이 규정되어 있다. "(유통지역은) 지자체 장이 관할하는 행정구역으로 한다", "지자체 장은 필요할 경우 조례로 정하는 바에 따라 유통지역을 달리 정할 수 있다"고 명시하고 있다.

• 지역화폐 유통지역 관련 법률 조항 •

제4조(지역사랑상품권의 발행) ③ 지역사랑상품권의 유통지역은 지역사랑상품권을 발행하는 지방자치단체장의 장이 관할하는 행정구역으로 한다. 다만, 지방자치단체의 장은 필요한 경우 조례로 정하는 바에 따라 유통지역을 달리 정할 수 있다.

자료: 국가법령센터, 〈지역사랑상품권 이용 활성화에 관한 법률〉

법률 조항에 의거한다면 운용지역을 설정하는 문제는 "지자체 장이 관할"하는 지역 또는 "조례에 정하는 바"에 따라 변경이 가능한 것으로 풀이된다.

지역화폐의 운용지역 설정은 기본적으로는 관할 행정구역이 기준이 된다. 그러나 정책적 상상력에 의해 여러 지역간 조합들을 구상해 볼 수 있을 것이다. 지역화폐는 운용 범위의 크기에 따라 소역(小域), 광역(廣域), 중역(中域) 3가지 범역으로 구분할 수 있다. 소역(小域) 지역화폐는 기초지자체(시·군·구)를 기반으로 운영되는 가장 소규모의 지리적·행정적 범위를 기반으로 한다. 광역(廣域) 지역화폐는 특광역시도를 기반으로 한다. 중역(中域) 지역화폐는 소역단위의 기초지자체 2~5개가 묶여 운영되는 경우를 지칭한다.[1]

이번 코로나19로 인한 2차적인 피해 때문에 지역화폐 범역에 새로운 실험이 진행되었다. 예를 들어 서울시 성북구는 피해가 극심했던 특정구역

1 중역화폐는 실험적 아이디어 차원이며, 국내에서 시행사례는 없다.

〈그림 9-3〉 **소지구형 지역화폐 사례**

<서울시 성북구 장 / 석 / 월 관내 지도>

<성북구 장위동 소재 장위전통시장>

자료: 네이버 지도

자료: https://blog.naver.com/ftiger815/221081534854)

을 소지구형(小地區形)으로 한정하여 '장·석·월', '장위동' 지역화폐를 실험하였다.

성북구는 이번 코로나19로 인한 피해 상황과 관련하여 매우 주목할 만한 지역화폐 운용유형 실험을 시도하였다. 성북구의 사랑제일교회(장위동 소재)의 집회로 인해 "누적 확진자 총 1,167명, 교인 및 방문자 598명, 추가 전파 506명, 조사 중 63명(코로나19 누리집, 2020.9.8. 기준)의 피해가 발생하였다. 이처럼 사랑제일교회가 대량의 감염확진자를 급증시켰고, 장위2동 일대는 철거로 인한 주거인구 이출, 소비매출 감소 외에 사랑제일교회 발(發) 감염 우려까지 더하여 피해가 누적되었다. 주민들은 외출 자체를 기피하고, 인근 주민들도 해당 구역의 방문을 기피하였다. 이로 인해 주변의 소상공인·자영업자/전통시장·골목상권에서는 "방문자 감소, 매출 급감 등 상당한 피해를 보았다"(『시사일보』, '성북 장·석·월 상품권 발행 현황', http://www.koreasisailbo.com/134516).

이에 대해 성북구는 주요 피해구역인 장·석·월(장위 1·2·3동, 석관동,

월곡1·2동) 등에 한정된 지역화폐를 추석 대목(2020.9.28.~10.4.)을 맞이하여 "20% 할인하여, 1인당 70만원, 유통기한 6개월 한정하여, 제로페이 가맹점 2,785개를 대상으로 35억원을 발행"(성북구청 누리집)하였다. 이에 더하여 성북구는 2020년 11월 9일에는 장위동에 한정된 지역화폐를 추가 발행하였다. 추가발행 예산은 15억원, 유통기한 1년, 20% 할인으로 발행된다. "'장위동 상품권'은 석관동 및 월곡동 상권과는 다른 사랑제일교회가 있는 장위동 1·2·3지역에 한정"(담당자 통화. 2020.11.9.; 성북구 누리집)하여 집중 투입된다. 이제 지역화폐는 기초지자체 시·군·구 단위에서 동(洞) 단위까지 세부적으로 구체화된 셈이다.

성북구는 지자체 장의 재량과 결단에 따라 기초지자체 행정구역 안의 특정한 소(小)구역 범주를 지정하여 지역화폐의 유통범위를 한정하였다. 지역을 관할하는 행정단위 이내에서 재난구역을 특정하고, 지역화폐의 구역 유통 범주를 2차례에 걸쳐 재구조화했다. 코로나19 및 사랑제일교회와 관련된 피해복구를 위한 '피해지역 맞춤형' 특별 지원책인 셈이다. 이는 기존의 군산시, 포항시 사례와 같이 전(全) 행정구역 단위에서 접근했던 방법과는 매우 대조적이다.

현재 시행중인 4가지 지역화폐 운용유형

지역화폐는 운용지역의 특성에 따른 범역(範域)의 경계, 즉 '지역'을 한정하는 문제는 정책의 성공을 가늠하는 중요한 사안이라고 할 수 있다. 일반적으로 229개의 지역화폐 현행 발행지역의 지역화폐 운용을 4개의 유형으로 구분할 수 있다(김병조 외, 2020a). 그 주요 내용을 아래와 같이 간략히 기술할 수 있다. 〈표 9-2〉와 〈그림 9-4〉는 운용유형별 양태 구분과 해당 지자체를 설명하고 있다.

〈표 9-2〉 **지역화폐 특광역시 및 기초지자체 지역화폐 발행여부**

	광역단위	기초지자체	유형			
서울특별시	×	○	소역형			
부산광역시	○	○			병행형	
대구광역시	○	×		광역형		
인천광역시	×	○				중층형
광주광역시	○	×		광역형		
대전광역시	○	○			병행형	
울산광역시	○	×		광역형		
세종특별자치시	○	×		광역형		
경기도	×	○	소역형			
강원도	○	○			병행형	
충청북도	×	○	소역형			
충청남도	×	○	소역형			
전라북도	×	○	소역형			
전라남도	×	○	소역형			
경상북도	×	○	소역형			
경상남도	○	○			병행형	
제주특별자치도	○ (2020. 11말 예정)	×		광역형		

자료: 행안부 내고장 알리미 참고하여 자체 작성.
* 지자체별 담당부서 전화확인(2020. 10. 13.)

'소역-폐쇄형'은 기초지자체 단위로 발행·유통된다. 서울·경기·충북, 충남·전북·전남·경북 등 7개 특광역시도가 이에 속한다. 특광역시도 지자체 기준으로는 가장 많이 채택하고 있는 유형이다. 경기도의 경우 31개 시군단위 기초지자체 범주에서 운용된다. 기초지자체 내 지역주민의 단일한 연대감을 강화시키고, 경제적 효과를 집중시킬수 있는 장점이 있다.

'광역-순환형'은 광역지자체에서 발행한다. 대개 광주와 울산과 같이 지리적으로 단일하고, 문화적 동질성이 강한 지역이나 세종, 제주와 같이 지역규모가 상대적으로 작은 지역 등 4개의 특광역시도에서 채택하고 있다. 광역단위에서 지역화폐를 발행하며 구·군 기초지자체의 경계와 무관하게 광역단위에서 모두 통용된다. 광역형의 장점은 일괄관리를 통한 행정상의 편의성에 있으나, 단점으로 이미 활성화된 특정 상권에 매출효과가 집중되는 문제점이 발생할 수 있다.

'병행형'은 기초지자체 단위 소역화폐와 광역단위 광역화폐 2종류가 발행되는 유형이다. 부산·대구·대전·강원·경남 등 5개 특광역시도에서 운용중이다. 이 유형은 소역이 갖는 유통상의 한계를 광역에서 포괄해 줄 수 있는 상호 보완적인 장점이 있다. 그러나 소역단위에서는 정책의 중복 및 소역의 부(富)가 '소역 밖', 즉 상부 행정관할 지역(특별시, 광역시, 도)으로 유출되는 문제점이 있다. 예를 들면 강원도 관내 춘천, 원주와 같은 기초지자체의 부가 강원도가 도 단위로 발행하는 광역화폐로 인해 도(道)로 유출되는 문제가 발생한다.

'중층형'은 기초지자체의 지역화폐가 특광역시도에서 동시에 유통된다. 병행형과 다른 점은 기초지자체가 발행하는 지역화폐를 광역단위에서 사용할 수 있다는 점이다. 기초지자체 단위의 지역화폐가 광역시 단위로 이동할 때는 일정한 핸디캡(마이너스 인센티브)을 가진채 통용된다. 예를 들어 A구에서 발행한 지역화폐는 자기 A구에서는 10%의 인센티브를 인정받지만, 자기 구가 아닌 타구(B구, C구, D구…)에서는 이보다 낮은 4%의 인센티브만을 적용받는다. 일종의 인센티브의 차이 또는 벌칙을 부여한 것이되, 사용지역을 확장한 융통성을 발휘했다는 점에서 활용도가 크다고 할 수 있다. 중층형은 유일하게 인천시가 채택하고 있다.

각 유형은 각 지자체 단위에서 자기 지자체의 고유한 특성에 따라 운용

〈그림 9-4〉 **현행 운용되는 지역화폐 유형**

[소역폐쇄형 지역화폐]

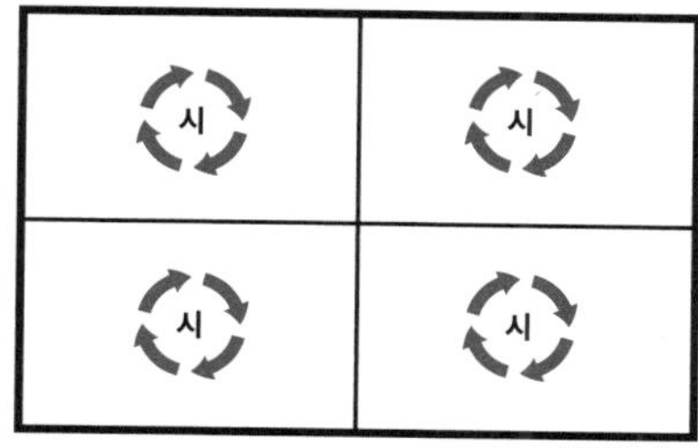

서울(23+2), 경기(31), 충북(11), 충남(15), 전북(14), 전남(22), 경북(22)

총 7개 특광역시도지자체

[병행형 지역화폐]

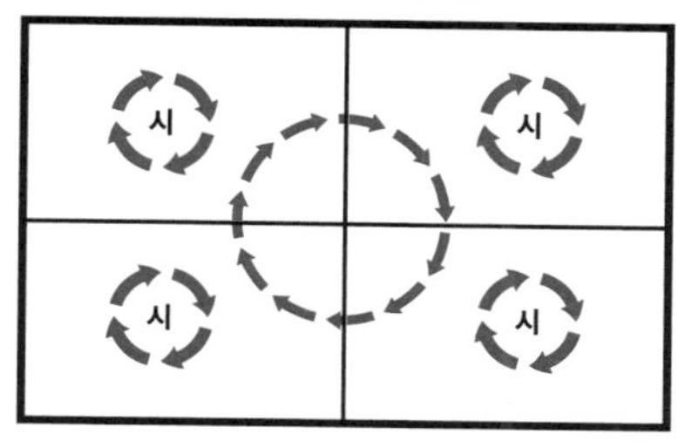

부산(16+1), 대구(8+1), 대전(4+1), 강원(13+1), 경남(17+1)

총 5개 특광역시도지자체

[광역형 지역화폐]

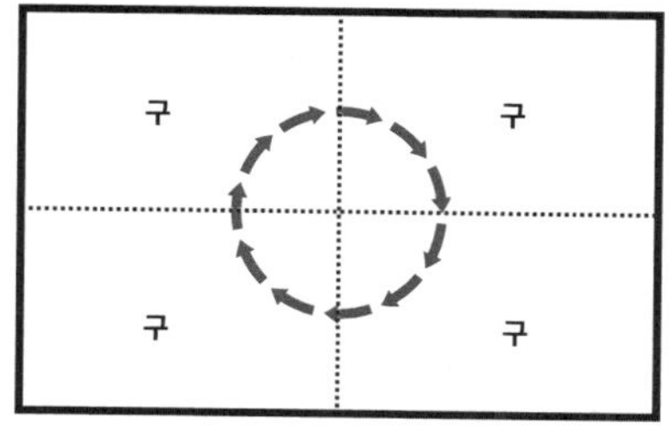

광주(5), 울산(5), 세종, 제주

총 4개 특광역시도지자체

[중층형 지역화폐]

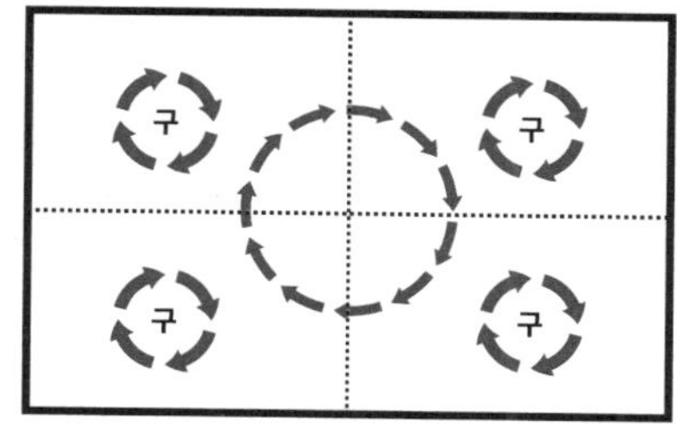

인천(10+1)

총 1개 특광역시도지자체

비고: ( ) 안 숫자는 특광역시도 관내의 기초지자체 수. 고딕 강조는 시행예정인 기초지자체 수
자료: 김병조(2020) 참조하여 재작성. 각 지자체 별 담당자와 전화통화 확인(2010. 9~10.)

유형을 선택한 것이다. 지역의 여건과 상황이 모두 다르므로 운용유형을 상대적으로 비교하여, 유형의 적합도와 선호의 정도를 평가하고, 장·단점을 논의할 수는 있으나, 특정 유형의 옳고 그름을 단정할 수는 없다.

경기도형 지역화폐 적정 운용모형

다음은 경기도에서 적용가능한 지역화폐의 발전 경로 및 새로운 지역화폐의 창의적 결합방안에 대하여 검토하도록 한다.

3단계 정책 발전 경로

경기도 지역화폐는 2019년 4월 1일 전격적으로 출발하였다. 현재(2020년 10월) 18개월이 경과하였으나, 1단계인 '정책 보급 및 안착화 시기'의 초기에 해당한다고 할 수 있다. 더군다나 2020년 2월부터 시작된 코로나19와 그에 따른 각종 지역화폐 활용 정책사업들이 추가되는 상태이다. 그러다 보니 비교적 짧은 분석 대상 기간, 자료 축적 부족, 데이타 미비, 기타 등등의 요인들로 인해 분석에 한계가 따른다. 이러한 이유로 각 시·군 단위의 정책효과에 대한 제대로 된 종합평가는 아직 이르다고 할 수 있다.

이러한 상태에서나마 지역화폐 정책의 발전과정에서 정책의 안착화를 도모하고, 더 다양하고 구체적인 정책으로 만들어가기 위한 방안을 마련해 보고자 한다. 지역화폐 정책의 체계적인 추진과 효과적인 성공을 위하여 다음과 같은 3단계의 정책 발전 단계를 구상해 볼 수 있다(〈표 9-3〉).

1단계 '정책 보급 및 안착화' 과정에는 지역화폐 정책이 보급되고 연착륙될 때까지 각 지자체의 선택과 결정을 존중하고 현재의 시스템을 건실히

〈표 9-3〉 **3단계 지역화폐 정책 발전 경로(案)**

	1단계 (정책 보급 및 안착화)	2단계 (정책 개선)	3단계 (정책 질적 확산)
경과기간	2019년 4월~5년	6~8년	9년 이후
경제영역	소상공인 지원	지역간 불균등 해소	지역별 발전 역능화
사회영역	지역경제 시민참여	사회적 경제와의 결합	사회적 가치 확대
정책목표	지역 주민 및 취약 소상공인 지원	지역경제 활성화	지역공동체 강화

자료: 저자 작성

구축하는 방향으로 유지되어야 한다. 이를 위하여 약 3년여 정도의 정책안착을 위한 시간이 소요될 것이다. 주요 과제로 경제영역에서 소상공인을 지원하고, 시민들의 참여를 유도한다.

2단계 '정책개선' 과정에서는 지역간 불균등을 완화·해소하고 사회적 경제 부분과 결합을 추구하고 지역경제를 활성화한다. 본 연구에서 수행하는 지역화폐의 유형연구는 2단계의 지역 불균등을 완화하기 위한 구체적인 정책대안에 해당한다. 즉 지역 간·지역 내 불균등 완화를 위하여 지역화폐는 어떻게 운영되어야 하며, 지역간 역할, 지역간 구성 및 재구조화는 어떻게 설정되어야 하는가의 문제라고 할 수 있다. 지역화폐는 지역의 경기침체 및 지역소멸을 완화하는 매우 획기적인 정책이다. 반면에 지역간 통합에 있어서도 지역간 이질성을 하나의 지역화폐로 지역통합을 묶어낼 수 있는 강력한 수단이 될 수도 있다. 운용유형은 지자체의 독자적인 발전뿐만 아니라, 지자체간 통합과 재구조화의 과정에서 매우 중요한 역할을 할 수 있는 중요한 기제라고 할 것이다.

3단계 '정책의 질적 확산'과정에서는 지역간 역능(役能)에 따른 발전을 도모한다. 역능이란 지역의 특성에 따른 특화된 산업 및 지역적 역할과 능력을 의미한다. 지역의 역능을 탐색하여 지역간 분업과 협업체계를 재구조

〈그림 9-5〉 **소비자(응답자) 특성**

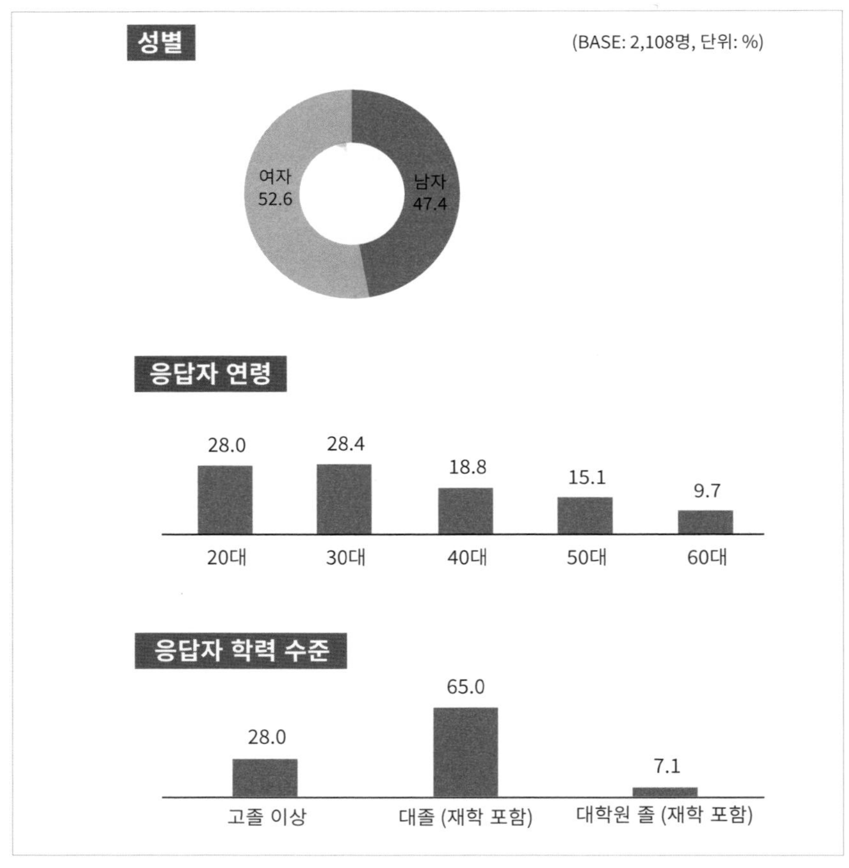

화하는 것이 중요하다. 이를 통해 지역화폐의 사회적 역할과 가치는 증폭되고, 지역공동체는 더욱 강화될 수 있을 것이다.

지역화폐 운용유형 구축을 위한 설문 검토

본 연구에서는 중장기적인 차원에서 경기도 소역화폐 유형을 더욱 발

〈표 9-4〉 소비자(응답자) 시군별 비중

시 군	응답자수(명)	응답비중(%)
전체	2,108	100
가평군	19	0.9
고양시	138	6.5
과천시	22	1.1
광명시	63	3.0
광주시	68	3.2
구리시	44	2.1
군포시	61	2.9
김포시	69	3.3
남양주시	99	4.7
동두천시	24	1.1
부천시	119	5.7
성남시	138	6.5
수원시	139	6.6
시흥시	84	4.0
안산시	103	4.9
안성시	38	1.8
안양시	97	4.6
양주시	43	2.0
양평군	22	1.0
여주시	28	1.3
연천군	13	0.6
오산시	53	2.5
용인시	119	5.6
의왕시	41	1.9
의정부시	82	3.9
이천시	43	2.1
파주시	70	3.3
평택시	84	4.0
포천시	31	1.5
하남시	55	2.6
화성시	101	4.8

자료: 경기연구원(2020), 〈경기지역화폐 소비자 조사: 2020.7.20.~8.29(온라인조사)〉, (미발간).

전시키기 위하여 설문조사에 착수하였다. 경기도 관내 31개 시·군 2108명의 도민(경기지역화폐 사용자)을 대상으로 시·군간 다양한 운용 조합들을 파악해 보고자 기초조사(경기지역화폐 소비자 조사, 2020.7.20.~8.29: 온라인 조사)를 실시하였다(응답자 특성은 〈표 9-4〉와 〈그림 9-5〉 참조). 지역화폐 운용유형과 관련된 주요 분석결과는 다음과 같다.

경기도 내 타 지역에서 지역화폐 활용방안에 대한 동의율은 90.0%이며, 타시군간 지역화폐 사용 의향률은 72.8%로 성·연령에 무관하게 동의률이 높았다. 유통지역 확대시 사용을 희망하는 지자체는 수원시(13.9%), 성남시(10.1%), 안양시(7.9%), 고양시(6.4%), 남양주시(4.7%) 등의 순서를 보여주고 있다. 지역화폐의 경기도 전역 확대 필요성은 4.11점에 만족 80.4%로 나타나 지역제한 없이 사용을 희망하고 있음을 알 수 있다.

소비자 측면에서 향후 개선 항목으로 가맹점 확대 및 다양화(37.6%), 경기도내 사용 희망지역까지 사용범위 확대(16.8%)가 가장 높게 나타났다.

설문의 종합적인 검토결과, 경기도 도민들은 공통적으로 자기 시·군지역 외의 인접한 경기도 내 타 시·군에서도 지역화폐를 사용하기를 희망하였다. 특히 여성, 50대, 월평균 소득 중위(200~400만원)에서, 경기도 소비비중, 사용횟수가 많을수록 타지역 인접시군에서 사용 희망욕구가 상대적으로 높았다.

따라서 이러한 도민들의 욕구를 반영하여 경기지역화폐의 정책적 안착화가 어느 정도 이루어지는 시점인 2단계 '정책개선'과정에서 도민 선호를 반영하는 차원의 경기지역화폐 재설계가 수반될 필요가 있어 보인다. 특히 중장기적으로 경기도 지역화폐의 운용 구역의 재구조화 내용이 여기에 담겨야 할 것이다. 이와 관련한 창의적 방안의 하나로 새로운 지역화폐 운용 유형에 대하여 검토해보고자 한다(아래 제3절 참조).

〈표 9-5〉 **경기도 내 지역화폐 운용유형 정책 효과**

정책 취지	정책 효과
경기도 외부 지역간 불균등 완화	지역내 소득 및 소비 유출 방지 경기도 외부 불균등 완화 지역경제 활성화
경기도 지역내 불균등 완화	경기도내 부의 순환 및 재생산 경기도내 불균등 완화 및 기초지자체간 상생 연대 지역경제 활성화
소비자 편의성 보완	소비자의 선택권 확장

자료: 저자 작성

경기도형 지역화폐 운용유형 안案 검토

운용유형의 정책설계 취지

경기지역화폐의 새로운 운용유형은 경기도가 안고 있는 두 가지 지역문제, 즉 지역내 불균형과 외부 지역간 불균형을 해결하고, 경기도민의 지역화폐 관련 희망사항을 반영할 수 있어야 한다. 이들 세 가지 정책 취지와 관련 정책효과는 〈표 9-5〉에 제시된다. 이들을 살펴보면 다음과 같다.

첫째, 경기도-서울시 지역간 불균등 완화이다. 이를 위하여 경기도 지역내 소득의 84.4%에 이르는 서울로의 소득 유출을 완화하여야 한다. 특히 지역 소득유출의 주요 지역인 서울 접경지역의 소비를 지역안으로 소화할 방안을 마련하는 것이 중요한 과제가 될 것이다.

둘째, 경기도내 지역간 불균등 완화이다. 이를 위하여 기초지자체간 사회경제적 지역격차 해소를 위하여 상생 연대의 방안을 모색한다. 지역간의 시너지 효과 창출을 목표로 상급 지자체와 취약지자체 간에 상호보완할 수 있는 지역 모듈을 구성하는 방안을 검토한다.

셋째, 지역화폐의 인접 지자체 사용가능성 방안을 검토한다. 설문에서 확인된 도민들의 요구인 지역화폐의 인접 지자체간 사용가능성을 추정하여 사용자 편의성을 확대하는 방안을 검토한다.

기초지자체의 경제적 분포

경기도는 31개 시군 기초지자체에서 소역화폐로 일괄 발행하고 있다. 소역지역화폐의 장점은 지역사정에 가장 밝은 기초지자체가 지역화폐의 운용에 대하여 자율적 권한을 가짐으로써 책임행정이 가능하며, 또한 지자체의 자치행정 목적에도 부합된다는 점이다. 소비자 및 소상공인 입장에서는 소역 단위에서의 지역화폐 사용으로 인한 정책적 대상, 관계, 효과가 명료하게 현시(顯示)된다는 점이 장점이다. 또한 지역화폐는 지역이 좁을수록, 유통량이 많을수록, 유통속도가 빠를수록 효과가 신속하게 나타난다. 따라서 소역화폐는 지역화폐를 활용하여 지역경제 활성화 목표를 가장 잘 살릴 수 있는 정책 중 하나라고 할 수 있다. 그러나 단점으로는 지역화폐 사용시 소비자의 지역 선택권이 제한된다는 점, 소상공인 입장에서는 소비자 고객 수가 한정된다는 점이 있다.

기존 소역화폐의 장·단점을 공히 감안할 때, 장점이 훨씬 유의미할 수 있으나 상황에 따라 단점이 더 부각될 수 있다. 현재 경기도 상황에서는 정책의 안착화를 위하여 현재의 운영 맵을 유지·존속한 채로, 향후 2~3년을 운용하면서 보다 변화되는 현실에 부합하는 모형을 찾아가야 한다. 이런 점에서 기존 소역화폐의 획일성에 집착할 필요는 없다. 기존 소역화폐 모형에서 탈각하고 새로운 지역화폐 운용 모형의 검토를 통해 경기도 지역화폐의 이상적인 모형을 구상해 볼 수 있다.

이러한 운용모형 모색을 위해 〈코로나바이러스 관련 카드소비데이터〉

〈표 9-6〉 경기도 시군별 지역 순유출입 비교

	지역명	추정 1인당 순매출액[1] (만원, 년)	1인당 GRDP[2] (만원, 년)	접경 여부 (서울-경기도)
1	가평군	1,062	2,517	접경아님
2	고양시	-37	1,875	접경
3	과천시	-168	4,600	접경
4	광명시	235	1,964	접경
5	광주시	-259	2,359	접경아님
6	구리시	108	2,082	접경
7	군포시	-447	2,185	접경아님
8	김포시	-149	2,393	접경
9	남양주시	-432	1,309	접경
10	동두천시	-72	1,680	접경아님
11	부천시	-212	2,013	접경
12	성남시	3	2,867	접경
13	수원시	-13	2,501	접경아님
14	시흥시	-170	2,863	접경아님
15	안산시	-149	3,565	접경아님
16	안성시	380	4,016	접경아님
17	안양시	-197	2,892	접경
18	양주시	-120	2,560	접경
19	양평군	332	1,791	접경아님
20	여주시	1,197	2,680	접경아님
21	연천군	188	2,340	접경아님
22	오산시	-206	2,592	접경아님
23	용인시	-189	3,531	접경아님
24	의왕시	-329	2,013	접경아님
25	의정부시	-207	1,702	접경
26	이천시	389	5,686	접경아님

27	파주시	-18	3,452	접경아님
28	평택시	-83	4,951	접경아님
29	포천시	448	3,315	접경아님
30	하남시	200	2,138	접경
31	화성시	260	8,079	접경아님

주: 1) 추정 1인당 순매출액

- 자료명: 코로나바이러스 관련 카드소비데이터,
- 출처: 신한카드
- 수록기간: 2019년 1월1일~11월 3일(1주차~44주차)
- 수록내용: 경기도내 각 시군별 신한카드 가맹점 매출액, 거주자 신한카드 소비액
- 계산식: 1인당 순매출액: (가맹점 매출액-거주민 소비액)/인구수

2) 시군단위 지역내총생산(GRDP)

내용: 2016년 시군단위 GRDP

자료: 경기도, 경기도지역내총생산, http://stat.gg.go.kr/statHtml/statHtml.do?orgId=210&tblId=DT_GRDP002&conn_path=I3

에서 수집된 자료 중 2019년 1월~11월 3일(1주차~44주차)까지 경기도내 각 시군별 신한카드 가맹점 매출액, 거주자 신한카드 소비액, 1인당 GRDP (2016년. e-나라지표) 등의 분석자료를 활용하였다(〈표 9-6〉). [소상공인 매출액-거주자 소비액]을 횡축으로 삼고, 1인당 GRDP를 종축으로 구분하여 평균치를 기준으로 4개의 사분면으로 구분하였다.

〈그림 9-6〉은 위의 기준에 따라 31개 시·군이 어떻게 분포되는지 보여준다.

〈그림 9-7〉은 〈그림 9-6〉에서 나타난 4사분면과 각 사분면별 시군 분포가 보이는 특성을 제시해 준다.

각 사분면별로 나타난 고유한 분포 특성은 다음과 같이 기술할 수 있다.

첫째, [카드 가맹점 매출액-카드 사용자 소비액]을 기준으로 파악해 보면 [매출액-소비액]이 높은 지역은 지역민 소비보다 외부로부터 소비유입이 더 높은 곳으로 볼 수 있다. 1사분면에 포천, 안성, 이천, 화성이, 2사

〈그림 9-6〉 **경기도 시군별 분포도(매출액-소비액 및 1인당 GRDP 기준)**

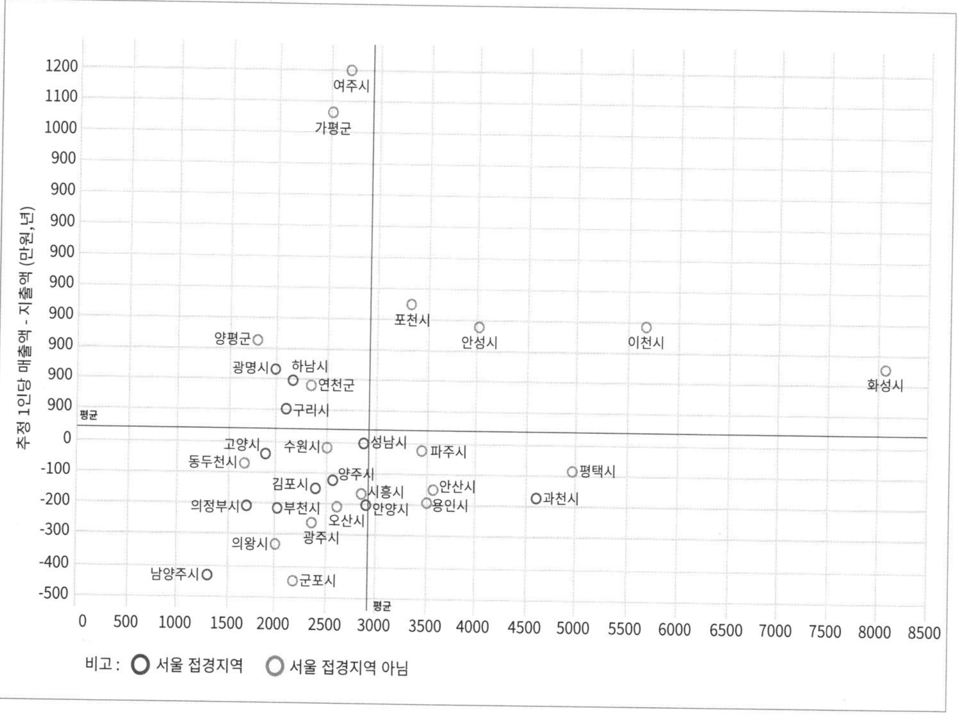

자료: 자체 작성 (2019년 시군별 신용카드로 파악한 매출액-소비액 및 1인당 GRDP)

분면에 여주, 가평, 양평, 연천이 분포하고 있다. 이들의 공통점은 서울과 원거리에 위치하고 있다는 점이다.

둘째, 1인당 GRDP를 기준으로 파악해 보면, 1인당 GRDP가 높은 1사분면에는 화성, 이천, 안성, 포천이 분포하고, 4사분면에는 평택, 과천, 용인, 안산, 파주가 분포하고 있다. 포천, 파주를 제외하면 모두 경기남부 지자체에 해당한다.

이제 각 사분면별로 고유한 분포 특성을 살펴보면 다음과 같다.

첫째, 3사분면(좌측 하: [매출액-소비액]이 낮고, 1인당 GRDP가 낮은

〈그림 9-7〉 **경기도 기초지자체 사분면 분포 도해**

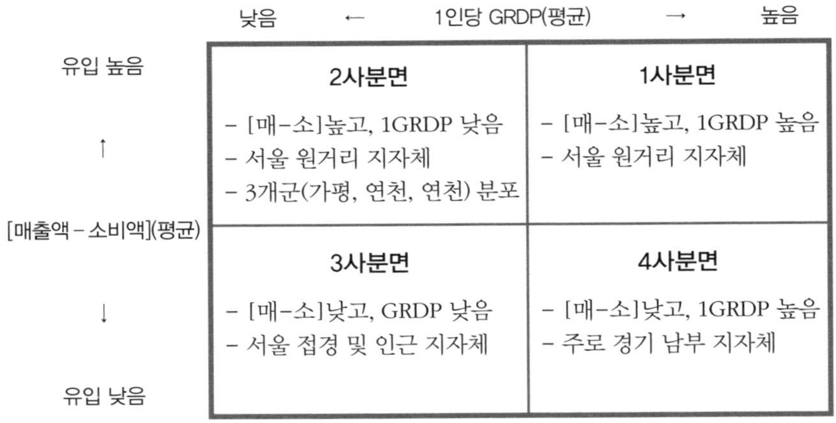

	낮음 ← 1인당 GRDP(평균)	→ 높음
유입 높음 ↑	**2사분면** - [매-소]높고, 1GRDP 낮음 - 서울 원거리 지자체 - 3개군(가평, 연천, 연천) 분포	**1사분면** - [매-소]높고, 1GRDP 높음 - 서울 원거리 지자체
[매출액 - 소비액](평균) ↓ 유입 낮음	**3사분면** - [매-소]낮고, GRDP 낮음 - 서울 접경 및 인근 지자체	**4사분면** - [매-소]낮고, 1GRDP 높음 - 주로 경기 남부 지자체

자료: 저자 작성

지역)은 경기북부에는 남양주를 필두로 의정부, 양주, 동두천, 고양이 분포한다. 경기남부로는 군포, 의왕, 광주, 오산, 부천, 김포가 분포한다. 이중 서울과 접경지로는 남양주, 의정부, 부천, 김포, 양주, 고양이 있다. 그 외 군포, 의왕, 광주는 서울 인접지역에 속한다.

둘째, 2사분면(좌측 상: [매출액-소비액]이 높고, 1인당 GRDP가 낮은 지역)은 여주, 가평이 소비유입이 높은 것으로 나타났다. 특히 가평, 양평, 연천 등 군(郡) 지역이 공통적으로 2사분면에 분포하는 점은 주목할 만하다.

셋째, 1사분면(우측 상: [매출액-소비액]이 높고, 1인당 GRDP가 높은 지역)은 화성, 이천, 안성, 포천이 해당한다. 1사분면 지역은 상대적으로 서울과 원거리에 위치한다는 공통점이 있다.

넷째, 4사분면(우측 하: [매출액-소비액]이 낮고, 1인당 GRDP가 높은 지역)은 파주, 안산, 과천, 평택, 용인이 분포하고 있다.

다섯째, 서울 접경지역 중 남양주·의정부·부천·고양·김포 등은 [매출액-소비액]이 낮고, 1인당 GRDP도 낮다. 즉, 서울에 인접하여 서울로의 외부 소득유출이 심한 베드타운임을 알 수 있다.

이러한 해석에 기초하여 지역화폐의 새로운 운용유형을 검토한다. 그러나 여기서 제안하는 모형은 잠정적인 것이다. 구체적으로 시·군을 언급한 것은 이해를 돕기 위함이며 실제로는 다양한 변용이 가능하다. 향후 실제 정책으로 구현되기 위해서는 심도 있는 전문적인 연구가 있어야 할 것이다.

적정 운영모형 검토

적정 운영모형 검토를 위하여 6가지 유형을 모델링하였다. 이들 각 유형은 앞서 소개한 기존 4개의 유형 외에 경기도가 가진 문제점을 완화할 수 있는 방안을 가미하여 완성한 것이다.

> 중역형: 31개 시군 중 2~4개의 인접 시군 A-B-C-D… 간의 유통모듈을 구성하여 유통범역을 더 확대한 모형이다. 유통범역은 정치·경제·사회·문화·행정·지리·교통 상의 공통성과 유대감을 가지고 있는 지역 간에 모듈을 구성하는 것이 유리하다.

중역형은 소비자에게는 선택의 다양성을 보장할 수 있으며, 소상공인은 다수 고객을 유치할 수 있다. 그러나 상권이 넓어질수록 지역화폐의 효과는 점차 약화될 수 있으며, 기존에 발달된 특정지역 상권에서만 집중된 매출효과가 발생할 우려가 크다. 이 경우 중역의 중심에서 거리가 먼 외곽지역의 소비자와 소상공인이 정책효과에서 소외될 수 있다. 따라서 중역화폐의 도입을 검토할 시 지역간 공통적으로 묶어야 할 이벤트나 합리적 명분 등 설득논리가 명확해야 한다. 예를 들면 중역단위로 묶어낼 수 있는 지역간 공통사안(휴전선 접경지, 관광벨트, 소득유출 방지를 위한 지역간 연대, 지자체간 통합 등)과 같은 중요 이슈를 전제로 가능하다. 한편 지역간 편

〈그림 9-8〉 **중역형 사례(案)**

구분	특성	예
접경지역	DMZ 관광형	• 연천–파주–김포
A지자체 B지자체 C지자체 D지자체		– 인접한 2~4개의 지자체를 모듈로 구성

자료: 저자 작성

〈표 9-7〉 **중역형 운용유형 특징**

	장점	단점
운용상 특징	• 거점지역을 통해 효과 확대 가능 • 지역 통합 기제로 활용 가능	• 모듈 시군에 따른 이해관계 다름 • 특정 상권 매출효과 편중 우려 • 상권 중심지역과 외곽·경계지역에서 효과 양극화 우려
지역민 (소비자/사용자)	• 소비자의 선택 다양성 보장 • 외부 소비자의 소비 다양성 보장	
소상공인 (수요자)	• 다수 고객 유치	• 타지점으로 고객 유출 우려

자료: 저자 작성

차에 따라 정책효과가 집중될 가능성에 대비하여야 한다. 집중적인 매출효과가 발생하는 지역에서의 이익을 효과가 발생하지 않는 지역에 이전할 수 있는 사회적 합의도 사전에 전제되어야 할 것이다.

중역형 유형에 따른 지자체별 모듈을 실험적으로 제안하면 〈그림 9-8〉

과 같다. 연천–파주–김포는 DMZ에 접경한 인접지자체 모듈이다. 1인당 GRDP가 평균보다 낮고, 연천은 소비유입이 높으나 파주, 김포는 상대적으로 낮은 편이다. 따라서, 외부 소비유입이 많은 연천을 중심으로 하여 DMZ 관광을 매개로 하여 외부 소비유입을 유도할 수 있다. 장점으로는 외부 유입 소비자의 선택다양성 보장, 다수 고객 유치, 거점지역(연천)을 통해 다수의 외부관광객의 모듈내 유입을 확대시킬수 있다. 단점으로는 매출 편중, 고객 유출 우려, 지자체간 상호연계 약화시 정책효과가 반감될 수 있다.

> 중층형: 주거지(A)를 기준으로 하되 동일 광역단위 내 인접 시·군(B, C, D… 등)에서 상호사용이 가능하도록 하는 것이다. 소비자는 선택의 다양성을 누릴 수 있으며 소상공인은 다수 고객을 유치할 수 있다.

중역형과 중층형의 차이는 2~5 개 시·군의 수평적 결합(중역형)이냐, 기초지자체A가 자기 지자체를 중심으로 인접 지역을 포괄(중층형)하느냐의 차이이다.

중층형으로는 서울 접경 및 인접 지역으로 외부유출이 심하고 상대적으로 1인당 GRDP가 낮은 군포, 의왕, 안양, 광명, 부천 지역 등을 하나로 묶는 것을 검토해 볼 수 있다(〈그림 9-9〉). 예를 들어 자기 지역안에서는 10%의 높은 인센티브를 누리면서 인접 지자체에는 상대적으로 낮은 인센티브를 인정하되, 소비자의 선택권을 확대하고, 서울로의 외부 소득유출을 막고, 중층지역 내부로 지역소비가 순환하게 되는 결과를 가져올 수 있을 것이다. 장점으로는 소비자 선택 다양성 보장, 다수 고객 유치 가능성, 인근 지역간 지역생활 네트워크 구성으로 지자체간 협력과 연대를 강화할 수 있다. 단점으로는 특정상권 매출 편중 우려, 지역소비 유출, 지자체간 상호연계 약화시 정책표과 반감가능성을 들 수 있다.

〈그림 9-9〉 **중층형 사례(案)**

구분	특성	예
중부권	서울인접 지역 외부유출 방지	• 시흥-안산-광명-안양-과천-의왕-군포
A지자체 (10%~4%) B지자체 (10%~4%) C지자체 (10%~4) D지자체 (10%~4%)		- 중역형 구조 + 자기지역 우선

자료: 저자 작성

〈표 9-8〉 **중층형 운용유형 특징**

	장점	단점
운용상 특징	• 적절한 지역 효과성과 인근지역 개방성의 병행추구 가능	• 특정 상권 매출효과 편중 우려
지역민 (소비자/사용자)	• 소비자의 선택 다양성 보장	
소상공인 (수요자)	• 다수 고객 유치	• 고객 유출

자료: 저자 작성

추가선택형(소비자 2선택형)은 소비자가 주도하여 자신의 주거지 외에 주 활동지 1개의 지자체를 선택하게 하여, 주거지와 활동지 두 곳에서 사용할 수 있도록 하는 것이다(〈그림 9-10〉). 고객입장에서는 선택 다양성, 편의성을 강화하고, 소상공인은 다수 고객 유치 등을 추구할 수 있는 장점이 있다. 예를 들면 여주주민이 경강선을 이용하여 성남으로 통근할 경우 성남

〈그림 9-10〉 **추가선택형 사례(案)**

구분	특성	예
경원축	도로, 철도 신설로 인한 통근자 급증 소비자 개인이 선택	• 여주–성남
주거지 → 활동지		– 주거지 외에 소비자가 선호하는 주활동지를 선택할 수 있음

자료: 저자 작성

〈표 9-9〉 **추가선택형 운용유형 특징**

	장점	단점
운용상 특징	• 소비자의 생활 동선에 따른 선택지 보장	• 특정 상권 매출효과 편중 우려
지역민 (소비자/사용자)	• 소비자의 선택 다양성 보장	
소상공인 (수요자)	• 다수 고객 유치	• 고객 유출

자료: 저자 작성

을 주요 활동지로 선택하여 사용할 수 있게 하는 것이다. 이 경우 여주와 성남 간의 지역간 연대를 할 수 있다. 그러나 추가선택형은 주요활동지에 집중된 지역화폐 소비 편중을 일으킬 수 있다.

자매결연형(지자체간 협정형)은 지자체가 주도하여 자기지역(A)과 보완되거나 시너지 효과를 이루는 지역(B)과 자매결연을 맺어 지역간·산업간

〈그림 9-11〉 **자매결연형 사례(案)**

구분	특성	예
도시-농촌	도시-농촌지자체의 상호 보완 지자체간 협정	• 화성-연천
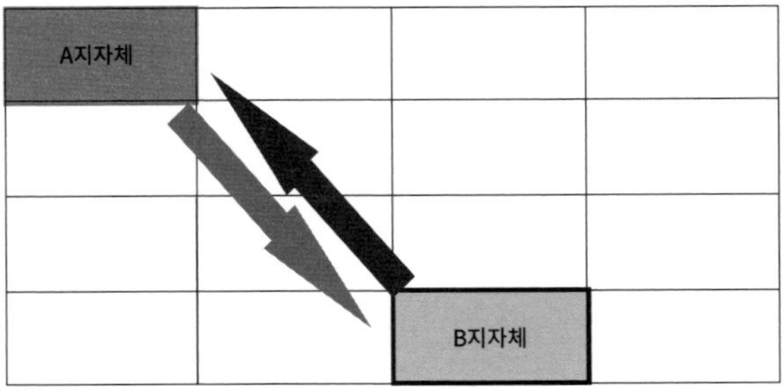		- 지역간, 산업간 상호 보완이 가능한 지자체간의 교류

자료: 저자 작성

〈표 9-10〉 **자매결연 운용유형 특징**

	장점	단점
운용상 특징	• 지역간·산업간 상호 보완연계 가능	• 특정 지자체 매출효과 편중 우려
지역민 (소비자/사용자)	• 필요품목 구입 용이	• 소비자 선택권 약화
소상공인 (수요자)	• 다수 고객 유치	• 산업·업종에 따라 효과 다름

자료: 저자 작성

상호보완적인 관계를 맺고, 유통범위를 확장하는 것이다. 자매결연형이 추가선택형과 다른 점은 지자체의 행정적인 결정에 의해 A, B지역이 결정된다는 점이다.

도심형 지자체와 농촌형 지자체 간에 상호 필요에 의해 결연을 맺을 수 있다. 예를 들면 상호간 농수산물의 안정적인 판매와 공급망 확보, 관광수

〈그림 9-12〉 **지자체간 상생형 사례(案)**

구분	특성	예
지자체간 상생	1인당 GRDP 상급-취약 지자체간 교류	• 화성, 이천, 평택, 과천, 용인→ 남양주, 동두천, 의정부, 양평
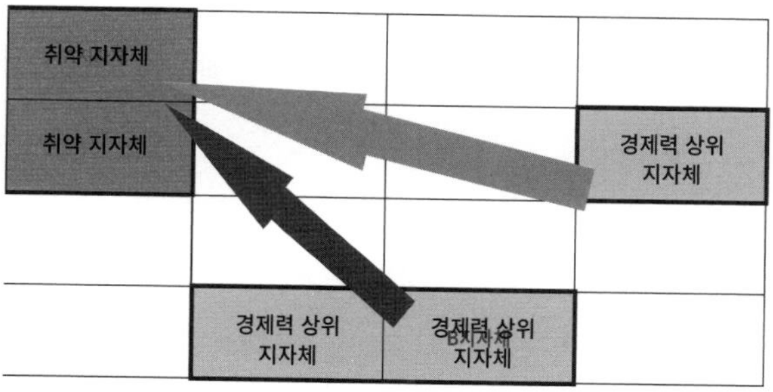 취약 지자체 취약 지자체 경제력 상위 지자체 경제력 상위 지자체 경제력 상위 지자체		- 경제력 상급지자체가 취약지자체를 지원

자료: 저자 작성

〈표 9-11〉 **상생형 운용유형 특징**

	장점	단점
운용상 특징	• 지역간·산업간 상생 연계가능	• 주민들의 참여 유도
지역민 (소비자/사용자)	• 소비자의 착한소비 실천	• 소비자 선호와 다를 수 있음
소상공인 (수요자)	• 지역외 다수 고객 유치	• 산업·업종에 따라 효과 다름

자료: 저자 작성

요의 안정적인 확보와 관광 서비스의 편의 확보 등 여러 다양한 조합으로 결연의 쌍(雙)들을 구성할 수 있을 것이다.

자매결연형은 1·4사분면의 도시지역이 농촌지역과 교류 및 지원하는 방안이다. 상대적으로 도시지역이라 할 수 있는 화성, 과천, 용인 지역이 연천, 양평과 자매결연을 맺어 상호간의 보완적인 효과를 기대할 수 있다

(〈그림 9-11〉).

장점으로는 지자체간의 협약에 따라 지역간·산업간 전략적 연계가 가능하며, 다수고객 유치가능성을 들 수 있다. 단점으로는 산업·업종에 따라 효과가 편중될 수 있다.

상생형은 지자체간 상생을 추구하는 경우로 경제력 등을 감안하여 지자체를 등급화하여 상급 지자체(또는 모듈)에서 취약 지자체(또는 모듈)를 지원하는 방안이다. 이는 자매결연형과 편방향형의 변형으로 볼 수 있다. 중요한 것은 지자체 간의 경제력 등을 평가할 기준을 객관화하여, 상생 차원에서 지역화폐를 통해 지원을 받아야 할 지자체와 지원을 할 수 있는 지자체를 선정하는 기준이 중요하다. 또한 지역주민을 정책에 참여할 수 있도록 다양한 유인기제를 활용해야 한다. 1인당 GRDP가 높은 화성, 이천, 평택, 과천, 용인과 남양주, 동두천, 의정부, 양평을 검토해 볼 수 있다(〈그림 9-12〉).

장점으로는 지역간·산업간 상생 연계가 가능하며, 착한소비 실천, 업종에 따라 다수 고객 유치 가능성 등을 들 수 있다. 단점으로는 소비자 선호와 다를 수 있으며, 산업·업종에 따라 효과가 달리 나타날 수 있다.

편(偏)방향형은 상대적으로 경제 형편이 우세한 지자체(A)가 취약 지자체(B)를 지원하는 것이다. '지자체간 상생형'이 지자체 상호간의 관계 속에 지원과 연대를 중요시한다면, 편방향형은 일방적인 지원에 해당된다. 지역화폐 A는 A지역과 B지역에서 사용할 수 있고, 두 지역에서 모두 사용 가능하다. 그러나 지역화폐 B는 B지역 안에서만 사용가능하다. 이는 지역화폐 A만 B지역으로 이동 가능하고, 지역화폐 B는 자기 지역안에 닫혀있기에 편방향 화폐라 부를 수 있다.

경기 남부지역의 [화성, 과천, 용인]이 [가평, 양평, 연천]과 도심과 농촌, 관광등의 수요로 편방향형 관계를 맺을 것을 검토할 수 있다. 또한 앞

〈그림 9-13〉 **편방향형 사례(案)**

구분	특성	예
남북권	경제력 우수 지자체에서 취약지자체를 모듈 단위로 지원	• 화성, 이천, 평택, 과천 → 남양주, 동두천, 의정부, 양평
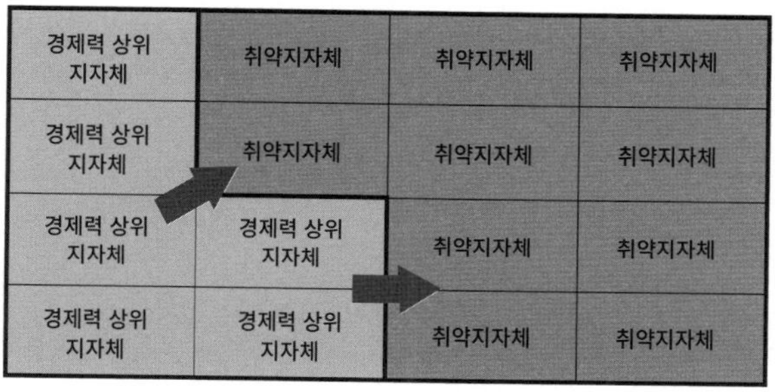		- 경기남부 지자체가 경기북부 지자체를 지원

경제력 상위 지자체	취약지자체	취약지자체	취약지자체
경제력 상위 지자체	취약지자체	취약지자체	취약지자체
경제력 상위 지자체	경제력 상위 지자체	취약지자체	취약지자체
경제력 상위 지자체	경제력 상위 지자체	취약지자체	취약지자체

자료: 저자 작성

〈표 9-12〉 **편방향형 운용유형 특징**

	장점	단점
운용상 특징	• 취약지자체에 대한 지원	• 주민들의 참여 유도
지역민 (소비자/사용자)	• 소비자의 착한소비 실천 • 소비자의 소비선택권 증가	• 소비자 선호와 다를 수 있음
소상공인 (수요자)	• 지역외 다수 고객 유치	• 지역소비 외부 유출 • 산업·업종에 따라 효과 다름
사례	• 지자체간 지원을 통한 착한 소비 • 지자체간 산업·업종 지원	• 특정 지자체로 효과 편중

자료: 저자 작성

서의 추가선택형, 자매결연형, 상생지원형을 지자체간 여건과 상황에 따라 편방향형으로 대체할수도 있을 것이다.

장점으로는 경제력 상급지자체의 취약지자체에 대한 전략적 지원이

〈표 9-13〉 **경기도 지역화폐 운용유형 비교**

대안 유형	주체	범역	취지 및 예
1. 중역형	지자체	2~4개 시군	**접경지역 관광 수요 흡수** 연천↔파주↔김포
2. 중층형	지자체	모듈단위	**역내 소득유출 감소 및 소비자 편의성 제공** 시흥↔안산↔광명↔안양↔과천↔의왕↔군포
3. 추가선택형	소비자	소비자 선택형	**통근자의 편의성** 여주↔성남
4. 자매결연형	지자체	지자체 묶음형	**도시-농촌지역간 상호보완과 상생** 화성(남부)↔연천(북부)
5. 상생형	지자체	모듈간 지원	**지역불균등 완화 및 상생** 화성·이천·평택·과천·용인↔남양주·동두천·의정부·양평(경기남부↔경기북부)
6.편(偏)방향형	지자체	모듈간 지원	**지역불균등 완화 및 지원** 화성·이천·평택·과천→남양주·동두천·의정부·양평(경기남부→경기북부)

자료: 저자 작성

가능하며, 소비자의 착한 소비를 유도할 수 있으며, 산업·업종에 따라 지역 외 다수 고객을 유치할 수 있다. 단점으로는 일방적 지원에 해당할 수 있으므로 지역내 소득 유출이 강화될 수 있다.

요약정리

경기도는 서울특별시와 함께 수도권으로 묶여 있으나 경기-서울간의 외부 불균등의 관계에 있으며, 경기도 내부 기초지자체 간의 불균등도 심각하다. 또한 경기도민은 인접 지자체에서도 지역화폐 사용을 희망하고 있다. 이러

〈표 9-14〉 **경기도 내 지역화폐 운용유형 정책 효과**

수단(운용유형)	정책 취지	정책 효과
중역형 중층형	경기도 외부 지역간 불균등 완화	지역내 소득 및 소비 유출 방지 경기도 외부 불균등 완화 지역경제 활성화
자매결연형 상생형 편방향형	경기도 지역내 불균등 완화	경기도내 기초지자체간 상생 연대 경기도내 부의 순환 및 재생산 경기도내 불균등 완화
추가선택형	소비자 편의성 보완	소비자의 선택권 확장

자료: 저자 작성

한 문제점의 완화를 위하여 지역화폐 운용지역의 재구조화가 필요하다.

재구조화는 코로나19 시기 성북구에서 시행된 지역맞춤형 소지구형 장·석·월(및 장위동 지역화폐) 사례를 참고할 수 있다. 전국 229개 지자체에서 시행중인 지역화폐는 광역 및 소역 단위에 기초한 다소 경직된 운용유형이다. 따라서 이러한 문제점을 완화하기 위하여 6가지 운용유형(중역형, 추가선택형, 자매결연형, 중층형, 상생형, 편방향형)을 검토하였다(〈표 9-13〉).

경기도에서는 외부 불균등, 지역내 불균등을 완화하고, 소비자 선택권 등을 다소나마 향상시키기 위하여 다양한 정책 실험들을 모색할 수 있을 것이다. 〈표 9-14〉은 앞서의 논의들을 바탕으로 하여 6가지 운용유형을 정책 취지에 따라 재구분한 것이다.

경기도 지역화폐 운용유형으로 제시한 6가지 사례는 관광수요 흡수, 소비자 편의성 확대, 역외유출 감소, 통근자 편의성, 도농간 보완·상생, 불균등 완화 지원 등의 정책 취지에 기반하고 있다.

6가지 유형에서 공통적으로 보여지는 장·단점은 운용 유형 설정에 따라 소비자의 선택권은 확장될 수 있으나, 특정상권에 따라 소비 편중효과가 발생할 수 있다는 점이다. 특히 소비자가 선호지역을 직접 선택할 수 있는 추가선택형은 주활동지에서 소비가 집중적으로 발생할 가능성이 크다. 중역형·중층형은 중규모 단위의 지역통합을 추구하는 전략적 기제로 작동할 수 있다. 모듈내 소득유출을 막고 소비자의 편의성 확대라는 공통점이 있다. 자매결연형, 상생형, 편방향형은 특정 지자체간 상호보완과 상생이라는 장점이 있으며, 지자체간 전략적 연대라고 할 수 있으나, 소비자의 선택권 보장은 매우 약한 편이다.

6가지 유형은 현재로서는 실험적인 가설적인 운용유형이며 지역의 주민, 소상공인, 지자체, 지자체간 연대에 따라 각각의 용례를 활용하여 더욱 다양한 조합을 구축해 낼 수 있다. 또한 이러한 지역화폐 정책은 적절한 인센티브의 조정을 통하여 소비자의 편의성과 이동성을 유도할 수 있다. 이를 통해 효과적인 목표를 수행할 수 있다. 다만, 운용유형 재구축은 '1단계 지역화폐 정책 안착화' 이후 '2단계 중장기 미래기획'으로 참고할 수 있다.

지역화폐 정책방안

김병조

지역화폐 정책과 지역문제

지역화폐 정책의 행정흐름도

지역화폐(지역사랑상품권) 정책은 행정안전부가 관할하는 정책이다. 법률적으로는 〈지역사랑상품권 이용 활성화에 관한 법률〉에 근거하여 구체적인 정책이 집행된다. 행안부가 지역화폐 발행 지원금을 광역시도 및 기초지자체에 전달하면 이를 재원으로 지역화폐가 발행된다. 이를 통하여 지역화폐는 지역내 유통 및 순환하면서 전통시장·골목상권/소상공인·자영업자의 매출을 증대시킨다. 이로 인해 지역공동체는 새로운 지역회복의 전환을 맞이할 수 있고, 거시경제 측면에서 국민경제는 활성화된다(〈표 10-1〉).

이때 기초지자체는 정책발행이 가능한 복지수당을 복지전달체계를 통하여 전달한다. 정책발행은 지역의 소상공인에게는 최소한의 매출액을 보장해주는 매우 중요한 의미를 가진다. 반면에 일반발행은 인센티브를 활용하여 지역화폐를 활용하게끔 소비자의 행동을 변화시킨다.

〈표 10-1〉 **지역화폐의 정책 흐름도**

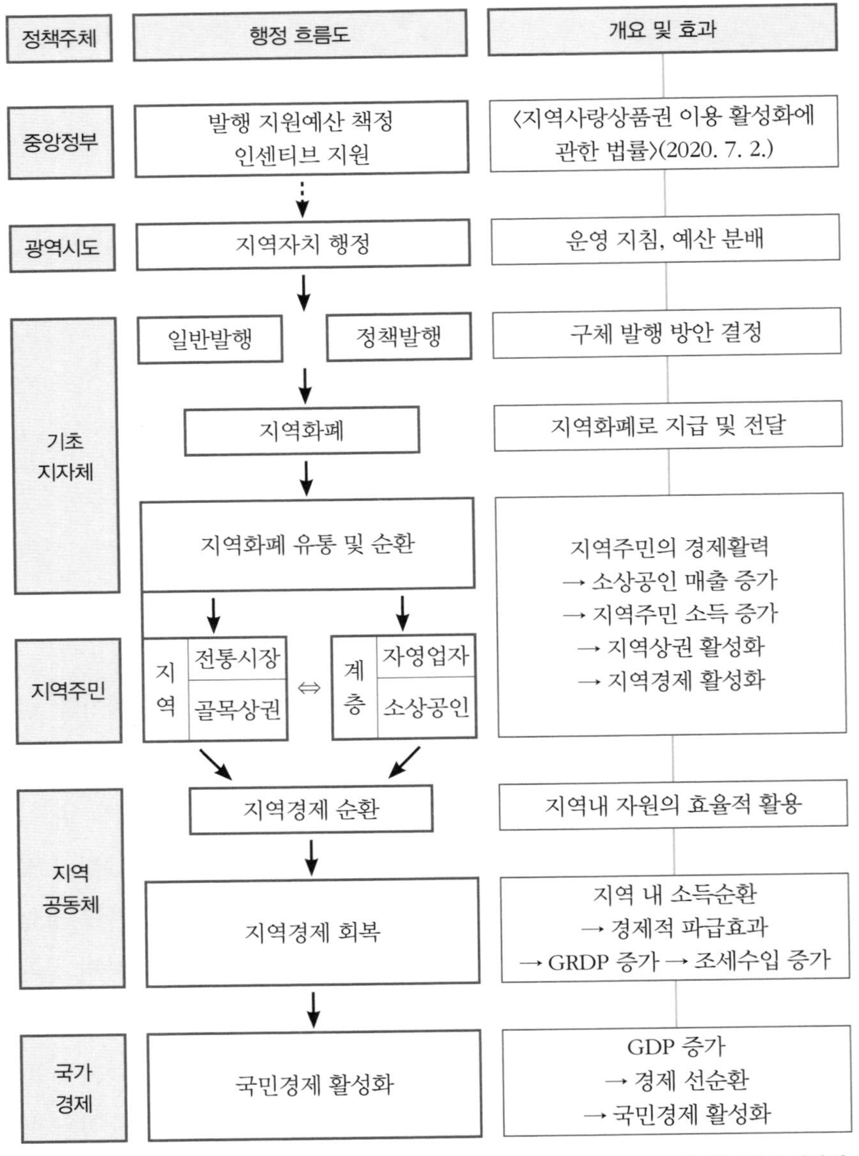

자료: 김병조(2018). p. 133을 참조하여 재작성

일반발행의 인센티브를 통한 소비자의 사용형태는 운용유형과 밀접한 관련을 가진다. 일반발행은 인센티브를 활용하고 소비자의 편의성을 보장하면서 운용유형의 변화를 통하여 지자체가 추구하는 정책목적을 추진하는 주요 기제로 기능한다.

현재 국내에서 시행중인 지역화폐 운용모형은 크게 4가지(소역형, 병행형, 중층형, 광역형)로 비교적 단순하게 설정되어 있다. 그러나 이러한 운용모형은 지역화폐 정책보급 초기에 형성된 것이다. 따라서 이러한 모형은 각 지역의 특성과 지역간 상관관계를 면밀하게 검토하였다기보다 해당 지역의 소상공인 매출을 지원하기 위한 취지에서 시행되었다고 할 수 있다.

그러나 운용모형과 관련하여 향후 지역화폐 정책은 더욱 개선되어야 할 여지가 있다. 특히 장기적으로는 지역간 또는 지역내 불균등 문제를 완화하는 주요 정책으로서 지역화폐 운용유형은 중요한 관심사가 될 것이다.

지역화폐를 통한 지역문제 완화

다음은 지역간 불균등, 지역내 불균등 문제에 집중하여 유형을 간단하게 소개한다. 첫째, 경기도-서울특별시간 지역불균등 완화에 대한 문제이다. 경기도 소비유출은 서울로 84.5%에 이를 정도로 서울시-경기도 간의 유출의 방향과 흐름은 일방적으로 편중되었다고 할 수 있다. 특히 경기 남부지역 및 서울과 접경하는 12개 시(부천, 광명, 안양, 과천, 성남, 하남, 구리, 남양주, 의정부, 양주, 고양, 김포 등 12개 시) 중 남양주, 의정부, 부천, 김포, 고양 등은 그 편중도가 매우 심각하다.

이러한 서울로의 유출 편중을 완화하기 위하여 중역형과 중층형 모형을 검토해 볼 수 있다. 중역형은 각 시군이 지역적 공통점을 가질 때 하나의 모듈로 묶어 낼 수 있는 매우 유용한 유형이다. 예를 들면 휴전선(DMZ)

접경지역인 연천-파주-김포는 지역내 관광자원의 공통적인 활용과 외부 관광객의 유치를 이끌어 낼 수 있다는 점에서 지역 모듈로 묶을 수 있다. 서울과 접경하여 소비유출이 매우 심각한 지역인 시흥-안산-광명-안양-과천-의왕-군포 등을 중심으로 중층형을 고려해 볼 수 있다. 중층형은 상대적으로 자기지역에 인센티브 효과를 강력하게 주고, 주변지역에도 사용이 가능하도록 느슨하게 묶어 두는 방법이다.

둘째, 경기도내 시·군간 지역불균등 완화의 문제이다. 경기도내 지역간 상대적 불균등은 매우 심각한 편이다. 도 단위에서 이러한 불균등을 상생관계로 전환하기 위해서는 두 지자체간 협의에 의해 상호 지역화폐를 공통으로 사용하는 자매결연형, 지역모듈간 지원을 하는 상생형, 경제력 격차를 기준으로 상급지역이 취약지역을 지원하는 편방향 모형을 검토해 볼 수 있다.

정책 실행방안

현재 한국의 상품권형 지역화폐는 1997년 괴산사랑상품권 이후로 약 4반세기의 역사를 가지지만, 정책적 의미를 확보하게 된 것은 경기도 성남시에서 실행된 2006년부터이며, 경기도 전역에서 실행된 2019년에서야 비로소 정책적 시민권을 확보하게 되었다고 할 수 있다. 그러나 229개 지자체 중 일부는 경쟁적으로 도입한 경우도 있다. 또한 운용유형이나 방안도 면밀한 숙의 과정없이 행정편의적으로 진행된 감이 없지 않다.

경기도의 경우도 일률적으로 31개 시·군 단위의 소역화폐로 운용중이다. 행정적 차원에서 소역단위가 가장 기본적이고 보편적일 수 있으나, 경기도의 각 시·군이 처한 여건과 상황이 모두 다르기 때문에 이를 하나의 운용유형으로 의제하는 것은 바람직하지 않다. 따라서 정책의 진행과정에서 정책의 성과, 운용 방안, 개선책 등에 대한 면밀한 검토가 필요할 것이다.

6가지 운용모형의 실행을 위한 구체적인 방안을 5단계의 절차로 검토하면 다음과 같다.

1단계 : 정책 평가

기존 지역화폐 운용방안에 대한 종합적인 검토를 시행한다. 지역화폐의 정책평가안을 체계화하여, 운용방안, 지역경제 활성화 효과, 공동체 강화 효과, 발전가능성 등 4가지 측면에서 종합적으로 검토하여야 한다. 이에 대한 구체적인 내용은 〈표 10-2〉를 참고할 수 있다.

종합평가를 위하여 담당 실무자 또는 관련 공무원, 소비자(지역주민), 수요자(소상공인)의 각 측면에서의 자기 만족도를 조사한다. 또한 외부 조사연구기관 및 전문가 자문을 통해 정책성과, 문제점, 개선사항 등을 평가한다.

2단계 : 5섹터 숙의 민주주의 회의

1단계에서 검토된 자료를 바탕으로 하여 (가칭) '지역화폐운영 시민위원회'(약칭 '지화위')를 구성한다. 지화위는 공무원, 소비자, 지역 일반시민, 소상공인(지역화폐 가맹점), 지역화폐 비가맹 상인, 지역 활동가, 지역화폐 전문가, 각 분야 전문가(경제, 경영, 행정, 사회, 복지 등), 복지수당 수급자, 취약계층 등 사회의 각 계층을 망라한다. 이를 기존 1~4섹터에 비견되는 5섹터라고 할 수 있다.

지화위는 시민 숙의제도의 前단계로 지역화폐에 대한 종합적인 토론과 공론화를 주도한다. 특히 지화위는 지역화폐에 대한 지역주민들의 의견을 대신하여 총화하며 지역화폐의 장기적인 발전방안을 제시한다.

〈표 10-2〉 **지역화폐 정책 종합평가 안(案)**

	구체 내용	행위 주체
1. 운용 행정	가맹점 관리	담당 부서 및 운용 주체
	구입 과정	소비자
	환전	소상공인
	부정 유통	단속 담당부서
	홍보 및 성과 확산	담당 부서 및 운용 주체
	인센티브 수준 및 예산	담당부서
	데이터 관리	발행액, 사용액 및 Big Data
	플랫폼	담당 부서 및 운용 주체
2. 지역경제 활성화 효과	소상공인 매출 증대	소상공인
	상권 활성화	소상공인
	유통속도(회전속도)	소비자
	사용자 수	소비자
	소비자 만족	소비자
	지역화폐 활용 다양성	담당부서 및 소비자
3. 공동체 활성화 효과	지역민간 유대	지역민
	봉사 및 지역활동 참여	지역민
	사회적 경제(기업)와 연대	지역민, 사회적 기업
4. 발전 가능성	사용처 확대	가맹점
	복지수당 발굴	담당부서
	발행액 증가	담당부서
	인센티브	담당부서

자료: 자체 작성

3단계 : 운용유형 등 결정

3단계에서는 1단계 평가안과 2단계 5섹터 지화위의 의견을 종합하여 지역화폐 운용에 대한 전반적인 사항 등을 최종 결정한다. 특히 운용유형

6가지를 검토하기 위해서는 지역민, 소상공인들에 대한 사전 의견수렴 및 공청회가 필수적이다.

운용유형 선택에 따라 나타나는 경제적 긍·부정의 효과 등을 충분히 검토하여야 한다. 지역간 소이기주의, 지역간 편중효과 등을 계량화하고, 이로 인해 발생할 지역간 효과를 지역민들이 투명하게 공유할 수 있는 방안을 모색하여야 한다.

4단계 : 실행 검토단계

실행을 위한 前단계로 정책의 시뮬레이션을 수행한다. 실험참여자를 모집하여 실제로 가맹점, 소비자의 역할을 대행하여 운용유형의 작동과정 시에 발생할 수 있는 여러 문제점을 파악하고 해결방안을 모색한다.

5단계 : 실행 단계

성공적인 정책 안착화와 시민참여를 증진하기 위하여 홍보, 판촉, 이슈파이팅 등 각종 축제 행사를 기획한다. 지역민의 사용상의 긍정적이고 창의적인 사례를 발굴·홍보하여 보급한다.

운용유형 결정

앞에서 예시한 6가지 지역화폐 운용모형은 현 단계에서 발생하는 여러 문제점을 개선하고 발전하기 위한 가안(假案)이다. 따라서 운용유형은 고정된 것이 아니고, 다양한 지자체간 조합 및 정책적 변주가 가능하다.

운용유형을 결정하기 위한 과정은 다음과 같다.

과정 1: 자기 지역 문제점 파악

운용유형을 결정하기 위해서는 여러 다양한 사안들이 검토되어야 한다(〈표 10-3〉). 우선 지역 측면, 소비자, 소상공인, 지역사회 효과 측면에서 다양한 검토가 객관적으로 이루어져야 한다.

지역 측면으로는 지역생산, 소비, 규모, 교통·지리에 이르는 양적 요인에 대한 과학적인 계측 조사가 이루어져야 한다. 소비자 측면에서는 소비자의 소비생활 및 행태 등에 대한 주·객관적인 분석이 필요하며, 소상공인 측면에서는 경제·경영적 기법에 따른 계량 분석이 필요하다. 지역사회 효과 측면에서는 양·질적 접근방법이 요구된다.

과정 2: 문제점 해소 방안

과정 2에서는 앞서 문제점 및 이해관계의 파악을 통해 새로운 운용유형을 설정하고 자기 지역이 획득할 수 있는 다양한 긍정·부정적 효과들에 대하여 검토하여야 한다. 또한 발생할 수 있는 문제점에 대하여 사전에 충분히 숙고하여야 한다. 여기서 가장 중요한 것은 운용유형 결정으로 인해 지역간 경제적 효과가 달리 나타날 경우 이를 설득할 수 있는 대안이 마련되어 있어야 한다는 점이다. 지자체 간 사전 양해각서나 협의 등을 통해 지역화폐 효과 편재로 인해 발생하는 수익을 어떻게 배분하며 활용할 것인지에 대한 사전협의가 반드시 있어야 한다.

과정 3: 실행 검토

지자체간 협의를 통해 실제 실행을 검토한다. 정책 안착화를 위하여 운용유형의 장점을 적극 홍보한다. 새로운 운용 유형 변경에 따른 소비자 편의성을 극대화할 수 있도록 플랫폼을 재구축하고, 행정서비스 등을 한층 보완·강화한다.

〈표 10-3〉 **운용유형 선택을 위한 사전 검토 사항(案)**

주요 측면		구체 내용
지역 측면	지역 생산	GRDP, 산업단지, 지역 특화경제
	지역 소비	유출액, 유출 정도, 유출 지역,
	지역 규모	인구 수, 인구특성(평균 연령, 고령화), 지역 면적
	교통·지리	이동 편의성, 교통 흐름
소비자 측면	주요 활동지	직주일치 여부 등
	소비자 편의성	선택 다양성
	인센티브	인센티브 수준
소상공인 측면	가맹점 수	소상공인 규모
	소비유입/소득유출 효과	
	타지자체 소비자 유치 가능성	
지역사회 효과	유형선택을 위한 공통사안	주민(소비자, 소상공인) 설득 기제
	경제 활성화 효과	지역소비 유입·유출
	지역연대 효과	지역주민간 연대
	기타 사회적 효과	

자료: 자체 작성

이상 6가지 운용유형의 실행을 위한 구체적인 방안 5단계 및 운용유형 결정을 위한 3가지 과정에 대하여 대략적으로 검토하였다. 지역화폐는 지역민들을 위해 지역간 균등성장, 지역내 균등성장을 위한 정책이므로 철저히 지역민의 의사와 이해관계로부터 출발하여야 한다. 6가지 운용모형의 결정은 민주적 의사결정을 통해 지역내 풀뿌리 민주주의, 풀뿌리 지역경제를 활성화하는데 토양이 되어야 할 것이다.

시사점

본 연구에서 수행한 설문조사 결과에 의하면 경기도민의 "경기도 내 타 지역에서의 지역화폐 활용방안"의 동의율은 90.0%, "타시군간 지역화폐 사용 의향율"은 72.8%로 나타났다. 또한 "지역화폐 사용시 개선사항"에 대한 답변으로 "거주지 외에 경기도내 사용희망 지역까지 사용범위 확대"에 14.5%(2019년 1분기) 17.6%(2019년 3분기)로 모두 2순위로 다른 답변보다 상대적으로 높게 응답하였다.

설문에서도 확인되듯이 경기도민이 지역화폐에 바라는 사항은 경기도 단위 혹은 인접 지자체에서도 지역화폐를 사용하고자 하는 것이다. 이에 따라 경기도 지역화폐의 새로운 운용유형이 요청된다.

다음은 적정 운용모형 선정을 위한 정책 시사점을 제시하고자 한다.

첫째, 지역화폐 운용유형 설계는 해당 지자체 입장에서 접근하여야 한다. 중앙정부는 지원은 하되 구체적으로 관여하지 않아야 한다. 특히 특광역시도 입장에서는 전체 광역시 단위의 관점에서 지역내 원활하고 효율적이며 체계적인 발전계획과 연계되어야 할 것이다. 특광역시도는 기초지자체와 긴밀하게 협의하면서 기초지자체의 이해관계에 세심히 대응하면서, 지역경제 활성화 및 지역공동체 강화에 대한 장기 비전을 모색하여야 할 것이다.

둘째, 운용유형 결정은 반드시 지역의 장기적인 발전계획과 결부되어 결정되어야 한다. 지역의 변화요인(인구감소, 지역소멸, 교통망 변경, 상권 변화 등)과 관련하여 장기적인 지역발전 계획 아래 지역화폐의 운용유형을 검토하여야 한다.

셋째, 운용유형에 따른 정책효과에 대한 면밀한 사전 검토가 요구된다. 새로운 유형 도입으로 인해 발생할 수 있는 사회경제적 효과 및 이에 따른 편중, 인센티브 문제, 소상공인 이해관계, 소비자 편의문제가 종합적으로 검토되어야 할 것이다.

넷째, 운용유형 결정에 대한 심도 깊은 조사 설계가 있어야 한다. 새로운 운용유형에 의해 지역화폐 효과가 변화될 수 있으며, 그에 따라 소지역 간의 이해충돌이 발생할 수도 있다. 이에 대한 면밀한 대비책이 요구된다.

다섯째, 운용유형에 따른 지자체 간 조합에 대한 면밀한 검토가 요구된다. 운용유형 설정에 따른 시·군 단위 범역은 정치, 경제, 행정, 사회, 교통, 지리, 문화 등 다양한 섹터를 모두 감안한 상태에서 정해야 할 것이다. 또한 시·군간 통합 문제가 발생할 경우 지역화폐는 새로운 통합기제로 활용될 수도 있다.

여섯째, 인센티브 활용은 운용유형 정책 추진의 관건이라고 할 수 있다. 인센티브를 통하여 소비자의 행동을 변화시키고, 유형내 지역화폐의 유통 추세를 유도하고, 정책목표의 달성을 위한 방향을 세워 나아갈 수 있을 것이다. 또한 인센티브는 운용범위 내에서 지역화폐 사용을 더욱 고무시키거나 감소시키는 주요 기제로 작동하게 될 것이다.

일곱째, 주민들의 의견이 최대한 반영되어야 한다. 지역화폐 정책은 중앙정부 및 특광역시도가 실행하는 매우 특이한 상향식 정책이다. 소상공인과 지역주민이 참여하지 않으면 결코 성공하기 어려운 정책이다. 따라서 유형설계에 있어서 지역주민의 편의, 소상공인의 이해관계에 주목하여야 한다. 이러한 견해 조정에 지역주민자치위원회를 구성하여 공론의 장을 통해 결정하는 것이 지역 풀뿌리 민주주의를 확정하는 데도 도움이 될 것이다.

결론적으로 지자체별 구체적인 여건과 지역의 장기발전 계획에 따라 적절한 운용유형을 검토하여야 하며, 이러한 검토를 통해 새로운 운용유형 발전방안이 마련될 수 있다는 것이다.

• 참고문헌 •

강현수(2012). "지역균형발전을 위한 지역산업정책의 과제", 『한국지방정부학회 2012년도 추계 학술대회 자료집』, 한국지방정부학회.

고동원(2018). "암호화자산 거래와 제도화", The Banker, 은행연합회

권혁철(2020). "지역화폐 기획과 운영 간 상호 조응성에 관한 연구: 지역사랑상품권 운영 사례를 중심으로", 『사회과학연구』 제27권 제3호(2020년 09월).

김민정(2011). "지역화폐운동의 성과와 한계: 한국사례를 중심으로", 『기억과 전망』 26호, 민주화운동기념사업회 한국민주주의연구소.

김민정(2012). "지역화폐운동의 성과와 한계: 한국 사례를 중심으로", 『기억과 전망』.

김병조(2018). "'기본소득(시민배당)–지역화폐 상품권' 활용을 통한 지역경제 활성화 방안연구: 기초지자체 성남시 사례를 중심으로".

김병조(2019). "지역화폐 연계형 지역자치", 『한국행정학회 학술발표논문집』, 한국행정학회.

김병조 외(2020 a). 『뉴 머니, 지역화폐가 온다』, 다할미디어.

김병조(2020 b). "코로나19 국면 경기도 소상공인 경제활력 촉진을 위한 지역화폐 활용방안", 경기연구원.

김병조(2020 c). "지역화폐 연계형 '재난극복 기본소득' 검토안", 경기연구원.

김병조 외(2020 d). "코로나19 위기극복을 위한 GRI 제언"(경기도 확대간부회의 자료), 경기연구원.

김병조(2020 e). "코로나19로 인한 지역사회 경제위기와 지역화폐 정책: 경기도 사례를 중심으로", 『예산과 정책』. 통권 제32호.

김병조(2020 f). "지역화폐 연계형, 경기도 재난기본소득에 관한 몇 가지 소고", 『공공정책』, 통권 제175호.

김병훈 · 김남일(2004). "국가발전전략으로서 국토균형발전에 관한 연구: 한국의 경제성장과 지역균형발전을 중심으로", 『사회과학논총』 제21집, 명지대학교 사회과학연구소.

김정주(2004). "시장, 국가, 그리고 한국 자본주의 모델: 1980년대 축적체제의 전환과 국가 후퇴의 현재적 의미", 유철규 편, 『박정희 모델과 신자유주의 사이에서』, 함께읽는 책.
________(2006). "경제위기 이후 산업구조의 변화와 대안적 산업정책 방향의 모색", 유철규 편, 『혁신과 통합의 한국경제모델을 찾아서』, 함께읽는책.
김종웅(2018). "경제성장과 지역균형발전의 정책방향", 『경제연구』 제36권 제3호, 한국경제통상학회.
김현호·김도형(2017). "지방분권형 지역균형발전정책의 설계", 한국지방행정연구원.
김형태(2010). "투자촉진을 위한 지역산업입지정책", 한국개발연구원.
남충현(2018). "블록체인의 다변화: 채굴 없는 블록체인의 확산", 정보통신정책연구원
류기환(2015). "지역화폐를 통한 지역경제 활성화 방안", 『국제지역연구』, 19권 1호.
박진경·이소영·최민정(2016). "인구감소지역의 새로운 지역발전정책 방안", 한국지방행정연구원.
박진경·김선기(2017). "인구감소시대의 지역발전정책 방향과 추진체계", 한국지방행정연구원.
부산광역시의회 민생경제특별위원회(2019). 『부산시민 지역화폐 원탁회의』.
정대형(2019). "국제결제은행의 화폐 분류에 따른 디지털 화폐의 유형별 특징 및 시사점", KDB산업은행 미래전략연구소,
새로운사회를여는연구원(2014). 『강원도 지역통화 유통방안 조사연구』.
서민철(2007). "1980년대 이후 수도권/비수도권 지역격차 변화의 조절이론적 해석", 『대한지리학회지』 제42권 1호, 대한지리학회.
________(2018). "1960년 이후 지역내총생산 시계열 자료의 구축과 지역격차에 관한 정형화 된 사실들", 『국토지리학회지』 제52권 3호, 국토지리학회.
서병수(2016). "지역화폐의 발전동향과 지역발전에 대한 역할", (사)참누리: 빈곤없는 사회.
송경호·이환웅(2020). "지역화폐의 도입이 지역경제에 미친 영향", 『조세재정브리프』, 통권 105호.

송우경(2016). “2000년대 이후 한국 지역발전정책의 변화와 특징”, 『한국지역개발학회 2016년 춘계학술대회 발표집』, 한국지역개발학회.
신기동(2018). “소상공인 협도종조합 발전방향과 경기도 정책과제”, 『GRI 정책 브리프』(2018-24)
양준호(2017), 『지역 회복, 협동과 연대의 경제에서 찾다』, 인천대학교 출판부.
______ (2019a). 『부천페이의 성과분석 연구자문-부천페이의 현황과 그 거시적 파급효과를 중심으로』, 부천시.
______ (2019b). 『인천e음의 성과와 전망을 중심으로』, 부산광역시 의회민생경제특별위원회.
______ (2019c). 『인천시 전자지역화폐 ‘인천e음’의 성과분석을 위한 연구용역』, 인천광역시.
______ (2019d). 『시흥 지역화폐 ‘시루’의 경제효과 분석』, 시흥시.
______ (2020a). 『서로 e음의 지역 경제 효과 분석 연구』, 인천서구청.
여효성·김성주(2019). “지역사랑상품권 전국 확대발행의 경제적 효과분석”, 한국지방행정연구원.
유기환(2015). “지역화폐를 통한 지역경제 활성화 방안”, 『국제지역연구』 제19권 제1호, 국제지역학회.
유영성 외(2019). “2019년 3분기 경기도 청년기본소득 만족도 조사 결과보고”, 경기연구원.
유영성 외(2020). “2019년 4분기 경기도 청년기본소득 만족도 조사 결과보고”, 경기연구원.
유영성 외(2020). “지역화폐의 경기도 소상공인 매출액 영향 분석(2019년 1~4분기 종합)”, 『GRI 정책 브리프』, 경기연구원.
유영성(2020). “코로나19로 인한 경제재난, ‘재난기본소득’이 해법이다!”, 경기연구원.
이대기(2017). “제4차 산업혁명과 금융의 미래”, 한국금융연구원
이대기(2017). “중앙은행의 디지털화폐 발행에 대한 최근 논의와 시사점”, 한국금융연구원
이대원(2019). “미즈호금융그룹의 J-Coin Pay 출시 및 시사점”, 산업은행
이명활(2019). “중앙은행 디지털화폐(CBDC)의 이해: 해외의 주요 논의내용 및 시사점”, 한국금융연구원
이상규 외(2004).『미쉬킨의 화폐와 금융』, 한티미디어
이상훈·박누리(2018). “경기도 지역화폐의 지역경제 파급효과: 청년배당 등 정책수당을 중심으로”, 『정책연구』, 경기연구원.
이용훈(2016). “미래지향적 국토종합계획 수립방향”, 국토연구원.
이점순·양준호(2020). “지역화폐의 의의 및 그 활성화 방안에 관한 연구-국내외 지역화폐 사례를 중심으로,” 『동북아경제연구』, 32(2).
이종철(2018). “지역화폐를 블록체인으로 구현할 수 있을까? 노원 NW코인”, Byline-Network
이한주·김병조(2017). “지역경제 활성화를 위한 지역화폐 도입에 관한 연구: 기초연금을 중심으

로", 국회예산결산특별위원회.
이현훈 · 이문희 · 박세준(2012). "기초자치지역의 경제성장요인 실증분석과 정책적 함의", 『경제발전연구』 제18권 제2호, 한국경제발전학회.
이황희(2020). "지역화폐의 운영구조 및 현황 분석", 하나금융경영연구소
임형백(2013). "한국의 지역균형발전정책, 1972-2012", 『도시행정학보』 26(3), 한국도시행정학회.
전대욱 · 최준규(2018). "지역화폐의 경제적 효과에 관한 시스템 다이내믹스 분석 : 과천 품앗이 사례를 중심으로", 『한국 시스템 다이내믹스 연구』, 19권 1호.
전병유 외(2016). 『다중격차. 한국 사회 불평등 구조』, 페이퍼로드.
정재준(2018). "지역내총생산과 지역총소득 비교를 통한 소득의 역외 유출 분석", 한국경제지리학회, 한국경제지리학회지. 제21권 4호.
정준호(2018). "지역간 소득격차와 위험공유", 『공간과 사회』, 한국공간환경학회.
정책기획위원회(2020). "지역화폐가 지역의 고용이 미치는 결과".
정책연구(2019). "블록체인 수용 및 융합 사례[지역화폐 사례]", 비움소프트 주식회사
조명래(2013). "격차의 새로운 양상과 통합적 균형발전", 『NGO연구』 제8권 제2호, 한국NGO학회.
조복현(2020). "지역공동체 경제와 지역화폐: 사회적경제 활성화를 위한 지역화폐 시스템", 『2020년 봄 학술대회 자료집』, 한국사회경제학회.
조세재정연구원(2020). 『지역화폐의 도입이 지역경제에 미친 영향』.
조재욱(2013). "새로운 화폐정치의 공간 만들기: 지역화폐제 도입을 통한 보완경제의 가능성 시탐", 『비교민주주의연구』 제9집 제1호, 인제대학교 민주주의와 자치 연구소.
조형제 · 정건화 · 이정협(2012). "신진보주의 발전모델과 민주적 발전국가의 모색", 『동향과 전망』 67, 한국사회과학연구소.
조혜경(2018). "지역화폐의 개념과 국내 논의 현황", 재단법인 바람 정치연구소 대안.
중소벤처기업부(2018). 『자영업 성장 · 혁신 종합대책』.
지역화폐성남누리운영위원회(2016). 〈지역화폐 성남누리〉.
지주형 · 조희정 · 김순영(2019). "지역화폐 형성과정과 분권화에 대한 연구: 이념, 제도, 이익을 중심으로", 『비교민주주의연구』 제15집 1호, 인제대학교 민주주의와 자치 연구소.
차재권(2017). "역대정부 균형발전정책 성과평가: 박정희 정부에서 박근혜 정부까지", 『사회과학연구』 제25집, 한국사회과학협의회.
천경희(2014). 『지속가능한 발전을 위한 소비생활방식 연구: 공동체화폐운동을 중심으로』.

최준규 · 전대욱 · 윤소은(2016). "경기도 지역화폐 활용방안 연구", 경기연구원.

최준규 · 전대욱(2017). "공동체 단위 지역화폐 운영에 따른 경제적 효과 분석", 『2017년 한국미래행정학회 추계학술세미나』, 한국미래행정학회.

최준규 · 정대욱(2017). "경기도 지역화폐 팀 조직의 집단특성과 조직유효성에 관한 연구", 『대한경영학회지』, 33(2) : 22-35.

최준규 · 윤소은(2018). "지역 활성화를 위한 지역화폐의 쟁점과 과제", 『이슈&진단』(325), 경기연구원.

최준규 외(2018). "지역 활성화를 위한 지역화폐의 쟁점과 과제", 경기연구원.

최준규(2018). "지역화폐 도입 동향 및 과제", 『월간 공공정책』 156, 한국자치학회.

한국금융연구원(2019). 「주요국의 CBDC 관련 논의 및 시사점」.

한국보건사회연구원(2017). 「노인실태조사」.

한국은행(2018). 「암호자산과 중앙은행」.

한국은행(2020). 「경기지역 소비의 특징 및 시사점(신용카드 이용 현황 분석)」.

한국조세재정연구원(2020 b). "지역화폐 연구관련 소명자료", 한국조세재정연구원.

한밭레츠(2018). 『제19차 한밭레츠 정기총회 자료집』.

한성일(2013). "지역화폐운동과 지역경제", 『지역사회연구』 21(4), 한국지역사회학회.

행정안전부(2017). 『고향사랑 상품권 발행 및 운영 안내서』.

홍장표(1991). "1970년대 이후 대자본의 중소자본 지배구조의 변화", 『한국자본주의분석』, 일빛.

DeMeulenaere, S.(1998). An Overview of Parallel, Local and Community Currency Systems, Complementary Currency Resource Center.

Kang, J. & Hong, B. (2015). "Community Currency in Korea: How do we envision community currency?", International Journal of Community Currency Research, 19(D) : 72-80.

Marshall, A. P. and D. W. O'Neill(2018). "The Bristol Pound: A Tool for Localisation?", Ecological Economics, 146(C) : 273-281.

Seyfang, G. and Williams, C. (1997). "LETS make money work for people rather than profits", Kindred Spirits, 40 : 27-30.

Yim Seok-Hoi(2002). Economic Restructuring and Regional Disparity after the IMF Crisis in Korea, Journal of the Korea Association of Regional Geographers 8(4), the Korea Association of Regional Geographers.

アトム通貨実行委員会(2015). 『アトム通貨で描くコミュニティ・デザイン』, 新評論.

小西英行(2007). “ポイント経済と電子マネー, 地域通貨に関する考察,”『富山国際大学地域学部紀要』, 7: 103–107.

大崎孝徳(2003). “商店街における多機能型ICカードを活用した関係性マーケティング— -つれてってコミュニティ・カード成功要因分析,”『長崎総合科学大学紀要』, 44(1).

菅原浩信(2014). “発寒北商店街におけるアトム通貨の活用,”『北海学園大学経営論集』, 12(2) : 121–140.

西部忠(2001). “地域通貨によるコミュニティづくり,”『Finansurance』, 38:1–12.

________(2006).『地域通貨のすすめ』, 北海道商工会連合会.

________(2013).『地域通貨(福祉+α)』, ミネルヴァ書房.

日本政策投資銀行(2004).『地域通貨とコミュニティファイナンス』.

日本地方自治研究機構(2001).『広域的地域情報システムに関する研究』.

藤森三男(1983). “日本企業のもつ長期的思考と柔軟性,”『三田商学研究』, 25(6): 957–967.

米山秀隆(2017). “地域における消費, 投資活性化の方策— – 地域通貨と新たなファンディング手法の活用,”『研究レポート』, 447.

“21세기 지역화폐, 금융 경쟁력 갖춰야”, 최화인의 디지털경제, 2019. 5. 29.

“‘디지털 화폐’의 파괴력”, 아시아경제, 2019. 11. 5.

“발행액 2천억 넘어선 지역화폐, 경제 모세혈관 역할 충실”, 경기일보, 2019. 10. 20

“블록체인 기반 지역 화폐 골목 상권 부흥 해법”, 중앙일보, 2019. 10. 1.

“블록체인과 융합, 부산 신성장동력으로”, 전자신문, 2019. 10. 14.

“사용처 제한 없앤 전국 첫 지역화폐 ‘청송사랑화폐’로 지역경제 활성화 견인”, 한국일보, 2019. 10. 15.

“세종시 지역화폐 여민전 발행 대폭 확대한다”, 프레시안, 2020. 7. 30.

“시흥시, 시흥화폐 시루 새마을금고·신협 판매 개시 … 1195억원 돌파”, 스포츠서울, 2020. 8. 24.

“신한은행, 전 직원에 온누리상품권 지급 … 지역경제 살리기 앞장”, 뉴데일리경제, 2020. 3. 26.

“월급도 전자화폐로 준다 … 日 ‘캐시리스 사회’ 가속”, 머니투데이, 2018. 10. 25.

“전자식 지역화폐 ‘인천e음카드’ 활성화 고심”, 동아일보, 2019. 11. 1.

괴산시청 누리집(https://www.goesan.go.kr/economy/contents.do?key=491)

브리스톨 파운드 누리집(https://bristolpound.org/)

서울시 성북구청 누리집(http://www.sb.go.kr/)

시사일보 누리집(http://www.koreasisailbo.com/134516)

중기이코노미 누리집(http://www.junggi.co.kr/article/articleView.html?no=22864)

코로나 19 누리집(http://ncov.mohw.go.kr/)

행안부 내고장 알리미(https://www.laiis.go.kr/lips/mlo/lcl/localGiftList.do)

부록

재난지원금 지급 주요 사항 비교
(중앙정부, 경기도, 기초지자체)

코로나19 경기도 행정단위별
지역화폐 연계 지원정책

표 차례

그림 차례

찾아보기

〈부록 표 1〉 **재난지원금 지급 주요 사항 비교(중앙정부, 경기도, 기초지자체)**

		구분	중앙정부	경기도	경기도 시군
		A	B	C	D
1. 정책	1-1	명칭	전국민 긴급재난지원금	재난기본소득	OO시군 재난기본소득
	1-2	성격	보편/가구	보편/개인	보편&선별/가구&개인
2. 대상자	2-1	대상 및 기준	전국민 (주민등록세대 기준+ 건강보험료상 가구기준) -지자체(경기도) 기 지급액 삭감. 87.1만원 수령*	경기도민 (3. 23. 이전 거주자, 결혼이민자, 영주권자 포함)	전도민(경기도내 주민등록지 기준) - 전도민(경기도내 31개 시·군 모두 보편 지급) 안산(10만원) 외국인 포함(7만원). 안산시에 주민등록이 되어 있거나 외국인 등록 또는 국내 거소 신고가 되어 있는 사람
	2-2	기준일	3월 29일(주민등록상)	3월 24일	3월 18일 이후(주민등록상)
	2-3	신청주체 및 수급자대표	세대주	경기도민 누구나	세대주
	2-4	외국인 관련	"부양자-피부양자"를 경제공동체로 보는 건강보험료상 가구 기준 적용	외국인 주민 (결혼이민자, 영주권자) 지급	외국인 주민 (결혼이민자, 영주권자) 지급
3. 지급액	3-1	지급 금액	-1인 40, 2인 60, 3인 80, 4인 100만원 (가구당 차등지급)	1인당 10만원	시군별 상이*
	3-2	지급 규모	전국민 2,171만 가구	13,265,377명	13,265,377명
	3-3	총지급액	14조2천448억원 (예산. 5. 31.)	13,263억원	12,691억원
4. 인센티브			-	-	-

일부 사항은 조사시점에 따라 변경될수 있음

서울시	경남도	전주시
E	F	G
재난긴급생활비	경남 긴급재난지원금	전주형 재난기본소득
선별/가구	선별/가구	선별/개인
해당 가구 (중위소득 100% 이하 가구)	경남도민 (건강보험료 중위소득 100% 이하)	- 중위소득 80% 이하 - "한국 국적, 15세 이상, 정상적인 경제활동을 하지 못하는 시민"(실업자, 비임금근로자, 비정규직 종사자) - 15세 미만, 65세 이상 비경제활동자 지급 안함
3월 18일 이후(주민등록상)	3월 29일 이후(주민등록상)	3월 1일 이후(주민등록상)
세대주	세대주	전주시민(대상자)
-포함: 난민, 한국인과 가구를 구성한 자(혼인, 부양), -제외: 단독 외국인, 등록 외국인 가구 등	내국인 가입자의 세대원이면서 피부양자 포함	-
1~2인 가구 30만원, 3~4인 가구 40만원, 5인 이상 가구 50만원	1인 20, 2인 30, 3인 40, 4인~50만원	1인당 527,000원
117만 7천 가구	64만 8322 가구	40,125명
8619억원	1302억원	211.5억만원
지역화폐 사용시 인센티브 10%	-	-

<table>
<tr><th></th><th></th><th>구분</th><th>중앙정부</th><th>경기도</th><th>경기도 시군</th></tr>
<tr><th></th><th></th><th>A</th><th>B</th><th>C</th><th>D</th></tr>
<tr><td>5.
유통기한</td><td>5-1</td><td>3개월 한시 기간내 사용원칙 (8. 31. 일괄 사용 마감)</td><td>-3개월 한시 기간내 사용원칙 (8. 31. 일괄 사용 마감)</td><td>-3개월 한시 기간내 사용원칙 (8. 31. 일괄 사용 마감)</td><td>-3개월 한시 기간내 사용원칙 (8. 31. 일괄 사용 마감)</td></tr>
<tr><td rowspan="4">6.
사용처
(가맹점)</td><td>6-1</td><td>신용카드</td><td rowspan="4">아동돌봄 쿠폰 기준*</td><td rowspan="4">지역화폐 가맹점
전통시장은 10억원 이상 매장에서도 사용 가능
※ 경기지역화폐 누리집 참조</td><td rowspan="4">지역화폐 가맹점
전통시장은 10억원 이상 매장에서도 사용 가능
※경기지역화폐 누리집 참조</td></tr>
<tr><td>6-2</td><td>체크카드</td></tr>
<tr><td>6-3</td><td>선불카드</td></tr>
<tr><td>6-4</td><td>지역화폐 (지/카/모)</td></tr>
<tr><td rowspan="4">7.
사용지역 범위</td><td>7-1</td><td>신용카드</td><td rowspan="2">광역시도</td><td rowspan="4">-주민등록 주소지 시군으로 사용제한</td><td rowspan="4">-주민등록 주소지 시군으로 사용제한(각 시군 사정에 따라 가맹점 기준은 다소 상이할 수 있음)</td></tr>
<tr><td>7-2</td><td>체크카드</td></tr>
<tr><td>7-3</td><td>선불카드</td><td>광역 또는 기초</td></tr>
<tr><td>7-4</td><td>지역화폐 (지/카/모)</td><td>모바일 전용:
광역 또는 기초</td></tr>
<tr><td rowspan="5">8.
결제수단
(지급 매체)</td><td>8-1</td><td>신용카드</td><td>기 신용카드 충전/차감. 문자(카드사 홈피 신청)</td><td>○*</td><td>(기초지자체 별 상이)</td></tr>
<tr><td>8-2</td><td>체크카드</td><td>기 체크카드 충전 (카드사 홈피 신청)</td><td>-</td><td>(기초지자체 별 상이)</td></tr>
<tr><td>8-3</td><td>선불카드</td><td>지자체 선불카드. 어플 확인. (지자체홈피 신청)</td><td>○
지자체, 농협</td><td>(기초지자체 별 상이)</td></tr>
<tr><td>8-4</td><td>지역화폐 (지/카/모)</td><td>모바일(인센티브 1만원. 지자체홈피 신청)</td><td>○
(기초별 상이)</td><td>○
(시군별 상이)</td></tr>
<tr><td>8-5</td><td>현금 대상</td><td>생계급여, 기초연금, 국민연금 대상자만 해당
*교정시설 수용자, 군인</td><td>-</td><td>시군별 상이</td></tr>
</table>

서울시	경남도	전주시
E	F	G
~8. 31.	20. 9. 30.	20. 7. 31.
○	×	공공요금, 소상공인 업체
○		
○	선불카드 (경남사랑상품권)	
카		
서울시(5. 25.부터 자치구에서 변경)	거주지 시군	전주시
기 신용카드 충전/ 차감. 문자	×	기명식 선불카드 (전북은행)
기 체크카드 충전		
지자체 선불카드. 어플 확인. 지자체홈피 신청	선불카드 (경남사랑상품권)	
인센티브 10% 지자체 홈피 신청		
	별도 언급 없음	별도 언급 없음

		구분	중앙정부	경기도	경기도 시군
		A	B	C	D
9. 지원제외		지원제외	4월 30일 기준 해외체류자	타 수당과 중복수령 가능	시군별 상이
10. 기타		기부	3개월내 미신청시 자동기부 및 자율기부운동 추진	자율기부운동 전개 (경기사회복지공동 모금회 누리집 연계)	기한내 미신청 및 미사용시 국가와 자치단체로 환수

1. 경기도 시군별 지역화폐 발행 유형
  - 카: 수원, 고양, 용인, 부천, 화성, 남양주, 파주, 의정부, 김포, 광주, 광명, 군포, 하남, 오산, 이천, 양주, 구리, 안성, 양평, 여주, 동두천, 연천
  - 지카: 안산, 안양, 평택, 포천, 의왕, 가평, 과천.
    카모: 김포.
    지모: 시흥.
    지카모: 성남

2. 경기도 시군별 재난기본소득 지원금액
  - 5만원: 부천·고양·광명·김포·군포·의왕·안양·광주·하남·의정부(10개시)
  - 9만원: 구리(1개시)
  - 10만원: 가평·과천·성남·수원·시흥·안산·양주·여주·오산·용인·파주·평택·남양주(13개 시군)
  - 12만원: 양평군(1개군)
  - 15만원: 이천·동두천(2개)
  - 20만원: 화성·연천(2개)
  - 25만원: 안성
  - 40만원: 포천

서울시	경남도	전주시
E	F	G
기존의 정부 지원 혜택 가구 -저소득층 한시생활지원 사업(기초생활수급자, 차상위계층) -코로나19 생활지원비 지원(14일 이상 입원,격리자) -코로나19 유급휴가비용 지원(5일 이상 입원, 격리자) -실업급여 -코로나19 아르바이트 실직자 긴급수당 -일자리사업 사회공헌일자리	저소득층 한시지원, 아동양육한시지원, 긴급복지지원, 코로나19생활지원, 고액자산가(과제표준 9억, 금융소득 2천만원 이상)	• 비경제활동인구 만 15세미만 아동, 만 65세 이상 경제활동을 하지 않은 어르신, 학생, 군인, 자선사업이나 종교단체 종사자, 불로소득자 등 • 중앙정부 및 지방자치단체 추가경정예산 특별지원 대상자 등 기초생활수급자, 차상위, 아동수당 수급가구, 공익형 노인일자리 참여자, 실업급여 수급자, 직역연금(공무원연금, 사학연금, 군인연금 등) 수급자 • 정규직 종사자공무원, 공공기관, 공기업, 사립학교 교직원 및 중견기업 등 1년 이상 계약의 상용직 직원. 단, 코로나19로 인해 위기경보기간(2월 또는 3월)에 소득이 감소한 자는 신청가능
3개월내 미신청시 자동기부 및 자율기부운동 추진	-	-

3. 아동돌봄 쿠폰 사용처
  - 20년 3월말 7세 미만 아동수당 수급자 1인당 40만원 지급
  - 지자체별 여건에 따라 전자상품권(기존 정부지원 카드애 포인트 지급), 지역전자화폐(카드 또는 앱 전자화폐), 종이상품권(지류)으로 지급. 해당 시군구 지역에서 사용가능
  - 전통시장, 동네마트, 주유소, 병의원, 이미용실, 서점 등 (클린카드 적용 업장 제외: 백화점, 대형마트, 온라인 쇼핑몰, 유흥업소)

4. 중앙정부 긴급재난지원금에서 경기도기 지원부담액 제외 지급
  - 경기도는 전액 도비로 모든 도민에게 1인 1회 10만원씩 재난기본소득을 우선 지원한 상황이어서 정부가 주는 긴급재난지원금의 경우 도가 부담해야 할 지방비 부담금 약 12.9%를 제외하고 지급함. 이에 따라 정부가 발표한 가구별 지급액에서 1인 가구는 40만원에서 5만2000원이 차감된 34만8000원, 4인 가구는 100만원에서 12만9000원이 차감된 87만1000원을 수급함.
  (https://www.edaily.co.kr/news/read?newsId=01187366625774496&mediaCodeNo=257&OutLnkChk=Y)

5. 중앙정부 긴급재난지원금 단독세대주 현금 또는 지역화폐 전달(논의 중. 20. 5. 31. 현재)
  https://www.yna.co.kr/view/AKR20200531011000530?input=1195m
  - 교정시설 수형자: 영치품, 영치금
  - 군인: 지역사랑상품권(지역화폐, 유통기한 5년) 또는 현금

〈부록 표 2〉 **코로나19 경기도 행정단위별 지역화폐 연계 지원정책**

구분	행정 단위	시기	정책	조건	대상	지원 내용	전달 수단
1차	중앙정부	20. 5.	긴급생활지원금	100%	보편 지급	4인 100만원	지역화폐
2차	경기도	20. 4.	재난기본소득	100%	보편 지급	1인당 10만원	지역화폐
	경기도 시군	20. 4.	○○형 재난기본소득	보편+선별	시군별 상이	시군별 상이	시군별 상이 및 지역화폐
3차	경기도	20. 9.	소비지원금	1인 최대 20만원	희망 신청	기존 10% 할인 +특별 15% 할인	지역화폐
4차	경기도	20. 10.	저소득 위기가구 긴급생계비	실직·휴폐업, 소득 25% 감소, 중위소득 75%, 3억 500만원 이하(&)	선별 신청	4인 100만원	현금

자료: 경기도 각 자료 참고. 2020년 10월 14일 기준

• 표 차례 •

〈표 1-1〉 경기도 내 31개 시군별 경기지역화폐 발행 형태 ... **17**
〈표 2-1〉 전국 지자체별 지역사랑상품권 발행 현황(2020.6.31. 기준) ... **27**
〈표 2-2〉 지자체별 지역사랑상품권 발행 현황(예정 포함) ... **28**
〈표 2-3〉 2020년 경기지역화폐 발행 실적(2020.12.31. 기준) ... **31**
〈표 2-4〉 2020년 경기도 시군별 지역화폐 발행형태 ... **35**
〈표 2-5〉 지역화폐 발급형태별 발행현황(2019년 기준) ... **36**
〈표 3-1〉 특광역시도별 편의점 수(2019년) ... **40**
〈표 3-2〉 기존 대기업 편의점과 경향 편의점 비교 ... **42**
〈표 3-3〉 지역화폐 정책 단계에 따른 지역화폐 유형의 발행 및 유통형태(안) ... **45**
〈표 3-4〉 현금과 지역화폐의 구분 ... **48**
〈표 3-5〉 인센티브 선불제 할인/후불제 적립 장 · 단점 비교 ... **53**
〈표 3-6〉 인센티브 선불제 할인과 후불제 적립의 비교 ... **53**
〈표 3-7〉 지역화폐 인센티브 부담율 ... **54**
〈표 4-1〉 연도별 해외직접투자 동향 ... **77**
〈표 5-1〉 2019년 광역자치단체 재정자립도 ... **95**
〈표 6-1〉 국내 지역화폐 유형 ... **108**
〈표 6-2〉 블록체인에 기반한 시흥 지역화폐(시루)의 문제점 및 해결방안 ... **118**
〈표 6-3〉 금융회사의 블록체인과 관련 법률 충돌 내용 ... **120**
〈표 7-1〉 세계 지역화폐의 유형별 특징 비교 ... **149**
〈표 8-1〉 경기지역화폐 제도 도입 효과에 대한 이중차분법 추정결과 ... **159**
〈표 8-2〉 지역화폐 '이용'의 소상공인 매출효과 추정결과 ... **163**
〈표 8-2〉 지역화폐 '이용'의 소상공인 매출효과 추정결과 ... **165**
〈표 8-3〉 지역화폐 '결제액'의 소상공인 매출효과 추정결과 ... **167**

〈표 8-4〉 소상공인 가맹점 점포의 소재지 및 시 · 군별 비중(2020. 1. 1.~6. 30 조사기간) ... 169
〈표 8-5〉 조사 소상공인(ID 매칭)의 기초통계량 ... 172
〈표 8-6〉 경기지역화폐의 소상공인 매출효과(2019. 1. 1.~ 2020. 8. 31.) ... 174
〈표 8-7〉 매출액 증대 효과의 업종별 구분 ... 176
〈표 9-1〉 경기도내 기초 지자체간 사회경제적 격차 ... 181
〈표 9-2〉 지역화폐 특광역시 및 기초지자체 지역화폐 발행여부 ... 185
〈표 9-3〉 3단계 지역화폐 정책 발전 경로(案) ... 189
〈표 9-4〉 소비자(응답자) 시군별 비중 ... 191
〈표 9-5〉 경기도 내 지역화폐 운용유형 정책 효과 ... 193
〈표 9-6〉 경기도 시군별 지역 순유출입 비교 ... 195
〈표 9-7〉 중역형 운용유형 특징 ... 200
〈표 9-8〉 중층형 운용유형 특징 ... 202
〈표 9-9〉 추가선택형 운용유형 특징 ... 203
〈표 9-10〉 자매결연 운용유형 특징 ... 204
〈표 9-11〉 상생형 운용유형 특징 ... 205
〈표 9-12〉 편방향형 운용유형 특징 ... 207
〈표 9-13〉 경기도 지역화폐 운용유형 비교 ... 208
〈표 9-14〉 경기도 내 지역화폐 운용유형 정책 효과 ... 209
〈표 10-1〉 지역화폐의 정책 흐름도 ... 212
〈표 10-2〉 지역화폐 정책 종합평가 안(案) ... 216
〈표 10-3〉 운용유형 선택을 위한 사전 검토 사항(案) ... 219

• 그림 차례 •

〈그림 1-1〉 2019년 월별 지역화폐 발행 추세 ... 19
〈그림 1-2〉 경기지역화폐 세부업종별 사용현황 ... 20
〈그림 2-1〉 지역화폐 연도별 발행액 및 발행 지자체 수 추이 ... 26
〈그림 2-2〉 2020년 경기지역화폐 시군별 사용률 ... 33
〈그림 2-3〉 2020년 경기지역화폐 시군별 사용률 ... 34
〈그림 3-1〉 2020년 청년기본소득 수급시 선택한 지역화폐 유형 ... 44
〈그림 3-2〉 '경기지역화폐로 받는 취지를 잘 이해하고 있다' 응답 ... 47
〈그림 5-1〉 1960~2016년 권역별 GRDP 비율(%) 추이 ... 84
〈그림 5-2〉 2000~2018년 수도권과 비수도권의 지역 외 순수취 본원소득 ... 89
〈그림 5-3〉 역외 소득 유출입의 공간적 흐름(2000~2016년) ... 90
〈그림 6-1〉 지역화폐와 금융지원 범위 ... 105
〈그림 6-2〉 금융회사의 소상공인 지원을 위한 급여지급 방식의 변화 ... 107
〈그림 6-3〉 국내 지역화폐 발행규모 및 발행 지자체 수 추이 ... 111
〈그림 6-4〉 국내 지역화폐의 블록체인 적용 여부 ... 117
〈그림 6-5〉 지역화폐의 편리성 및 확장성 측면의 해결 방안 ... 124
〈그림 7-1〉 LETS 화폐의 순환 구조 ... 128
〈그림 7-2〉 ATOM 화폐의 순환 구조 ... 133
〈그림 7-3〉 NOWON 화폐의 순환 구조 ... 136
〈그림 7-4〉 Bristol Pound 화폐의 순환 구조 ... 138
〈그림 7-5〉 Chiemgauer 화폐의 순환 구조 ... 140
〈그림 7-6〉 Toronto Dollar 화폐의 순환 구조 ... 141
〈그림 7-7〉 지역화폐 '서로e음' 유통을 통한 지역경제 선순환 구조 ... 147
〈그림 7-8〉 국내외 지역화폐의 위치설정(1) ... 151

〈그림 7-9〉 국내외 지역화폐의 위치설정(2) ... 151
〈그림 8-1〉 분석 흐름도 ... 161
〈그림 8-2〉 소상공인 가맹점 점포의 업종, 유형, 상권 유형 ... 170
〈그림 8-3〉 소상공인 응답 결과 ... 171
〈그림 9-1〉 경기도 역내외 소비율 ... 179
〈그림 9-2〉 경기도의 서울지역으로 출퇴근 인원 추이 ... 180
〈그림 9-3〉 소지구형 지역화폐 사례 ... 183
〈그림 9-4〉 현행 운용되는 지역화폐 유형 ... 187
〈그림 9-5〉 소비자(응답자) 특성 ... 190
〈그림 9-6〉 경기도 시군별 분포도(매출액-소비액 및 1인당 GRDP 기준) ... 197
〈그림 9-7〉 경기도 기초지자체 사분면 분포 도해 ... 198
〈그림 9-8〉 중역형 사례(案) ... 200
〈그림 9-9〉 중층형 사례(案) ... 202
〈그림 9-10〉 추가선택형 사례(案) ... 203
〈그림 9-11〉 자매결연형 사례(案) ... 204
〈그림 9-12〉 지자체간 상생형 사례(案) ... 205
〈그림 9-13〉 편방향형 사례(案) ... 207

• 찾아보기 •

ㄱ

가맹점 18, 25, 38, 40, 41, 43, 44, 45, 58, 59, 61, 109, 113, 120, 134, 135, 137, 138, 139, 145, 146, 157, 170, 194, 198, 217, 218, 219, 221
개체간 변동 166
경기지역화폐 20, 22, 32, 33, 34, 35, 36, 37, 38, 39, 45, 146, 156, 157, 158, 160, 161, 164, 177, 179, 194
경기지역화폐 제도도입 효과 160
경제적 양극화 85
골목상권 16, 17, 40, 43, 110, 147, 166, 175, 176, 185, 213, 214
공공편의점 44
공동체 활성화 110, 218
공동체형 41, 57, 58, 59, 60
광역 184, 210
광역단위 31, 32, 188, 203
광역도 91, 92
광역-순환형 188
광역시 50, 91, 181, 213, 214, 222
광역자치단체 95, 96
광역지자체 100, 188
광역형 188, 215
국가독점 75
균형발전 78, 96

ㄴ

녹색달러(green dollar) 129

ㅁ

매출액 146, 158, 159, 160, 162, 164, 166, 168, 170, 173, 174, 177, 179, 198, 199, 200, 213
매출효과 4, 8, 9, 156, 158, 170, 171, 188, 201, 203
민주주의 65, 76, 84, 85, 96, 97, 98, 105, 217, 221, 223

ㅂ

복지수당 19, 38, 39, 41, 48, 49, 51, 61, 168, 213, 217, 218
부천페이 145, 146, 147
불균등 77, 81, 179, 180, 182, 183, 191, 211, 215
불균등 축적과 빈곤 77

불균등성 84
블록체인 109, 118, 119, 121, 125

ㅅ

상생형 207, 208, 209, 210, 211, 216
서로e음 147
선순환 18, 23, 44, 123, 145, 148, 152
소득 유출 101
소득 유출입 89, 91
소득 유출입구조 95
소비유입 200, 203, 221
소비유입률 181
소상공인 16, 17, 18, 21, 22, 23, 43, 44, 61, 106, 107, 112, 114, 118, 127, 156, 157, 158, 162, 166, 170, 171, 172, 173, 174, 177, 179, 196, 198, 201, 207, 213, 215, 217, 220, 223
소상공인 매출액 160, 161, 162, 168, 177, 179
소상공인 매출효과 164
수도권 총량제 77
수출주도성장 73
시계열 변동 166
시루 지역화폐 144

ㅇ

양극화 79, 83, 84, 85, 102
역외소비유입률 181
이중차분법(Differene-in-Difference) 157
인센티브 18, 23, 38, 41, 50, 52, 54, 56, 57, 142, 188, 204, 213, 214, 215, 216, 218, 221, 223
일반발행 17, 18, 19, 21, 23, 32, 33, 34, 36, 41, 50, 213, 214, 215
임금 41, 51, 52, 61

ㅈ

자매결연형 205, 206, 209, 210, 211, 216
재난기본소득 36, 39, 48, 113, 117, 118, 168
재벌 사금고화 73
정부주도 성장 71, 75
정책발행 17, 18, 19, 20, 23, 24, 33, 34, 38, 50, 51, 146, 170, 213, 214
정책수당 23, 24, 46, 112
중충형 187, 188, 121, 202, 204, 210, 211, 215, 216
지방분권 93, 95, 96, 97, 98, 103
지역격차 89
지역경제 선순환 16, 18
지역경제 활성화 107, 108, 110, 114, 115, 131, 144, 145, 156, 181, 191, 195, 196, 214, 217, 218, 222
지역경제 활성화형 138, 149, 150, 152
지역경제의 자립성 101
지역균형발전 81, 85, 93, 97, 98
지역균형발전정책 94, 95
지역금융 107, 122, 127
지역금융정책 107, 115, 116, 123, 127
지역내총생산 85

지역불균등 181, 216
지역사랑상품권 17, 26, 29, 30, 52, 53, 118, 152, 183, 184, 213, 214
지역자치 60, 95, 183, 214

ㅊ

총매출액 166, 171
추가선택형 204, 205, 209, 210, 211

ㅌ

특광역시도 31, 32, 38, 42, 56, 184, 187, 188, 189, 222, 223

ㅍ

편방향형 208, 209, 211
편의점 22, 40, 41, 42, 43, 44, 45, 61, 120, 146, 165, 167
플랫폼 20, 25, 110, 119, 120, 121, 125, 145, 148, 220

ㅎ

한국경제 64, 66, 68, 69, 70, 71, 72, 76, 82, 83, 85, 87, 89, 103
한국경제정책 78
행안부 23, 26, 27, 28, 29, 31, 50, 56, 57, 118, 187, 213
향토편의점 60

기타

4차산업혁명 70
ATOM 134
Bristol Pound 139
Chiemgauer 141
Hanbat LETS 136
IMF 외환위기 73
Ithaca Hours 132
NOWON(블록체인 기반) 137
Time Dollar(시간위탁제도) 131
Toronto Dollar 142

• 저자소개 •

기획

이한주 경기연구원장

가천대학교 경영대학원장, 부총장을 역임하고, 새로운경기위원회 공동위원장, 대통령 직속 국정기획자문위원회 경제1분과 위원장을 지냈다.

저자

유영성 경기연구원 선임연구위원

경기연구원 연구기획실장, 상생경제연구실장을 역임했다. 현재 기본소득연구단장을 맡아 기본소득 및 지역화폐 연구를 지휘하고 있으며, 한국환경경제학회 이사로 활동하고 있다.

김병조 경기연구원 초빙선임연구위원

지역화폐를 주요 연구 분야로 삼아 활동하고 있으며, 울산과학대 겸임교수, 사회경제학회 이사. 경기인재개발원 자문위원으로 활동하고 있다.

김호균 명지대학교 경영정보학과 교수

한독경상학회 회장, 대통령자문 정책기획위원, 국세청 국세행정 개혁위원 등을 역임하고 현재 경실련 경제정의연구소 이사장을 맡고 있다.

김정주 충남대학교 경제학과 강사

노동가치론과 한국경제를 주요 연구 분야로 활동하며 연세대학교와 경상대학교 연구교수를 지냈다. 한국사회경제학회 이사 및 연구위원장과 "진보평론" 편집위원장을 역임했다.

이기송 우정사업본부 인터넷금융 자문회의 자문위원

KB금융지주 경영연구소 및 KB국민은행 사회협력부 선임연구원을 역임했으며, 경제 · 금융 교육 업무 포함 사회공헌 업무를 기획 추진했다.

양준호 인천대학교 경제학과 교수

인천대 지역공공경제연구소 소장으로, 지역경제론, 사회적경제론, 지역화폐를 주요 연구 분야로 활동하고 있다.

윤성진 경기연구원 초빙연구위원

연세대학교 도시공학과 및 공학대학원에서 강의했으며, 도시계획, 주택정책을 연구하고 있다.

남춘호 한국공공자치연구원 선임연구원

지역공동체, 사회적경제, 지역복지정책을 주요 연구 분야로 활동하고 있다.